国家自然科学基金项目"新能源汽车产业供需双侧政策的多维度匹配性分析及动态转换研究"（项目号：71874208）

中南大学

哲学社会科学学术成果文库

新能源汽车产业供需双侧政策：
作用机理与实施效果

熊勇清　著

中国社会科学出版社

图书在版编目（CIP）数据

新能源汽车产业供需双侧政策：作用机理与实施效果/熊勇清著．—北京：中国社会科学出版社，2020.9
（中南大学哲学社会科学学术成果文库）
ISBN 978 - 7 - 5203 - 6577 - 2

Ⅰ.①新⋯ Ⅱ.①熊⋯ Ⅲ.①新能源—汽车工业—经济政策—研究—中国 Ⅳ.①F426.471

中国版本图书馆 CIP 数据核字（2020）第 092824 号

出 版 人	赵剑英
责任编辑	刘晓红
责任校对	沈丁晨
责任印制	戴 宽

出　　版	中国社会科学出版社
社　　址	北京鼓楼西大街甲 158 号
邮　　编	100720
网　　址	http：//www.csspw.cn
发 行 部	010 - 84083685
门 市 部	010 - 84029450
经　　销	新华书店及其他书店

印刷装订	北京君升印刷有限公司
版　　次	2020 年 9 月第 1 版
印　　次	2020 年 9 月第 1 次印刷

开　　本	710×1000 1/16
印　　张	17
插　　页	2
字　　数	205 千字
定　　价	96.00 元

凡购买中国社会科学出版社图书，如有质量问题请与本社营销中心联系调换
电话：010 - 84083683

中南大学

哲学社会科学学术成果文库

新能源汽车产业供需双侧政策：
作用机理与实施效果

熊勇清 / 著

中国社会科学出版社

图书在版编目（CIP）数据

新能源汽车产业供需双侧政策：作用机理与实施效果/熊勇清著.—北京：中国社会科学出版社，2020.9
（中南大学哲学社会科学学术成果文库）
ISBN 978 - 7 - 5203 - 6577 - 2

Ⅰ.①新…　Ⅱ.①熊…　Ⅲ.①新能源—汽车工业—经济政策—研究—中国　Ⅳ.①F426.471

中国版本图书馆 CIP 数据核字（2020）第 092824 号

出　版　人	赵剑英
责任编辑	刘晓红
责任校对	沈丁晨
责任印制	戴　宽

出　　　版	中国社会科学出版社
社　　　址	北京鼓楼西大街甲 158 号
邮　　　编	100720
网　　　址	http：//www.csspw.cn
发　行　部	010 - 84083685
门　市　部	010 - 84029450
经　　　销	新华书店及其他书店

印刷装订	北京君升印刷有限公司
版　　次	2020 年 9 月第 1 版
印　　次	2020 年 9 月第 1 次印刷

开　　本	710×1000　1/16
印　　张	17
插　　页	2
字　　数	205 千字
定　　价	96.00 元

凡购买中国社会科学出版社图书，如有质量问题请与本社营销中心联系调换
电话：010 - 84083683

《中南大学哲学社会科学学术成果文库》和《中南大学哲学社会科学博士论文精品丛书》出版说明

　　在 21 世纪，中南大学哲学社会科学坚持"基础为本，应用为先，重视交叉，突出特色"的精优发展理念，涌现了一批又一批优秀学术成果和优秀人才。为进一步促进学校哲学社会科学一流学科的建设，充分发挥哲学社会科学优秀学术成果和优秀人才的示范带动作用，校哲学社会科学繁荣发展领导小组决定自 2017 年开始，设立《中南大学哲学社会科学学术成果文库》和《中南大学哲学社会科学博士论文精品丛书》，每年评审一次。入选成果经个人申报、二级学院推荐、校学术委员会同行专家严格评审，一定程度上体现了当前学校哲学社会科学学者的学术能力和学术水平。"散是满天星，聚是一团火"，统一组织出版的目的在于进一步提升中南大学哲学社会科学的学术影响及学术声誉。

中南大学科学研究部

2017 年 9 月

序

为应对全球能源危机和日趋严重的环境污染问题，寻找经济发展新动能，并抢占未来汽车工业的制高点，美国、日本、德国等工业发达国家近年来纷纷将发展新能源汽车列入国家战略，我国也明确提出：发展新能源汽车是我国赶超世界汽车工业的必由之路，同时也是实现"制造强国"的重要突破口，新能源汽车的培育与发展目前已经演变成一场全球性竞争。从新能源汽车产业的特点和现实基础来看，新能源汽车产业的进一步发展必须解决两个现实问题：一是在供给侧方面，新能源汽车的生产和消费具有减少石油依赖、节能减排等重大战略意义，但是对于生产制造商和消费者来说都属于"外部性"效益，如果没有供给侧相应的产业政策引导，新能源汽车产业可能会因为缺乏经济驱动力而"胎死腹中"。二是在需求侧方面，新能源汽车作为新兴产业目前还处于商业化示范阶段，高价格与市场的低需求、高风险与消费者低认知是新兴产品的普遍特征，如果没有需求侧的相应消费激励政策，新能源汽车在与传统汽车市场竞争中将步履维艰。因此，尽管人们对于包括新能源汽车产业培育政策在内的新兴产业政策一直存在诸多争议（如 2016 年的林毅夫教授与张维迎教授之争），但是面对着新能源汽车产业供给侧和需求侧的两个现实问题，完全否定新能源汽车产业政策的现阶段作用是不现实的。

产业政策工具可以划分为供给型、需求型和环境型三类（Rothwell，1985），环境型政策属于一种制度性资源的供给，因此，学术界通常将产业政策工具简化为供给侧（含环境型）和需求侧两类（Huang，2007），我们接受这种简明的划分方法。近年来我国在新能源汽车产业培育过程中分别从供给侧和需求侧实施了一些相关政策，然而无论是理论研究，还是实际应用，都存在着诸多困惑。在理论研究方面，部分学者虽然对于新能源汽车产业供给侧和需求侧政策实施的必要性持赞同态度，但是供给侧和需求侧孰轻孰重？学者们的认识并不完全一致；在实际应用方面，由于政府的公共财政资源是有限的，供给侧和需求侧的政策功能与作用效果不一，实际操作中如何平衡新能源汽车产业供需双侧政策的权重，最大限度地发挥公共财政资源的点睛效果，政府相关部门的认识并不一致。由于理论研究和实践应用中存在着这些困惑，严重影响到新能源汽车产业政策的精准性和实效性。

不平衡不充分是目前我国社会发展过程中所面临的一个主要矛盾。我们认为，在新能源汽车产业政策实施中，我们对于新能源汽车产业发展中的不平衡不充分缺乏应有的关注，这是我国新能源汽车产业政策实施中一些困惑产生的重要原因之一。

其一，阶段差异性。新能源汽车作为典型的新兴产业，可以划分为研究和开发（Research and Development）、技术与商业化示范（Technical and Commercial Demonstration）、规模化降低成本（Buy - Down）和大面积应用（Large - scale Deployment）几个主要成长阶段，新能源汽车产业在不同成长阶段的技术成熟度、市场环境等产业竞争力构成要素是动态变化的，所需要的政策支持也是存在差异的，供需双侧政策在新能源汽车产业不同的成长阶段应各有所侧重、动态转换。

其二，区域差异性。我国属于典型的非均衡经济，区域发展水平、消费观念、要素构成等都存在较大的差异，新能源汽车产业在不同区域的发展基础、禀赋要素供给也是有差异的。例如，在北京、上海、广州、深圳、杭州、天津、贵阳等执行普通汽车限牌政策的城市，新能源汽车市场的驱动力与其他非限牌政策城市显然是有差异的，供需双侧政策在新能源汽车产业不同的区域应各有所侧重、动态转换。

其三，诉求差异性。新能源汽车产业的培育涉及政府、制造商和消费者等重要行为主体，存在着多层次、多元化的利益关系。政府培育和发展新能源汽车产业的基本动因主要是基于产业结构调整、环境优化、缓解能源危机和培育经济新动能的需要；汽车制造商是基于商业逐利来开展商业活动的，一旦不能从高投入中获得高收益，新能源汽车制造商的积极性将会受到严重影响；消费者更加关注新能源汽车的安全性、售后服务便利性、配套设施的完善性。因此，要提高新能源汽车产业培育政策的精准性，就必须谋求政策制定方（政府）与政策需求方（制造商和消费者）的契合共鸣。

如果我们不对新能源汽车政策实施中的三种差异引起足够警醒，继续实行摊大饼、大水漫灌式的政策支持方式，极有可能导致新能源汽车产业重蹈一些传统产业暴生暴滥的覆辙。据此，我们认为，破解新能源汽车产业培育政策错配失衡的现实困境，提高我国新能源汽车产业政策的精准性和实效性，必须从新能源汽车产业成长的阶段差异性、我国经济发展水平的区域差异性、新能源汽车产业行为主体的诉求差异性三个维度出发，实现新能源汽车产业供需双侧政策多维度的动态匹配，这是解决我国新能源汽车产业培育政策错配失衡现象的出发点和落脚点，也是有待于学界破解的一道难题。

产业政策确实是一种既可以有助政府积极作为，但也可能因其过度自信，而成为好事做过头甚至事与愿违的政策工具（金碚，2017）。有关产业政策种种争议后最终达成的一个基本共识就是：我们应该更加关注的是如何有效实施产业政策（Aghion，2015；黄群慧，2016）。然而，现有新能源汽车产业政策的研究主要集中于必要性的争论中，或者集中于相关政策意义及效果的讨论中，对于新能源汽车产业政策实施的三种差异以及供需双侧政策动态匹配性的研究尚未给予足够的关注。

为弥补已有研究的这一缺憾，我们在长期从事战略性新兴产业培育与发展问题研究的基础上，立足于国家关于新能源汽车产业政策支持方式适度调整和市场与政策双轮驱动的基本思路，瞄准政府培育和发展新能源汽车产业的供给侧和需求侧两个政策实施着力点，对新能源汽车产业的供需双侧政策作用机理和实施效果进行深入研究，以期为我国新能源汽车产业的相关促进政策的合理制定、动态优化和政策效用的精准发挥提供参考。

熊勇清

2020 年 6 月

目　　录

第一章　导论 ……………………………………………………… 1

　　第一节　研究背景与意义 ………………………………………… 1

　　第二节　国内外研究综述 ………………………………………… 6

　　第三节　主要研究内容 …………………………………………… 12

第二章　相关理论基础 …………………………………………… 16

　　第一节　相关概念界定 …………………………………………… 16

　　第二节　相关理论与方法 ………………………………………… 25

第三章　新能源汽车供需双侧政策市场培育的作用机理：

　　　　　需求市场与消费者分析视角 ……………………………… 35

　　第一节　新能源汽车供需双侧政策的作用层面与机理 ……… 35

　　第二节　数据来源与分析方法 …………………………………… 43

　　第三节　供需双侧政策作用机理评估：需求市场层面 ……… 51

　　第四节　供需双侧政策作用机理评估：消费者层面 ………… 64

第五节 管理启示及政策建议 ……………………………… 75

第四章 新能源汽车供需双侧政策实施效果差异性：

    政策取向与政策意愿分析视角 ……………… 83

  第一节 新能源汽车供需双侧政策实施差异性的分析

    维度 …………………………………………… 83

  第二节 新能源汽车供需双侧政策实施差异性的分析

    过程与方法 …………………………………… 90

  第三节 政策取向差异性的分析评估：以试点推广城市

    为例 …………………………………………… 96

  第四节 政策意愿差异性的分析评估：基于网络热点

    信息分析 ……………………………………… 109

第五章 新能源汽车供需双侧政策与微观主体选择行为：

    市场需求与产品供给分析视角 ……………… 122

  第一节 新能源汽车产业面临的两个层面困境 ………… 122

  第二节 新能源汽车消费促进政策的功能及区域差异 …… 125

  第三节 供需双侧消费促进政策与微观主体选择行为 …… 130

  第四节 实证分析与结果讨论 ……………………… 143

  第五节 管理启示与政策建议 ……………………… 171

第六章 新能源汽车目标用户政策感知与政策的互动：

    领先用户与跟随用户分析视角 ……………… 179

  第一节 新能源汽车目标用户政策感知与政策互动理论

    分析 …………………………………………… 179

　第二节　新能源汽车目标用户政策感知的实证与分析 ········ 189

　第三节　新能源汽车目标用户政策互动的实验模拟及

　　　　　分析 ·· 205

第七章　总结与展望 ·· 218

　第一节　研究结论 ·· 218

　第二节　研究展望 ·· 223

参考文献 ·· 225

后记 ··· 256

第一章　导论

第一节　研究背景与意义

一　研究背景

在能源危机与环境污染问题日趋严重的背景下，新能源汽车已经成为全球汽车工业优化升级的必然趋势。培育和发展新能源汽车产业，对于实现我国汽车工业"弯道超车"的战略也有着十分重要的意义。新能源汽车产业的发展目前主要面临着两方面问题：一是从市场供给侧来看，新能源汽车的生产和消费具有显著的正外部性和公共产品特性（王辉，2015），如果没有相应的政策支持，新能源汽车产业的市场供给侧将步履维艰。二是从市场需求侧来看，新能源汽车作为新兴产业目前处于技术示范和商业化示范阶段（Xiong，2016），高价格与市场的低需求、高风险与消费者的低认知是新兴产品的普遍特征，新兴产业在与传统产业商业竞争中暂时处于劣势，消费需求的启动通常需要一段时间过程（熊勇清，2013）。

政府的产业政策支持不仅是新能源汽车作为准公共品成长和发展

的必要条件，同时也是世界各国政府的普遍做法（陆国庆，2014）。新能源汽车产业的培育不仅要重视供给侧驱动因素，同时也要高度重视需求侧拉动因素，近年来国家相关部分和新能源汽车示范推广城市先后从供给侧和需求侧出台了一系列培育政策，以促进新能源汽车商业化条件的成熟。供给侧主要是通过充电桩等公共资源投入及优化配置方面的政策安排，为新能源汽车商业化条件的成熟提供驱动力，需求侧政策则主要是通过购买补贴等终端消费群体引导激励方面的政策安排，为新能源汽车商业化条件的成熟提供拉动力（熊勇清，2016）。但从这些政策实施的现实情况来看，对于新能源汽车产业培育与发展的推动效果并不理想（谢青，2015）。

要进一步提高新能源汽车产业供需双侧政策在实施中的精准性和实效性，以下几方面的问题值得进一步深入研究：

其一，新能源汽车供需双侧政策市场培育的作用机理。需求市场与消费者是新能源汽车等新兴产业培育的重点目标，也是新能源汽车制造商的重要营商环境。如何进一步提高供需双侧政策实施的精准性以合理激励需求市场和消费者双层面的快速成熟，这是我国新能源汽车产业发展过程中面临的难题之一。一方面，合理发挥不同需求市场的优势才能长期稳定地保持快速发展（李俊生，2016）。我国新能源汽车需求市场由政府采购市场（Government procurement market，GPM）、商业运营市场（Commercial operation market，COM）和私人乘用市场（Private purchase market，PPM）三类构成，在新能源汽车产业不同发展阶段，各类市场对于产业发展的推动效果存在差异（张政，2014），如何促进新能源汽车产业供需双侧政策与三类异质性市场之间的良性互动和合理配置，这是我国新能源汽车产业发展过程中亟待解决的现实难题之一。另一方面，新能源汽车需求市场目前的发展离不开消费者的拉动力量。我国新能源汽车近年来快速发展主要是得益于新能源汽车供需双侧政策的大力支持与推广，政策所带来的利益以及配套补贴已成为新能源汽车众多消费者最大的信心来源及消费动机（王宁，2015）。显然，在新能源汽车商业化条件还没有完全形成的现阶段，供需双侧政策对于潜在消费者接受态度的形成有着关键性影响。

其二，新能源汽车供需双侧政策实施效果的差异性。供给侧与需求侧是我国新能源汽车政策的两个着力点，我国新能源汽车需求市场的培育究竟是以基础设施建设等供给侧为主，还是以购置补贴等需求侧为主？我国新能源汽车需求市场培育的相关政策在不同区域实施过程中实际效果如何？亟待学界开展科学分析并给出有针对性的政策建议。此外，新能源汽车产业的培育涉及政府、制造商和消费者等重要行为主体，政府是新能源汽车产业规划及相关促进政策的制定方，制造商和消费者是新能源汽车的市场主体和政策实施的对象。要充分激发相关行为主体的积极性，就必须提高新能源汽车产业培育政策的精准性，谋求政策制定方（政府）与政策需求方（制造商和消费者）在新能源汽车产业培育过程中的契合共鸣。

其三，新能源汽车供需双侧政策与微观主体选择行为。政府、制造商和消费者是新能源汽车产业中的三个重要行为主体，其中政府是新能源汽车市场的宏观主体，负责新能源汽车产业规划及相关消费促进政策的制定；消费者和制造商是新能源汽车市场微观主体，是新能源汽车消费促进政策实施的对象。新能源汽车消费促进政策效果受到微观主体选择行为的影响，微观主体选择行为呈现两方面的差异：一是在市场需求方面，表现为区域市场严重分化。2017 年，北京、上海、广州、深圳四个城市新能源汽车销量占比超 30%，2018 年，市场区域差异趋势进一步显现，仅深圳市新能源汽车销量占比就达到 20%，而在其他城市新能源汽车的渗透率还处于较低水平（中国产业信息网，2018 年），可见新能源汽车市场需求具有较大的区域差异性。二是在产品供给方面，表现为较强的补贴政策依赖性。新能源汽车政府补贴逐步实施退坡政策以来，出现制造商利用虚假交易骗取补贴或为规避补贴退坡政策，提前集中扩张产能的现象。针对此，财政部等四部委对新能源汽车制造商进行了三次大规模清查并公布骗补名单，清查结果涉及骗补车辆 7.6 万辆，超过总销量的十分之一，骗补总金额超过 92 亿元（聂新伟，2019），可见新能源汽车"产品供给"具有较强的补贴政策依赖性。面对新能源汽车市场中消费者区域差异和制造商政策依赖的微观主体选择行为差异，如何有效配置并充分发挥新能源汽车消费促进政策的激励效果，达到新能源汽车政策与市场需求和产品供给的契合统一，从而充分激发市场微观主体的消费和生产积极性，是新能源汽车消费促进政策实施中面临的现实问题。

其四，新能源汽车目标用户的政策感知与政策互动的关系。新能源汽车性能、使用便利性、销售价格等物质层面因素是以技术突破作为条件，目前来看新能源汽车的市场扩散还需要经历一个长期且复杂的过程。在新能源汽车现有技术阶段，如何根据新能源汽车消费群体特点从心理层面诱导消费者购买新能源汽车，这是新能源汽车消费群体培育过程中值得重视的问题。大量研究表明，商品性能和价格等物质或技术层面的因素并非是影响消费者购买决策的全部因素，购买决策同时也在一定程度上受心理变化的影响。虽然看起来，消费本身是一种为了商品本身使用价值的行为，但事实上现代的消费行为更多的是倾向于满足某种心理的需要（贾利军，2011）。相较于传统成熟产品购买群体而言，新兴技术产品以领先用户居多（陈劲，2001），领先用户都有着凸显自我的消费特征，善于利用新兴产品彰显身份和个性，社会取向和关系取向是购买决策的主要影响因素而非产品本身（Erdem，2010），因此领先用户的消费更倾向于心理需求的满足。新能源汽车作为一种典型的新兴产品，现阶段的用户群体总体上都属于领先用户（lead user）（Krupa，2014），伴随着新能源汽车领先用户的率先进入和市场影响的扩大，普通大众跟随用户（follower）将逐步进入，这是新能源汽车培育期的潜在目标用户，同时也是新能源汽车进一步拓展的大众消费群体。新能源汽车的供需双侧政策必须与领先和跟随两类目标用户的政策感知与消费行为契合统一，才有可能在促进新能源汽车消费市场持续发展的过程中产生积极效果。

二　研究意义

（1）新能源汽车产业作为我国七大战略性新兴产业之一，目前还处于市场推广阶段，政府补贴是推动新能源汽车产业发展的重要力量。从现有文献来看，国内一些学者主要是对新能源汽车产业政策体系与设计、政策实施效果与不足、国外经验借鉴等方面的单一或者某些方面的问题开展了研究，但针对我国新能源汽车产业政策内容的系统性、整体性的研究还较为缺乏，对于新能源汽车供需双侧政策的作用与效果的系统研究还较少，可借鉴的研究成果不多，本书选择"新能源汽车供需双侧政策作用机理及效果的差异性研究"问题开展研究，以期弥补已有研究对于这一问题关注不够的缺憾。

（2）供给侧和需求侧是政府推广新能源汽车的两个政策着力点，新能源汽车的市场培育不仅要重视需求侧的拉动因素，同时也必须高度重视供给侧的驱动因素。然而目前理论研究和实践应用中都存在着诸多困惑，严重影响到新能源汽车产业政策的精准性和实效性。本书针对新能源汽车供给侧和需求侧政策开展分析，可以为分析我国新能源汽车产业供需双侧政策的总体方向提供决策参考。

（3）探寻我国新能源汽车市场培育的政策取向，必须要考虑到我国区域发展的差异性、需求市场差异性、微观主体差异性、目标用户差异性等。本书充分考虑到这些因素，将新能源汽车供需双侧政策与市场、消费者、制造商等重要行为主体有机结合，定性和定量研究相结合，为进一步提高我国新能源汽车产业供需双侧政策的精准性提供了可行的分析框架，是对已有研究的一些补充和优化。

第二节　国内外研究综述

一　国内外研究综述

国内外相关研究主要集中在新能源汽车产业政策必要性的相关争议、新能源汽车产业政策激励效果的分析与新能源汽车产业政策的优化与调整等领域。

（一）新能源汽车产业政策必要性的相关争议

国内外学者对于包括新能源汽车在内的新兴产业政策支持的必要性存在着赞成与反对两种不同的观点。在新能源汽车等新兴产业政策赞成方面，国外文献主要是基于外部性理论、新产品扩散理论阐述了相关的观点，如 Hardman（2016）、Riesz（2016）、Sun（2018）等从外部性理论出发，认为新兴产业进入市场后，蕴含在新产品中的新知识和新技术随之溢出和扩散，政府有必要给予产业政策扶持以补偿其损失。Greene（2014）、Gass（2014）、Massiani（2015）、Bjerkan（2016）等从新产品扩散视角出发，认为产业政策可以提高新能源汽车的市场接受程度和扩散速度，新能源汽车产业的发展需要产业政策的强大支持与刺激。国内文献如林毅夫（2010，2017）、黄先海

（2015）等、白恩来（2018）等认为产业政策可以在知识创新和扩散、弥补创新成本、公共领域引导与协调、创造制度环境等方面来矫正市场失灵，促进新兴产业健康发展。刘志彪（2015）、伍健（2018）认为新兴产业具有技术进步的正外部性，产业政策通过重点扶持和适当保护，可以促进新兴产业国际比较优势地位的形成。丁芸（2014）、张海斌（2015）、马亮（2017）等基于产业生命周期理论认为现阶段新能源汽车产业的技术差距和研发风险、消费者购买意愿转化、产业配套体系不完善等是阻碍产业发展的关键因素，因此需要产业政策扶持。在新能源汽车等新兴产业政策反对方面，国外文献主要是基于生产成本、社会收益和挤出效应等理论阐述了相关的观点，如Han（2014）、Skippon（2016）认为诸如补贴和税收优惠等产业政策的实施，不但会增加企业寻租成本，还有可能引发骗补等道德风险问题。Bernini（2011）等认为由于产业政策多针对消费者制定，企业层面减负甚少，企业收益增加与消费者剩余增加之和低于政策实施成本。David（2000）、Montmartin（2015）、Catozzella（2016）等认为政府补贴等产业政策一方面会挤出企业原有预支资金，使企业减少自身研发投入，从而产生挤出效应，另一方面企业可能会利用补贴直接从外部购买技术而非自行研发创新。国内文献如舒锐（2013）、蔡庆丰（2019）等认为政府因为信息不完全和有限理性，产业政策不仅不能促进新兴产业目标实现，还可能导致市场扭曲和权力寻租。江飞涛（2009）、耿强（2011）、白雪洁（2018）等认为产业政策实施会造成体制扭曲，陷入"刺激—过剩—淘汰—再刺激"的怪圈。余东华（2015）、白旭云（2019）等认为产业政策会导致中央政府干预失效和地方政府干预过度的相互叠加，形成政府不当干预，陷入新兴产业链上的低端锁定。周亚虹（2015）、白恩来（2018）认为用新兴产业具有需求市场尚不成熟、科技含量要求较高等典型特征，以补贴为代表的传统产业政策工具难以有效鼓励企业进行更多的研发投入。

总体看来，国内外文献关于新能源汽车产业政策支持者强调市场失灵，政府必须干预和扶持产业发展，反对者认为政府具有有限理性和信息不完备，无法准确预测产业未来，反而造成市场扭曲、权力寻租。

（二）新能源汽车产业政策激励效果的分析

目前国内外文献主要是从供给侧和需求侧两个角度来分析新能源汽车产业政策激励效果。在供给侧政策激励效果研究方面，国外文献如 Wang（2014）、Santos（2017）、Massiani（2015）、Contestabile（2017）等认为，研发补贴政策一方面能有效加快新能源汽车续航里程、充电速度等方面技术的进步，另一方面能缓解研发活动的高投入和不确定性以及创新成果的外部性。Querini（2014）、Vassileva（2014）、Ferguson（2018）等认为，基础设施政策能够有效缓解消费者对于新能源汽车基础设施现状的焦虑感，有利于推动新能源汽车基础设施的快速覆盖。国内文献如孙晓华（2016）、李珣（2017）认为研发补贴政策从供给侧给新能源汽车企业提供资金支持，使得新能源汽车企业获得了更多时间来提高产品竞争力；张永安（2017）认为研发补贴、运营补贴、金融支持等供给侧产业政策的主要作用是鼓励新能源汽车技术研发和新产品生产，从而提高产品性能、降低生产成本推动新能源汽车市场的发展；熊勇清（2019）认为以公共资源投入、配套基础设施建设为代表的供给侧政策能够为新能源汽车消费市场商业化条件的成熟提供驱动力量。在需求侧政策激励效果的研究方面，国外文献如 Edle（2016）、Backman（2017）认为政府的公共需求对于新能源汽车私人需求具有良好的示范引导作用，政府采购可以为制造商提供稳定和可预期的乐观市场。Barton（2017）、Zhang（2018）认为，购置补贴一方面降低了新能源汽车的售价，直接激励消费者的购买意愿；另一方面还能促进新能源汽车需求市场扩大，使得制造商也从中获利。Gulati（2017）认为税收减免政策能通过收入效应和替代效应影响消费者的购买意愿。Hardman（2017）等认为英国对新能源汽车应当加大补贴力度，才能使其相比传统汽车具有相对竞争优势。国内文献如肖兴志（2014）认为政府采购能够让新产品和新技术被更多的消费者了解和接受，激发新能源汽车的市场需求，陈衍泰（2013）认为政府采购能够保证新能源汽车产业拥有合理的利润，同时也让消费者接触和了解这种新生产品；黄群慧（2016）、马少超（2018）认为对新能源汽车的购置补贴，在短期内可以增加新能源汽车产业的产出。张同斌（2012）、陆国庆（2014）、熊勇清（2019）认为税收优惠政策对于新兴产业的正向激励效应明显；李苏秀（2016）、赵骅（2019）认为税收优惠政策有利于推进新能源汽车的产业化。

总体看来，国内外文献关于新能源汽车产业政策激励效果的分析主要聚焦于供给侧和需求侧两个方面，在供给侧政策方面，研发补贴政策有效地推动了核心技术进步，降低了研发活动高投入和不确定性风险，激励制造商加大研发投入；基础设施政策推动了新能源汽车充电桩等基础设施的快速覆盖，有效缓解了消费者的里程焦虑；在需求侧政策方面，以研究政府采购、购置补贴、税收减免和优先权力等政策的实施效果为主。需求侧政策有助于激发新能源汽车消费的积极性和购买能力，拉动产业快速发展。

（三）新能源汽车产业政策的优化与调整

国内外文献关于新能源汽车产业政策优化与调整的方向主要集中

在产业政策实施重点调整与产业政策的协调平衡两个方面。在产业政策实施重点调整方面，国外文献如 Hoen（2014）、Whitehead（2014）、Bjerkan（2016）认为并非所有政策都发挥着同等效力，新能源汽车产业政策需要进行区分与重点实施。Sierzchula（2014）、Gass（2014）、Li（2016）强调供给侧的基础设施政策与需求侧的财政补贴政策应是未来新能源汽车产业政策优化与调整的重点。国内文献如陆国庆（2017）认为以财政补贴为主的新能源汽车产业政策应逐步从需求侧重点向供给侧转变。熊勇清（2018）认为在新能源汽车产业培育初期，应重视研发投入，通过新技术和新设计，充分激发处于市场需求前端的领先用户市场消费需求。在产业政策的协调平衡方面，Noori（2015）认为，新能源汽车在不同成长阶段和不同地区的发展情况具有差异性，应注意产业政策的调整，Drude（2014）认为新能源汽车不同行为主体之间的利益冲突会影响产业的快速发展，应重视产业政策动态平稳。Rezvani 等（2015）认为，未来应该聚焦于消费者对于新能源汽车相关具体政策的评估之上，以谋求政策与受众的匹配。Xu（2015）、Skippon（2016）等认为新能源产业生态系统培育与技术突破，将对新能源汽车产业的发展起到至关重要的作用，未来应寻求政策与产业的动态匹配来推动新能源汽车产业的联动发展。国内文献如张国胜（2012）认为要以技术变革为核心、关注政策协同与产业发展的动态匹配，强化新兴产业的联动作用。熊勇清（2016）提出新能源汽车供给侧和需求侧政策取向应根据区域发展的不平衡性因地制宜。薛澜（2017）、郭雯（2018）认为平衡需求型政策和环境型政策对新能源汽车产业发展具有促进作用。刘宗巍（2017）、郑吉川（2019）针新能源汽车双积分管理规则进行了不同情境的分析，提出了新能源汽车享有的双重优惠比例需要进行调整优化等政策建议。李国栋

（2019）建议包括上海市在内的限牌限行城市在调整推广政策时，应继续保持免费专用牌照对新能源汽车需求的拉动作用，在此前提下，可以考虑财政补贴的加速退坡或完全退出。郭本海（2019）则建议未来的政策要在产业共性技术发展和核心技术突破方面提供更强有力的保障，实现产业的自主可控应成为未来政策调控的重要目标，更需要注重在技术环节的均衡性和协调性并根据产业环境的变化而适时调整政策。

总体看来，国内外文献对新能源汽车产业政策优化与调整方向的探讨大致有两个方面。一是产业政策重点需要调整，大多数学者认为并非所有的新能源产业政策都发挥着同等效力。二是产业政策需要协调平衡，多数学者认为，平衡好供给侧与需求侧之间的关系，因地制宜地进行政策选择，对于推动新能源汽车产业的发展十分重要。

二 文献评述与进一步研究空间

现有研究为新能源汽车产业政策的研究奠定了良好的理论基础与分析思路，但在以下方面的研究相对不足，有待于开展进一步的深化和拓展研究。

（1）已有研究对于新能源汽车产业供需双侧政策对推动市场发展与升级的动态理论研究相对薄弱。目前以"市场失灵"为理论依据的新能源汽车产业供需双侧政策分析，对于供给侧和需求侧相关政策在新能源汽车产业发展中的积极意义关注较多，虽然可以把握静态环境下的资源配置，却无法厘清新能源汽车产业成长与发展阶段差异性、区域差异性和诉求差异性情形下的动态复杂特征，从而导致新能源汽车产业培育中供需双侧政策的错配失衡。

（2）已有研究对于新能源产业供给侧和需求侧相关政策微观效应

的实证研究相对较少。目前对于新能源汽车产业政策分析以理论层面的宏观分析为主，部分微观层面的研究多采用文本分析方法，对于新能源汽车产业供需双侧政策理论依据与实施效果缺乏微观层面的系统严谨的实证分析，从而无法为加强新能源汽车产业政策精准性和实效性提供微观证据。

（3）已有研究对于中国新能源产业发展的独特情境关注不够。中国经济正面临结构转型升级的关键时期，不平衡不充分是目前我国社会发展过程中面临的一个主要矛盾，中国新能源汽车产业的发展面临着三种差异性，从而决定中国新能源汽车产业发展面临着更为复杂的经济及社会变量，深入研究新能源汽车产业的供给与需求两侧政策和产业战略匹配及其动态耦合机理，对我国新能源汽车产业的发展至关重要。

第三节　主要研究内容

本书共分为七章，各章节主要内容为：

第一章：导论。主要阐述本书的研究背景及研究意义、国内外研究现状以及主要的研究内容和研究方法。

第二章：相关理论基础。对新能源汽车与产业、新能源汽车产业阶段与特征、新能源汽车产业政策演进与构成及成效、新能源汽车产业培育现状与影响因素等概念进行了界定，对涉及全书的新能源汽车供需双侧政策的相关理论与方法进行了介绍。

第三章：新能源汽车供需双侧政策市场培育作用机理：需求市场与消费者分析视角。聚焦于政府扶持新能源汽车的供给和需求两个着力点，考虑需求市场（中观）以及消费者（微观）两个层面，对新能源汽车产业培育的供需双侧政策作用机理开展具体研究。在需求市场层面，根据微观市场主体之间具有较大差异的现实情况，从政府采购、商业运营和私人乘用三类异质性市场比较的视角，利用面板数据回归和面板分位数回归分析供需双侧政策对新能源汽车需求市场培育激励效应的差异性及其产生的原因。在消费者层面，借鉴技术接受模型（TAM）构建潜在消费者对于新能源汽车产业供需双侧政策的接受模型，应用实验研究和问卷调查相结合的方法分析了在供给侧或需求侧政策环境下，潜在消费者对于新能源汽车产业供需双侧政策的感知有用性和易用性的变化情况。

第四章：新能源汽车供需双侧政策实施效果差异性：政策取向与政策意愿分析视角。通过构建政策取向与政策意愿双维度评估分析框架，对我国新能源汽车产业培育与发展的政策进行分析评估。在政策取向方面，尝试将基尼系数分解法引入新能源汽车供给侧和需求侧政策实施效果的区域差异分析中，分析了我国培育新能源汽车消费市场培养供给侧和需求侧政策取向的分布情况以及现阶段政策取向所面临的困惑，应用我国新能源汽车试点推广城市数据开展了实证研究。在政策意愿方面，收集了政府、制商造和消费者在网络等媒体发布的相关信息，应用文本挖掘和对应分析等方法分析了政府、制造商和消费者在新能源汽车供给侧和需求侧两类政策实施过中的政策意愿及其差异性。

第五章：新能源汽车供需双侧政策与微观主体选择行为：市场需求与产品供给分析视角。从市场需求和产品供给两个视角针对新能源汽车供需双侧消费促进政策与微观主体的选择行为的关系开展研究。在市场需求方面，根据居民消费能力和交通承载能力区分示范推广应用城市的区域差异性，应用双重差分模型等方法从静态和动态角度，研究分析购买和使用环节政策在不同城市实施效果的差异；在产品供给方面，从公共需求和私人需求两个着力点来评价新能源汽车的政策依赖性，探索性的将政府采购和消费补贴纳入新能源汽车制造商的生产函数，应用倾向得分匹配法从影响程度和作用机制角度，研究分析政府采购和消费补贴政策对于新能源汽车制造商的激励效果及差异性。

第六章：新能源汽车目标用户政策感知与政策互动：领先用户与跟随用户分析视角。在目标用户政策感知方面，将新能源汽车目标用户分为领先用户与跟随用户两种类型，在目标用户政策感知方面，基于产品/服务属性认知差异分析等方法，应用调查问卷数据分析了领先用户与跟随用户两类目标用户对于新能源汽车供需双侧政策感知满意度水平的差异。在目标用户政策互动方面，将供给与需求演化模型、随机效用模型和经验魅力权重学习模型应用到两者的互动行为模拟中，应用实验模拟的方法针对新能源汽车目标用户消费行为与政府补贴行为的互动影响关系开展分析。

第七章：总结与展望。对全书进行了总结，给出了本书的主要结论，并对未来研究方向进行展望。

全书逻辑框架如图 1-1。

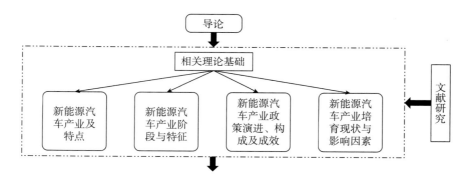

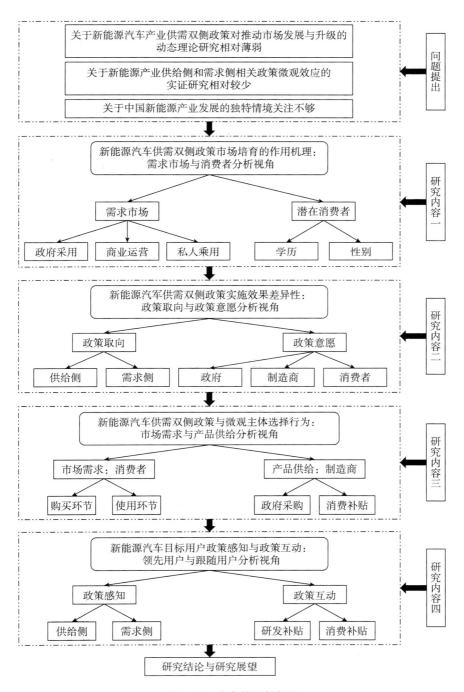

图1-1 本书的逻辑框架

第二章 相关理论基础

第一节 相关概念界定

一 新能源汽车与新能源汽车产业

（一）新能源汽车

目前关于新能源汽车的界定和分类，被普遍认同的可分为广义新能源汽车和狭义新能源汽车。广义新能源汽车是指不以传统石油能源作为动力来源的汽车，即只要不是使用传统汽油和柴油作为燃料提供动力的汽车都能称作新能源汽车。广义新能源汽车一般可以分为三种：电池电动汽车（BEV）、插电式混合动力电动汽车（PHEV）和燃料电池电动汽车（FCEV）等。其中纯电动汽车指以电力作为唯一的动力来源而不借助其他任何燃料；燃料电池汽车指不使用汽油和柴油，而以甲醇、氢气和甲烷等作为燃料提供动力的汽车；混合动力汽车一般指通过汽油或柴油和电力共同作用的汽车。

狭义新能源汽车比广义新能源汽车的范围更小，只包括纯电动汽车和混合动力汽车。狭义新能源汽车的定义对新能源汽车概念的界定更加清晰，避免了部分车企将石油进一步的分馏产物作为燃料，但该类燃料却不能达到大幅节能减排的效果，同时这种定义也有利于国家针对新能源汽车制定相关政策，政策实施效果的可度量和可监管性也更强。但这种定义的弊端在于，目前纯电动汽车和混合动力汽车的关键技术不是十分成熟，研发成本较高，但部分燃料的开采和提炼成本较低，动力技术也容易突破，同时没有违背新能源汽车节能减排的初衷，将燃料电池汽车隔离在外，不利于新能源汽车初期阶段的发展。本书所指的新能源汽车主要包括纯电动汽车、混合动力汽车和燃料电池汽车。

（二）新能源汽车产业

新能源汽车产业是指从事新能源汽车生产与应用的行业，只要是和新能源汽车或配件的生产制造相关的都应当归入新能源汽车产业范畴中。新能源汽车产业符合如下要求：

一是战略性。新能源汽车产业是中国七大战略性新兴产业之一，该产业属于技术型新兴产业，和环保、绿色的时代发展主题是契合的，同时，具有引领汽车工业转型升级的战略意义。

二是先进性。体现为新能源汽车产业的创新性，相比传统的汽车产业，新能源汽车对生产工艺、零部件等有着更高的要求，必须以技术突破为推动力。

三是系统性。新能源汽车产业链条很长，上游环节如电解液、隔膜、稀土等；中游环节包括电控系统、驱动电机等；下游环节包括了售后服务、配套设施等。由此可见，新能源汽车产业有着很强的产业关联性，涉及多个经济发展领域，有着较为突出的协同性、系统性特征。

四是市场性。新能源汽车产业的发展，不仅要求政府提供政策支持与引导，更加需要以市场来进行检验。市场对产业的发展发挥着引领作用，企业居于主体地位。

（三）新能源汽车产业特征

1. 从产业性质方面来看，新能源汽车产业具备高风险、高投资、高回报和正外部性等特征

新能源汽车产业是战略性新兴产业中的一种，由于其兼具环保和经济属性，目前被世界各国大范围推进。它是创新的产物，主要采用替代燃料或电力作为汽车动力源，对技术的要求很高（Lubik，2012）。因此，新能源汽车产业同时具备技术密集型产业和新能源产业的特点——高风险、高投资、高回报和正外部性。想要谋求新能源汽车技术的不断创新、市场的逐渐扩大，就需要投入足量的资金，整合各方的资源（蒋俐俐，2012）。由于新能源汽车是一个全新的领域，不仅技术开发需要高昂设备和宝贵资源的投入，消费者对新产品的接受和熟悉都需要一个漫长的过程，市场推广也需要资金和资源的投入（Murray，2014）。高额的投入存在很高的风险性，随时都有研发失败或者市场不买账的风险。

此外，为促进新项目的研发，新能源汽车制造企业通常都需要进行债务融资，一旦新能源汽车的研发和市场拓展没能达到预期，企业将会面临着资金没法回笼和周转的财务负担（Joskow，2010）。当然，高风险一定也会预示着高回报，只要新能源汽车技术研发有所突破，并获得市场的认可，其所能带来的回报和收入是相当可观的（Gilber，2010）。加之新能源汽车的高技术含量和高创新性的属性，行业的垄断利益无疑也是非常丰厚的（张伟，2013）。

2. 从产业发展方面来看，新能源汽车处于成长期，具有广阔的市场发展前景

产业的发展是一个从产生，逐渐成长壮大成熟，最终再慢慢衰退

的过程（王敏，2013）。一般来说，可以被分为四个阶段——投入期、成长期、成熟期和衰退期。新能源汽车产业经过近年的快速发展，已经进入成长期（Heyma，2011）。2018 年，全球主要国家新能源汽车销量超过 200 万辆，其中我国占比超过一半，我国已成为全球最大的新能源汽车市场，具体情况如图 2 - 1 所示。

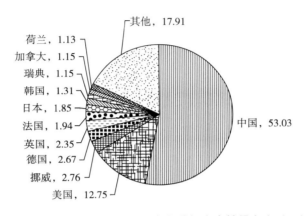

图 2 - 1　全球主要国家 2018 年新能源汽车销量占比（%）

3. 从产业链方面来看，新能源汽车的产业链条更加复杂和多元化，技术密集型程度更高

新能源汽车是技术密集型的新型产品，其产业链尤为复杂，是在传统汽车产业链基础上的进一步的拓展和延伸（Sim，2015）。在产业链的上游，传统汽车的原材料供应主要是钢材、橡胶等，而新能源汽车的原材料以电解液、硅钢和稀土等为主（Weager，2007）；产业链的中游，传统汽车主要指的是零部件的加工和整装等，新能源汽车则增加了电机和电池等部件；产业链的下游，传统汽车以加油站、维修和美容为主，新能源汽车则是电池回收和充电桩配置等（Aalbers，2009）。

从图2-2中我们可以明显看出新能源汽车产业链的复杂性和特殊性，上、中、下游结合更加紧密，需要各方社会主体共同参与、高度配合来完成新能源汽车的生产（Clausen，2009）。首先，从生产环节来说，新能源汽车从零件的选购、核心技术的研发到整车生产环节，涉及的领域非常广，技术要求含量非常高，要保证每一个环节的严密性，不能出现任何一点纰漏（范晓春，2012）；其次，新能源汽车产业技术密集型的属性，对企业人才要求更高，比如研发需要核心技术人才，市场营销推广需要全方位的销售人才，不仅需要有高水平的营销技巧和经验，还应熟知新能源汽车的性能和特色，可以为消费者做全面的剖析和讲解（Potoglou，2007）；最后，新能源汽车从成品到销售至消费者手中，以及配套的基础设施建设，需要政府、制造商、销售商和消费者等相关市场主体的共同参与和主动配合（Hod，2012）。

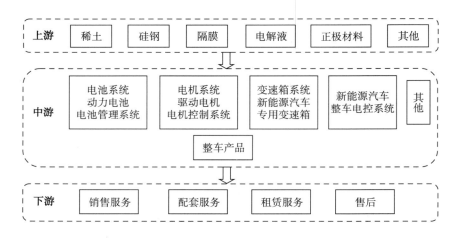

图2-2 新能源汽车产业链

二 新能源汽车产业阶段与特征

到目前为止，新能源汽车产业的发展大致经历了三个阶段。

（一）新能源汽车产业发展早期（20世纪90年代—2006年）

20世纪90年代起，一些国家便开始将新能源汽车产业提到了议事日程，其中以日本、美国和欧盟经济实力较强的发达国家为主，如日本的研发重点放在了混合动力，美国与欧洲则以氢燃料为主要研究对象（Mohanty，2012）。而当时的中国，对新能源汽车产业还处于探索阶段，新能源汽车的产业地位直到2001年"十五"期间才最终被确定下来，同时被落实的还有新能源汽车产业发展的战略目标和规划。

（二）新能源汽车产业发展初期（2007—2011年）

随着能源危机和环境问题日趋严重，世界各国将重点转向了环保、节能和绿色产业，以新能源汽车为代表的新兴产业成为各国的重要战略部署对象（Black，2009）。各个国家转向了新能源汽车产业的技术研发，新能源汽车的相关技术有所突破，市场推广初见成效。我国从2008年开始大力发展新能源汽车产业，2010年，我国实施了"十城千辆"项目，在全国选择了十个城市进行示范推广，我国的新能源汽车产业步入正轨（冯相昭，2012）。

（三）新能源汽车产业发展现阶段（2012年至今）

世界各国进一步加大了新能源汽车产业的资金投入和政策扶持力度。全球形成了比较一致的技术路线，以替代燃料电池汽车和混合动力作为过渡选择，逐渐向纯电动汽车转变的发展方向（Ou，2014）。在市场推广方面获得了较快的发展，但总体而言，新能源汽车的市场推广难度仍然较大。

新能源汽车发展的主要阶段及特征见表2-1所示。

表 2 – 1 新能源汽车产业发展阶段及主要特征

阶段划分	发展早期 （20 世纪 90 年代—2006 年）	发展初期 （2007—2011 年）	现阶段 （2012 年至今）
技术	（1）初步探索 （1）缺乏创新 （3）关键技术有待突破	（1）技术研发有所进展 （2）技术难关有所攻破 （3）技术多样化发展	（1）主导技术路线明确 （2）关键性技术有所改进和完善
需求	（1）新能源汽车市场处于摸索时期 （2）日本、美国和欧盟等少数发达国家出现需求	（1）世界各国市场推广初见成效 （2）中国市场的潜能被释放	（1）发达国家新能源汽车销量增速减慢 （2）中国市场推广遇瓶颈

三　新能源汽车产业政策演进与构成

（一）新能源汽车产业政策演进

中国政府在新能源汽车的不同发展时期，分别出台了一系列扶持政策，具体政策措施及要点见表 2 – 2 所示。

表 2 – 2 新能源汽车产业政策演进

发展阶段	时间	措施	要点
早期	2001 年	发布国家高技术研究发展计划	确定电动汽车重大专项
	2004 年	发布《汽车产业发展政策》	确认了节能环保发展方向
	2005 年	出台电动汽车政策举措	制订进一步电动汽车的推广目标
中期	2007 年	颁布汽车产业转型升级的纲领	新能源汽车正式被确认为汽车产业发展方向
	2008 年	加强对能源和石油等资源的调控	尝试政府采购政策，倡导消费者购买新能源汽车
	2009 年 1 月	提出新能源汽车产业发展战略	对新能源汽车产业的技术研发出资 100 亿元进行扶持
	2009 年 1 月	确定一批新能源汽车示范推广城市	购置补贴在试点城市开始实施

发展阶段	时间	措施	要点
中期	2009 年 2 月	启动"十城千辆"项目	在 10 个城市中推广完成 1000 辆新能源汽车的目标
	2009 年 5 月	国家针对技术研发和改革成立专项资金	为鼓励汽车企业自主创新加大研发投入，以贷款贴息的形式，总计向企业投放 200 亿元
	2009 年 12 月	再确定一批新能源汽车示范推广城市	新增 20 个示范推广城市名单
	2010 年	扩大对私人消费者购买新能源汽车的财政补贴政策实施范围	广泛在示范推广城市实施购置补贴
	2011 年	实施新能源汽车税收减免政策	对新能源汽车减免车船税、消费税等
现阶段	2012 年	颁布未来 8 年内的市场目标和技术规划	规划到 2020 年，新能源汽车的累计销量突破 500 万辆
	2013 年	更新购置补贴政策的实施细节	对新能源汽车购置补贴变更为以续航里程为标准分等级
	2014 年 6 月	强化新能源汽车政府采购政策的实施范围	不仅规定政府机构应优先采购新能源汽车，鼓励在更多公用领域也同时多采用新能源汽车
	2014 年 8 月	针对新能源汽车用电领域调整降低相关电价	部分充电桩暂免收基本电费；部分实行分时段收费
	2015 年	再次更新未来 5 年内购置补贴政策的实施细节	适当降低了对混合动力和纯电动汽车的补贴力度，加大了对燃料电池的补贴力度
	2016 年	颁布了充电桩等基础设施的推广建设奖励机制	明确要求加快充电桩等基础设施的建设，给予基础设施建设一定财政补贴
	2017 年	颁布双积分管理办法	拟推行乘用车企业平均燃料消耗量与新能源汽车积分管理
	2018 年	促进汽车消费优化升级	完善新能源汽车积分管理制度，落实好双积分管理办法，研究建立碳配额交易制度

（二）新能源汽车产业政策构成

新能源汽车产业政策可以划分为供给侧和需求侧政策两类：

1. 新能源汽车供给侧政策

主要包括基础设施、法规完善、研发补贴、示范推广等，该类政策侧重于激励制造商加大在基础设施建设和产品技术研发等方面的投入，即通过改善新能源汽车产业充电桩、充电站等基础设施覆盖情况和产品性能，以推动新能源汽车产业快速过渡至商业化阶段。在基础设施建设上，中国政府相关部门不仅明确了充电桩的配建比至少达到1:1的标准同时出台了充电桩建设补贴等措施，以促进基础设施的建设。在示范推广方面，实施了以示范推广城市为主，其他城市为辅的总体规划，以加快新能源汽车产业商业化的进程。

2. 新能源汽车需求侧政策

主要包括购置补贴、税收减免、优先权力、政府采购等，多侧重于引导和激励消费者了解并购买新能源汽车产品，即直接激励消费者的消费意愿，以拉动新能源汽车产业平稳过渡至商业化阶段。在税收减免方面，政府推出了新能源汽车购置税减免方案，以保障新能源汽车平稳地度过产业化初始阶段。为创造良好的新能源汽车消费环境，国家还引导地方政府出台免摇号、免拍卖、不限行等一系列刺激政策。新能源汽车供需双侧政策分类及释义见表2-3所示。

表2-3　　　　　　　　新能源汽车供需双侧政策释义

供需双侧政策		政策释义
供给侧	基础设施	通过直接补贴充电桩建设、规定公共停车场充电桩配比、鼓励社会资本进入充电设施建设领域等
	法规完善	制定排放法规、准入门槛、行业标准等，规范新能源汽车市场秩序
	研发补贴	通过补贴直接支持新能源产业技术的研发

续表

供需双侧政策		政策释义
供给侧	示范推广	通过公共领域示范、租赁经营、试驾体验等方式，促进新能源汽车产业规模化、产业化
需求侧	购置补贴	给予直接经济补贴，激励消费者购买
	税收减免	减免购置税、增值税和消费税等，激励消费者购买
	优先权力	新能源汽车行驶优先、上牌优先、停车过路优惠等
	政府采购	要求政府部门、城建环卫、公共交通等采购一定数量新能源汽车

第二节　相关理论与方法

一　相关理论

（一）产业发展理论

产业发展理论就是研究产业发展过程中的发展规律、发展周期影响因素产业转移资源配置发展政策等问题，产业发展规律主要是指一个产业的诞生、成长、扩张、衰退淘汰等各个发展阶段需要具备一些怎样的条件和环境，从而应该采取怎样的政策措施。对产业发展规律的研究有利于决策部门根据产业发展各个不同阶段的发展规律采取不同的产业政策，也有利于企业根据这些规律采取相应的发展战略。例如，一个新兴产业的诞生往往是由某项新发明、新创造开始的，而新的发明、新的创造又有赖于政府和企业对研究和开发支持的政策和战略。一个产业在不同发展阶段都会有不同的发展规律，同时，处于同一发展阶段的不同产业也会有不同的发展规律。所以，只有深入研究产业发展规律才能增强产业发展的竞争能力，才能更好地促进产业的发展，进而促进整个国民经济的发展。

（二）产业生命周期理论

从产业生命周期理论来看，产业的成长要经历萌芽期、成长期、成熟期及衰退期四个阶段。产业萌芽阶段指的是从"无"到"有"的过程。产业萌芽期的产业产品单一，销路不广、成本高、收益少、产量小、产品知名度低。产业成长期指的是产业在形成之后，不断地吸纳各种经济资源而快速成长的过程，产业成长既包括产业在量上的增长，也包括产业在内涵方面有质的变化。产业成长阶段是产业发展非常重要的一个阶段，产业能否成长意味着幼小产业是否被扼杀或夭折，同时也意味着产业能否进入成熟阶段，这关系到产业的发展，也会对整个产业链产生巨大影响。产业成长到达极限之后，生产能力和生产空间的扩大就趋于停滞。这时，产业就进入了一个规模稳定、技术稳定、供给与需求稳定、产品稳定的阶段，这就是产业成熟阶段。产业衰退是指产业从兴盛走向不景气进而走向衰落的整个过程。它主要表现为产业发展的相对或绝对的规模萎缩，产品老化、退化而表现的颓势状态。

（三）产业组织理论

产业组织理论研究市场在不完全竞争条件下研究产业内企业关系结构的状况、性质及其发展规律的应用经济理论，由美国经济学家梅森（Mason）和贝恩（Bain）创立。现代产业组织理论的三个基本范畴，即市场结构、市场行为和市场成果。该理论的核心问题是：在保护市场机制竞争活力的同时充分利用"规模经济"，即某一产业的产业组织性质是否保持了该产业内的企业有足够的竞争压力以改善经营、提高技术、降低成本，以及是否充分利用规模经济使该产业的单位成本处于最低水平。该理论的目的在于寻找最有利于资源合理分配的市场秩序，寻找充分发挥价格机制功能的现实条件。在产业组织论者看来，垄断是一定市场结构中的各种市场行为产生的一种市场效果、影响市场结构和市场行为的主要因素是集中、产品的差别化、新企业的进入壁垒、市场需求的增长率、企业的价格政策、产品政策、压制竞争对手的政策等。每个企业都追求规模经济，而每个产业的市场规模都不是无限的。这样，有限的市场规模和企业追求规模经济所产生的市场行为都会使市场结构趋向垄断。垄断的形成则会使少数企业通过企业间的合谋、默契、领导价格制和构成卡特尔等形式控制产业价格、形成扼杀竞争的垄断价格，破坏价格在合理分配资源上所起的作用，阻碍资源随供求关系移动，引起资源分配的"X非效率"，减弱企业改善经营管理和推动技术革新的动力，最后造成经济发展的停滞。因而，为了获得理想的市场效果，需要国家通过制定产业组织政策干预产业的市场结构和市场行为，通过降低卖者的集中度、减少进入壁垒、弱化产品差别化趋势、控制市场结构和通过反托拉斯法控制市场行为等抑制垄断的弊端，维护合理和适度的竞争秩序。

（四）新兴产业保护理论

新兴产业由于没有成熟产业拥有的规模经济效益，因此需要得到一定保护，直至新兴产业能够获得类似成熟产业的规模经济。新兴产业带来的经济转型效益随着时间的推移不断得到扩充，因此，即使目前没有竞争力的产业在经过一段短暂的保护期后，也可能会获得一定的比较优势。新兴产业保护的必要条件是：①产生了不可逆的技术外部经济，而这些经济是受保护产业无法获得的；②保护受到时间限制；③保护使该产业能够降低足够的经济成本，从而使新兴产业的初始投入成本将以在产业发展后期得到偿还。保护新兴产业的合适政策有生产补贴、关税、购买限制等（Corden，1974）。生产补贴相较于关税更可取，因为关税往往会导致消费扭曲，关税虽然可以保持国家之间贸易的平等性，但税收影响了交易双方的总效益。关税将比购买限制更可取，购买限制将影响市场主体的地位，有许可证的企业的出现将产生寻租成本。技术补贴也是一种有效的手段。企业倾向于规避高技术研发成本带来的经济风险，尤其是当学习技术的成本低于研发成本时，企业不会选择投入大量资金用于研发。这时政府针对新兴产业的保护，如针对全行业税收政策、补贴政策，反而有可能降低企业在技术创新方面的投入，阻碍产业的长远发展，降低社会生产效率。因此，针对技术投入的补贴更能有效激励产业的快速可持续发展。

（五）区域差异性理论

区域差异性理论包括域经济非均衡发展理论以及财政政策效果区域差异性理论。①区域经济非均衡发展理论。区域经济非均衡发展是一种复杂的社会经济现象，也是世界各国经济发展过程中的一个普遍性问题，区域经济发展理论对各国区域经济的发展和规划起到了重要的指导作用。区域经济趋同理论和区域经济趋异理论是目前学界用于解释区域非均衡发展的两种完全相反的分析视角。区域经济趋同理论强调在未知因素的作用下，区域内的因素差距会逐渐缩小甚至消失，最终达到区域内的均衡发展。区域经济趋异理论则强调由于资源的稀缺应由局部带动整体的发展，主要包含要素禀赋理论和新古典增长理论等。根据区域经济非均衡发展理论，由于资源在空间分布不均衡，区域之间资源禀赋不同，在经济发展、技术轨道、制度环境等方面呈现巨大的区域差异（Hoekman，2009）。②财政政策效果区域差异性理论。1961 年，蒙代尔（Mundell，1961）首次提出了最优货币区理论，奠定了财政政策效果区域差异性的理论基础。该理论指出区域内若生产要素能够自然流动，则货币政策不会出现区域差异。然而，现实中区域内要素往往不能满足在区间内自由流动的前提，因此财政政策的区域差异会广泛存在。新能源汽车作为战略性新兴产业，即使发展时间较短，也呈现明显的区域差异性，如我国 88 个新能源汽车推广应用城市之间区域发展的差异就十分巨大，因此，关于政策效果的讨论与研究不能一概而论。

（六）技术扩散理论

技术扩散理论是埃弗雷特·罗杰斯（Rogers，1995）提出的。罗杰斯认为，创新是一种被个人或其他采用单位视为新颖的观念、实践或事物；创新扩散是指一种基本社会过程，在这个过程中，某创新的意义逐渐显现。该理论将技术扩张过程中的相关对象划分为了五种类型：创新者，大胆热衷于尝试新观念，更见多识广的社会关系；早期采用者即地位受人尊敬，通常是社会系统内部最高层次的意见领袖；早期众多跟进者：深思熟虑，经常与同事沟通，但很少居于意见领袖的地位；后期众多跟进者，疑虑较多，通常是出于经济必要或社会关系压力；滞后者：因循守旧，局限于地方观念，比较闭塞，参考资料是以往经验。

（七）理性行为理论

理性行为理论（Theory of Reasoned Action，TRA）又译作理性行动理论，是由美国学者菲什拜因（Fishbein）和阿耶兹（Ajzen）于 1975 年提出的，主要用于分析态度如何有意识地影响个体行为，关注基于认知信息的态度形成过程，其基本假设认为人是理性的，在做出某一行为前会综合各种信息来考虑自身行为的意义和后果。该理论认为个体的行为在某种程度上可以由行为意向合理地推断，而个体的行为意向又是由对行为的态度和主观准则决定的。人的行为意向是人们打算从事某一特定行为的量度，而态度是人们对从事某一目标行为所持有的正面或负面的情感，它是由对行为结果的主要信念以及对这种结果重要程度的估计所决定的。主观规范（主观准则）指的是人们认为对其有重要影响的人希望自己使用新系统的感知程度，是由个体对他人认为应该如何做的信任程度以及自己对与他人意见保持一致的动机水平所决定的。这些因素结合起来，便产生了行为意向（倾向），最终导致了行为改变。

理性行为理论是一个通用模型，它提出任何因素只能通过态度和主观准则来间接地影响使用行为，这使得人们对行为的合理产生有了一个清晰的认识。该理论有一个重要的隐含假设：人有完全控制自己行为的能力。但是，在组织环境下，个体的行为要受到管理干预以及外部环境的制约。因此，需要引入一些外在变量，如情境变量和自我控制变量等，以适应研究的需要。

（八）计划行为理论

计划行为理论（Theory of Planned Behavior，TPB）是由阿耶兹（1988）提出的。是菲什拜因（Fishbein）和阿耶兹（Ajzen）共同提出的理性行为理论（TRA）的继承者。阿耶兹因为研究发现，人的行为并不是百分百地出于自愿，而是处在控制之下。因此，他将 TRA 予以扩充，增加了一项对自我行为控制认知（Perceived Behavior Control）的新概念，从而发展成为新的行为理论研究模式——计划行为理论。

计划行为理论包含五大要素，其一，态度（Attitude），是指个人对该项行为所抱持的正面或负面的感觉，亦即指由个人对此特定行为的评价经过概念化之后所形成的态度，所以态度的组成成分经常被视为个人对此行为结果的显著信念的函数。其二，主观规范（Subjective Norm），是指个人对于是否采取某项特定行为所感受到的社会压力，亦即在预测他人的行为时，那些对个人的行为决策具有影响力的个人或团体对于个人是否采取某项特定行为所发挥的影响作用大小。其三，知觉行为控制（Perceived Behavioral Control），是指反映个人过去的经验和预期的阻碍，当个人认为自己所掌握的资源与机会越多、所预期的阻碍越少，则对行为的知觉行为控制就越强。而其影响的方式有两种，一是对行为意向具有动机上的含意；二是其亦能直接预测行为。其四，行为意向（Behavior Intention），是指个人对于采取某项特定行为的主观概率的判定，它反映了个人对于某一项特定行为的采行意愿。其五，行为（Behavior），是指个人实际采取行动的行为。阿耶兹认为所有可能影响行为的因素都是经由行为意向来间接影响行为的表现。而行为意向受到三项相关因素的影响，一是源自个人本身的态度，即对于采行某项特定行为所抱持的态度（Attitude）；二是源自外在的主观规范，即会影响个人采取某项特定行为的主观规范（Subjective Norm）；三是源自知觉行为控制（Perceived Behavioral Control）。

（九）技术接受理论

技术接受模型理论（Technology Acceptance Model，TAM）是由戴维斯（Davis，1989）运用理性行为理论研究用户对信息系统接受时所提出的一个理论模型，提出技术接受模型最初的目的是对计算机广泛接受的决定性因素做一个解释说明。

Davis 提出的技术接受模型中有两个主要因素，一个是感知有用性（Perceived Usefulness，U），其定义为个体用户预期感觉到在组织内部中使用具体的应用系统，可以提高他或她的工作业绩的程度。另一个是感知易用性（Perceived ease of use，EOU），其定义为个体用户预期使用目标系统的容易程度。使用的态度是指个体用户在使用系统时主观上积极的或消极的感受。使用的行为意愿是个体意愿去完成特定行为的可测量程度。该模型认为目标系统的使用主要是由个体用户的使用行为意愿所决定的，使用行为意愿则是由使用态度和感知有用性决定的（BI = A + U），使用的态度是由感知有用性和感知易用性决定的（A = U + EOU），感知有用性则是由外部变量和感知易用性决定的（U = EOU + External Variables），感知易用性则是由外部变量决定的（EOU = External Variables）。外部变量是一些可测的因素，如系统培训时间、系统用户手册等以及系统本身的设计特征。

（十）消费者需求理论

需求就是指消费者具有货币支付能力的实际需要。具体包括两个方面的内容：一是消费者的实际需要，二是消费者愿意支付并有能力支付的货币数量。前者取决于消费者实际需要的商品的价格（P1）和替代商品的价格（P2）。后者取决于消费者的实际收入水平（I）和消费者的支付心理（E）。于是，消费者需求可以用函数模型表示为：Q = f(P1、P2、I、E)。根据函数模型，可以得出以下结论：①消费者需求由消费者的实际需要决定。②消费者需求量总是受消费者收入水平的限制，作为理性的消费者总是希望用较少的钱去获得尽可能多的商品。因此，商品的价格与需求量呈反比例关系。③消费者的收入增加，有利于消费支出的增加。但是理性的消费者绝不会愿意用更多的钱去购买与过去完全同质的商品。因此，只有提高商品的档次，才能满足收入增加后的消费者的实际需要。④只要有替代商品存在，相互替代的商品的价格由商品的差异决定。

二　相关方法

（1）针对需求市场与消费者分析视角下，新能源汽车供需双侧政策市场培育的作用机理与研究，本书采用技术接受模型的相关理论与新能源汽车产业供需双侧政策相结合，建立供需双侧政策的接受模型。需求市场层面，从《节能与新能源汽车年鉴》采集示范推广城市

的政府采购、商业运营和私人乘用三类异质性市场销量数据，利用面板数据回归和面板分位数回归分析了供需双侧政策对新能源汽车需求市场培育激励效应的差异性及其产生的原因。潜在消费者层面，采用实验研究和问卷调查相结合的方法收集潜在消费者政策感知数据，利用结构方程模型和 T 检验估计潜在消费者对于新能源汽车产业供需双侧政策的感知有用性和易用性情况。

（2）针对政策取向与政策意愿分析视角下，新能源汽车供需双侧政策实施效果的差异性研究，本书以新能源汽车产业作为调查研究对象，从政策取向和政策意愿两个方面进行了数据收集工作。在政策取向方面，本书收集了全国 24 个示范推广城市新能源汽车的销售量和其他相关基础数据；在政策意愿方面，收集了政府、制造商和消费者在网络上发表的相关媒介信息。先对数据进行分类归总，再采用相关研究方法进行处理分析。实证过程中，选定我国示范推广城市，将它们按照人均收入分成高、中、低收入三个区域，并利用基尼系数分解法评估新能源汽车产业供需双侧政策在不同区域的政策取向以及实施效果差异；同时通过收集网络等媒体所发布的新能源汽车高词频热点信息，分析新能源汽车政策制定方（政府）和政策实施对象（消费者、制造商）的政策意愿及其差异性，萃取新能源汽车市场培育政策的关键因子。

（3）针对市场需求与产品供给分析视角下，新能源汽车供需双侧政策与微观主体选择行为的研究，本书在消费者的市场需求方面，以我国先后确立的 26 个省内 88 个示范推广应用城市的新能源汽车销量作为反映消费者市场需求的研究样本。将 88 个示范推广应用城市分别按居民消费能力和交通承载能力分为六类。应用双重差分模型等方法从静态和动态角度，研究分析了购买和使用环节政策在不同城市实施效果的差异。在制造商的产品供给方面，选取 72 家新能源汽车制造商的经营数据作为研究样本，将资金投入和人力资本投入作为观测制造商生产经营积极性的关键性指标，以制造商目前的资产情况代表制造商的资金投入，员工数代表制造商的人力资本投入。同时考虑到制造商上市状态和产权性质等因素与经营效益、融资方式、政策扶持等存在较高关联度，将制造商上市状态（是或否）、产权性质（国有、合资、民营）作为控制变量纳入考虑，应用倾向得分匹配法从影响程度和作用机制角度，研究分析了政府采购和消费补贴政策对于新能源汽车制造商的激励效果及差异性。

（4）针对领先用户与跟随用户分析视角下，新能源汽车目标用户的政策感知与政策互动的研究，本书综合运用用户感知满意 3 因素理论、产品/服务属性认知差异分析模型、随机效用模型、供给与需求演化模型和经验魅力权重学习模型等发放，在目标用户的政策感知方面，运用问卷调查的方式获取一手数据，运用奖惩对比分析方法甄别新能源汽车目标用户的政策感知上的非对称关系，以单个政策目标用户感知满意度得分作为政策绩效水平指标，从而揭示各政策在较高和较低满意度水平下对目标用户总体满意度的影响方式是否不同。在目标用户与政府补贴互动方面，应用蒙特卡洛方法模拟新能源汽车目标用户消费行为与政府补贴行为的互动过程，并以 Logistic 模型对实验数据结果进行回归分析处理，分析政府研发补贴政策与消费补贴（包括购置补贴政策、税收减免政策）对两类目标用户消费行为的影响。

第三章 新能源汽车供需双侧政策市场培育的作用机理：需求市场与消费者分析视角

第一节 新能源汽车供需双侧政策的作用层面与机理

一 两个层面的构成及其概念模型

需求市场和消费者是新能源汽车市场培育的具体落脚点，本书构建新能源汽车需求市场与消费者双层面培育分析的概念模型如图3−1所示。

（一）需求市场层面

需求市场作为中观环境，不仅包括市场上存在的购买者，也包括市场上维持交易的机构、程序和基础设施等。分析需求市场有助于把握各个细分市场的消费共性与特性，以便做出有针对性的政策调整，如针对发展潜力较大的细分市场，突出技术研发、法律法规完善等方面的重要性，以确保新能源汽车产业的可持续发展；针对潜力较小的细分市场，突出经济补贴以快速实现销量的突破，带动产业的活性。

此外，需求市场快速发展带来的市场制度完善、购买环境优化更能有效激励消费者的购买意愿。

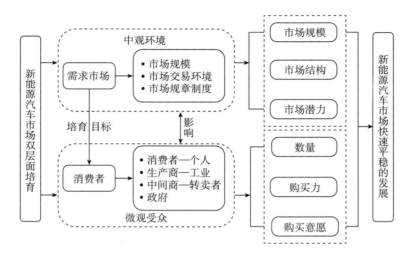

图 3-1 新能源汽车市场培育的概念模型

（二）消费者层面

消费者作为产业的微观主体，是新能源汽车产品的最终受众。分析消费者层面的因素，有助于了解消费者所重视的消费影响因素，以便优化调整政策着力点，如针对个人消费者，可以运用经济补贴政策以激发其消费积极性；针对中间商可强调扶持政策带来的批量采购经济效益，突出采购新能源汽车的性价比等，以充分激发各消费者群体的购买意愿。此外，消费者快速成熟带来的需求规模扩大也能有效促进需求市场的快速平稳发展。

（三）两个层面的联系

需求市场（中观环境）与消费者（微观受众）存在着密切关系。首先，需求市场是消费者购买产品的场所，代表着一系列消费者的集合，需求市场的形成为消费者购买行为提供了体制保障。需求市场的发展情况，如市场规模、市场交易环境、市场规章制度都会直接或间接影响消费者的购买欲望。需求市场一般可细分为个人消费者市场、生产商市场、中间商市场、政府市场，也分别对应着个人消费者、工业使用者、转卖者、政府四种主要的消费群体。其次，消费者是需求市场培育发展的重要目标，市场中消费者的数量、购买力、购买意愿是决定市场规模及发展潜力的首要因素。"消费者"的规模、结构、潜力直接影响了"需求市场"的规模、结构、潜力。根据"消费者"是否已经购买过某种商品一般可分为现有消费者和潜在消费者，也分别对应着市场的现有消费规模和潜在消费规模。

二　"两个层面"的具体分析框架

（一）新能源汽车三类异质性"需求市场"的分析框架

1. 新能源汽车三类异质性市场的功能

新能源汽车需求市场由政府采购、商业运营和私人乘用三类异质性市场构成。政府采购市场是由于实施新能源汽车政府采购政策所形成的需求市场，包括政府各级机构执行职能过程中所需要的公务车、邮政车、环卫车等，市场规模相对较小。政府采购市场作为政府干预的重要手段，对于新兴市场的早期发展有较大推动作用，能够有效地促进新能源汽车等新兴产业从技术示范阶段快速过渡到商业化阶段（Perdiguero，2011）。商业运营市场是由市场主体自发批量采购新能源汽车并用于商业运营而形成的需求市场，包括商业运营公司所购买的客车、载货车、出租车和租赁用车等，市场规模相对较大。商业运营市场既有与政府采购市场相同的定向、批量采购等特点，又有与私人乘用市场相同的满足终端消费者偏好的内在要求（Li，2014），商业运营市场为新能源汽车需求市场的发展奠定良好的基础（薛奕曦，2013）。私人乘用市场是个人消费者用于日常使用而形成的新能源汽车需求市场，是新能源汽车普及推广的目标市场，私人乘用市场的潜在规模是新能源汽车产业持续发展的重要市场基础。

2. 新能源汽车三类异质性市场的相互关系

政府采购、商业运营和私人乘用三类异质性市场各具特点但又有着密切的关联，政府采购市场作为引导新能源汽车需求市场快速萌芽的过渡市场，对商业运营和私人乘用市场的发展有着较大激励作用（姚晶晶，2015），一方面，政府采购市场的率先出现能够有效带动新能源汽车市场早期相关配套基础设施的建设，为商业运营和私人乘用市场的发展奠定了良好的基础；另一方面，政府采购市场在公共领域的推广运用能够创造乐观的市场预期，对于商业运营和私人乘用市场具有良好的示范引导作用（刘颖琦，2014）。商业运营市场作为新能源汽车在大规模进入私人乘用市场之前的中间市场，相比私人乘用市场更能适应新能源汽车产业培育初期的市场环境，商业运营市场通过试驾、租赁等方式增加了潜在私人消费者对于新能源汽车的了解和认可程度，能够有效带动私人乘用市场的快速发展（Wikström，2015）。私人乘用市场作为新能源汽车需求市场成熟阶段的主要目标市场，是政府主要激励目标和商业运营市场的目标群体，会影响政府采购和商业运营市场的采购倾向（桂黄宝，2017）。

（二）新能源汽车"消费者"政策效应的技术接受模型

新能源汽车目前属于典型的新兴技术产品，国内外学者基于 TAM 模型的大量研究表明，新兴技术产品的消费者感知有用性（PU）与接受态度之间存在正相关关系，并且相比态度和满意度表现更为显著（Kim，2016），感知易用性（PEOU）与消费者现在或将来是否使用特定新兴技术产品以及对其接受态度都显著相关（Viswanath，1996）。新能源汽车作为具有较强正外部性新兴技术产品，供需双侧政策在新能源汽车产业的培育过程中发挥着关键性的作用。

新能源汽车潜在消费群体构成特征及其对供需双侧政策的感知和接受态度的影响。消费群体构成特征是影响新能源汽车潜在消费者市场接受态度的重要因素（王宁，2015），新能源汽车作为一种新兴技术产品，现阶段主要目标客户是具有较高收入水平（宋艳，2012）的中青年消费者（Hidrue，2011），而职业因素对新能源汽车产品的接受态度影响不大（王宁，2015）。国内外大量研究表明，学历和性别对新兴产品的接受态度有较大影响，如 Chong 等（2012）学者的研究发现受教育程度较高的人更愿意采用 3G 技术，受教育水平还会影响护士对信息系统的接受态度（Ifinedo，2016）。Carley S 等（2013）的研究表明，在电动汽车发展早期，教育水平较高的消费者对采用电动汽车更感兴趣。Weber（2000）在对 TAM 模型进行修正时引入了性别的调节作用，证明性别对消费者感知有显著影响，Tarhini 等（2014）学者研究发现具有高男性或是女性气质的文化价值观会影响消费者的新技术产品接受态度，受教育水平和性别调节了感知有用性对行为意图的影响作用。为此，本书选择在年龄、收入、职业等人口统计特征上有较高的同质性的中青年消费者作为实验对象，以研究学历和性别对潜在消费者政策感知和产品接受态度的调节作用。

三　新能源汽车供需双侧政策的作用机理

（一）"需求市场"层面的作用机理

新能源汽车供需双侧政策对于政府采购、商业运营和私人乘用三类异质性市场培育的作用机理存在差异，从而产生差异化的激励效果。

1. 供给侧政策对异质性市场培育的影响及作用机理

供给侧多倾向于激励制造商加大在基础设施建设和产品技术研发

等方面的投入（卢超，2014），即通过改善新能源汽车产业充电桩、充电站等基础设施覆盖情况和产品性能，以推动新能源汽车产业快速过渡至商业化阶段，一般包括基础设施、研发补贴、法规完善和示范推广等政策工具。供给侧政策对于政府采购、商业运营和私人乘用三类异质性市场培育的作用机理存在差异，从政府采购市场来看，为了加强对早期市场产品的质量、技术、安全性等方面的引导，更倾向于采购技术水平和标准较高的产品，因此政府采购市场必然受到研发补贴和法规完善政策的影响（Edler，2016）；从商业运营市场来看，基础设施政策带来的充电桩等公共基础设施的快速覆盖，为新能源汽车商业运营提供了便利，同时新能源汽车示范推广政策能够有效激励新能源汽车共享、租赁等市场主体，从而推动商业运营市场的迅速发展（刘颖琦，2014）；从私人乘用市场来看，基础设施政策能够有效缓解私人乘用市场消费者对于新能源汽车基础设施现状的焦虑感（Vassile-va，2016），研发补贴政策能够有效加快新能源汽车续航里程、充电速度等方面技术的进步，进而激励个人消费者使用新能源汽车，示范推广政策能够有效促进新能源汽车产业快速从商业化进入市场化阶段（卢超，2014）。

2. 需求侧政策对异质性市场培育的影响及作用机理

需求侧政策方面。需求侧多侧重于引导和激励消费者认识、了解并购买新能源汽车产品，即直接激励消费者消费意愿，以拉动新能源汽车产业平稳过渡至商业化阶段，一般包括购置补贴、税收减免、优先权力、政府采购等政策工具。需求侧政策对于政府采购、商业运营和私人乘用三类异质性市场培育的作用机理存在差异，从政府采购市场来看，政府采购政策的强制性实施直接使得政府采购市场销量持续增加，另外，随着汽车保有量剧增，汽车上牌、限行成本日益增加，针对新能源汽车的优先权力政策，如上牌优先和行驶优先等能提高各级行政机构采购新能源汽车的积极性（汪锋，2016）；从商业运营市场来看，政府采购政策为商业运营组织提供了稳定和可预期市场前景，降低了进入新能源汽车需求市场的风险和不确定性（付明卫，2015），税收减免政策有助于降低采购成本，促进商业运营组织的盈利能力以及长远发展（Tseng，2013）；进而激励商业运营市场的扩大；从私人乘用市场来看，政府采购政策采取的公开竞价机制可以有效引导制造商研发更高质量、高性能的产品（袁建国，2015），间接激励私人消费者的购买，购置补贴和税收减免政策（购置税、消费税减免等）能够直接降低新能源汽车的购置成本，从而通过收入效应和替代效应影响消费者的购买意愿（Gulati，2017），同时，随着汽车保有量增加，汽车上牌、限行成本日益增加，优先权力政策能显著提高私人消费者的购买意愿（Wang，2017）。

基于前文分析，新能源汽车供需双侧政策对异质性市场作用机理如图 3 - 2 所示。

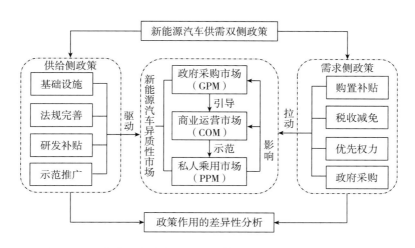

图 3 - 2　新能源汽车供需双侧政策对异质性市场的作用机理

（二）消费者层面的作用机理

借鉴技术接受模型（TAM），本书构建潜在消费者对于新能源汽车供需双侧政策的接受模型，如图3-3所示。

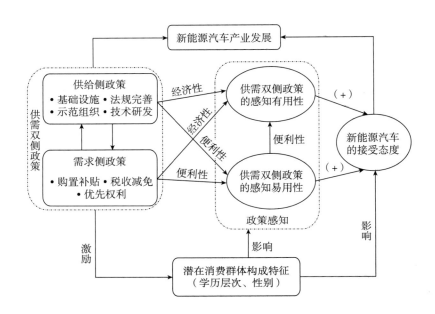

图3-3　新能源汽车供需双侧政策对于潜在消费者的作用机理

1. 供需双侧政策的感知有用性与新能源汽车的接受态度

供需双侧政策的感知有用性，即潜在消费者所感知到的新能源汽车供需双侧政策在购买和使用新能源汽车中的有用程度。潜在消费者对于供需双侧政策的感知有用性主要是关注政策的经济性，政策的经济性主要体现在政策能降低购买新能源汽车的成本（鲁传一，2005），如购置补贴和税收减免政策能降低新能源汽车的购买成本（Gass，2014），示范组织政策能减少消费者的信息搜寻成本（汪立鑫，2014）。供需双侧政策的感知有用性对于新能源汽车的接受态度的影响更为直接和迅速，陈麟瓒等的研究发现购买成本的降低等经济性政策更能直接提高新能源汽车的接受态度（陈麟瓒，2015），Kim（2016）等的研究也表明感知有用性对接受态度的影响比感知易用性更直接。

2. 供需双侧政策的感知易用性与新能源汽车的接受态度

供需双侧政策的感知易用性，即潜在消费者所感知到的新能源汽车供需双侧政策在购买和使用新能源汽车中的便利程度。潜在消费者对于供需双侧政策的感知易用性主要是关注政策的便利性，政策的便利性主要体现在政策能提高使用新能源汽车的效率（汪旭晖，2010），如基础设施和技术研发政策能提高新能源汽车的充电效率（徐国虎，2010），优先权力政策则能提高新能源汽车的上牌和行驶效率（陈麟瓒，2015）。供需双侧政策的感知易用性对于新能源汽车的接受态度的影响更为间接和缓慢，一方面是由于便利性政策部分是通过改变政策的感知有用性进而影响新能源汽车的接受态度（Davis，1989），另一方面便利性政策的实施效果具有一定的时滞效应（郭旭，2017）。

第二节　数据来源与分析方法

一　样本与数据来源

（一）样本选择

1. 市场销量样本

本书从《节能与新能源汽车年鉴》（2010—2017 年）采集我国 88 个新能源汽车示范推广城市的政府采购、商业运营和私人乘用三类异质性市场销量数据，其中剔除了安顺、毕节、包头等 28 个销量数据缺失城市。将公务车、环卫车和其他专用车销量汇总归入政府采购市场销量，大中型客车、轻型客车、载货车、出租车、邮政车、租赁用车和电力工程车销量汇总归入商业运营市场销量；将私人车和其他车辆销量汇总归入私人乘用市场销量。

2. 供需双侧政策样本

本书从《节能与新能源汽车年鉴》（2010—2017 年）、《中国新能源汽车产业发展报告》（2013—2017 年）和各示范推广城市政务门户网站采集所有示范推广城市的供需双侧政策实施情况。其中法规完善和示范推广两项政策应用文本分析收集其实施情况数据，经分析得到各批次示范推广城市法规完善（相关高频词：管理、安全、规划、审核和规范等）和示范推广（相关高频词：示范、推广、应用、支持和经营等）两项政策的实施情况。

（二）数据收据

1. 实验设计

为研究分析在不同的新能源汽车供需双侧政策环境下，潜在消费者对供需双侧政策的感知有用性、易用性和对新能源汽车的接受态度的差异及变化情况，本书基于 TAM 模型设计了情景模拟选择实验。实验设置供给侧政策（S_ treatment）、需求侧政策（D_ treatment）和组合政策（M_ treatment）三个实验组，在供给侧政策组（S_ treatment）和需求侧政策组（D_ treatment）中分别模拟仅有供给侧政策和需求侧政策的情境，在组合政策组（M_ treatment）中模拟同时包含供给侧和需求侧政策的情境。供需双侧政策及其属性层次见表3 –1 所示。

情景模拟实验过程分为两个阶段，第一阶段为实验说明，由实验主持人宣读实验导语（包括实验内容介绍、持续时间、注意事项、供需双侧政策条款内容等），确保被试者准确理解实验中所展示的新能

表 3 - 1　　　　　　　　　供需双侧政策属性层次及其设定依据

政策		属性层次（1；2；3）	主要政策依据
供给侧政策	基础设施	充电站 1.2 万个充电桩 500 万个；充电站 3.6 万个充电站 2000 万个；充电站 4.8 万个充电桩 8000 万个	《关于加快电动汽车充电基础设施建设的指导意见》；《节能与新能源汽车技术路线图》
	法规完善	排放法规；准入门槛；行业标准	《"十三五"节能减排综合工作方案》《关于加快新能源汽车推广应用的指导意见》
	技术研发	续航里程；充电速度；安全性	《"十三五"国家战略性新兴产业发展规划》《节能与新能源汽车产业发展规划（2012 — 2020 年）》
	示范组织	公共采购；租赁经营；试驾体验	《关于深化改革推进出租汽车行业健康发展的指导意见》《关于加快新能源汽车推广应用的指导意见》
需求侧政策	购置补贴	4 万元；3.2 万元；2.4 万元	《关于调整新能源汽车推广应用财政补贴政策的通知》《节能与新能源汽车年鉴（2015）》
	税收减免	免购置税（10%）；免增值税（17%）；减免企业所得税（15%）	《关于免征新能源汽车车辆购置税的公告》《节能与新能源汽车年鉴（2015）》
	优先权力	行驶优先；上牌优先；停车过路过桥优惠	《关于加快新能源汽车推广应用的指导意见》《上海市鼓励购买和使用新能源汽车暂行办法（2016 年修订）》

源汽车供需双侧政策内容和功能。第二阶段为实验实施，实验对象（被试者）进入实验室后被随机安排到供给侧政策组（S_ treatment）、需求侧政策组（D_ treatment）和组合政策组（M_ treatment）三个不同的实验组。实验主持人通过展示不同实验选择卡片的方式，分别模拟不同的政策情境。同时要求被试者根据实验中模拟的政策信息及产

品基本信息来判断其对政策的感知和对产品的接受态度。实验选择卡片依照正交试验设计原则对供需双侧政策及其属性层次进行组合（袁长峰，2017），见表3－2所示。

表3－2 实验选择卡片（样例）

	选择1	选择2	选择3
供给侧政策组（S_ treatment）选择卡片	充电站大于1.2万个充电桩大于500万个	充电站大于3.6万个充电桩大于2000万个	充电站大于4.8万个充电桩大于8000万个
	制定排放法规	设立准入门槛	设立准入门槛
	增加续航里程	提高安全性	增加续航里程
	公共采购	公共采购	试驾体验
需求侧政策组（D_ treatment）选择卡片	选择1	选择2	选择3
	4万元	3.2万元	3.2万元
	免增值税（17%）	免增值税（17%）	免购置税（10%）
	停车过路过桥优惠	行驶优先	上牌优先
组合政策组（M_ treatment）选择卡片	选择1	选择2	选择3
	充电站大于3.6万个充电桩大于2000万个	充电站大于1.2万个充电桩大于500万个	充电站大于3.6万个充电桩大于2000万个
	制定排放法规	设立准入门槛	设立准入门槛
	增加续航里程	增加续航里程	提高安全性
	租赁经营	公共采购	公共采购
	3.2万元	2.4万元	3.2万元
	减免企业所得税（15%）	减免企业所得税（15%）	免购置税（10%）
	停车过路过桥优惠	上牌优先	停车过路过桥优惠

注：表中购置补贴数值"4万元；3.2万元；2.4万元"，分别为选取政府补贴区间额度数值的中间值。

情景模拟实验完成后，要求每个被试根据实验模拟的政策情境填写一份实验问卷。借鉴Davis（1989）和Kim（2016）等学者的研究，本书的实验问卷从感知有用性、易用性和接受态度三个方面设置了9

个测试题，测试题采用从"完全不符"到"完全符合"的 7 分制，实验问卷见表 3 - 3 所示。

2. 实验操作

新能源汽车作为一种新兴技术产品，现阶段的目标客户主要为中青年消费者（Hidrue，2011），为了控制除学历和性别以外其他人口统计因素对实验结果的影响，本书选择了在年龄、收入、职业等人口统计特征上有较高的同质性的中青年消费者作为实验对象。

表 3 - 3　新能源汽车潜在消费者对于供需双侧政策的接受实验问卷

测量维度	测试题（代码）	参考文献
政策的感知有用性（U）	这些政策对我来说有价值（U1）	Kim Y. G.
	我发现这些政策在我的生活中有用（U2）	Kim Y. G.
	这些政策使我觉得新能源汽车更有用（U3）	Davis
政策的感知易用性（E）	对我来说理解这些政策的价值很容易（E1）	Davis
	我很容易就能享用这些政策（E2）	Davis
	享用这些政策让我使用新能源汽车更方便（E3）	Kim Y. G.
新能源汽车的接受态度（A）	实施这些政策后使用新能源汽车是个好的选择（A1）	Kim Y. G.
	我会推荐身边的亲戚朋友使用新能源汽车（A2）	Kim Y. G.
	我未来会选择购买新能源汽车（A3）	Kim Y. G.

被试者安排在实验区域进行测试，实验组织者在实验观察室进行实验监督及答疑，避免实验组织者与被试者之间的相互影响。实验组织者尽量使用中性语言，以避免框架效应对实验结果产生影响。

二　分析模型与方法

（一）"需求市场"层面模型与方法

1. 供需双侧政策实施效果初始回归模型设计

为检验并比较供需双侧政策对政府采购、商业运营和私人乘用三类异质性市场培育效果的差异，以三类异质性市场的销量数据作为因变量，相关政策工具（基础设施、法规完善、研发补贴、示范推广、购置补贴、税收减免、优先权力和政府采购等）作为自变量，构建初始模型为：

$$Sale_{i,j,t} = \alpha + \beta_1 jcss_{j,t} + \beta_2 fgws_{j,t} + \beta_3 yfbt_{j,t} + \beta_4 sftg_{j,t} + \beta_5 gzbt_{j,t} +$$
$$\beta_6 ssjm_{j,t} + \beta_7 yxql_{j,t} + \beta_8 zfcg_{j,t} + Time_{fix\_effect} + \varepsilon_{j,t}$$

式中，$Sale_{i,j,t}$ 为 j 地区新能源汽车在 i 市场 t 年的销量数据；β_n 为供需双侧政策对新能源汽车需求市场培育的效果；$jcss_{j,t}$、$fgws_{j,t}$、$yfbt_{j,t}$、$sftg_{j,t}$、$gzbt_{j,t}$、$ssjm_{j,t}$、$yxql_{j,t}$ 和 $zfcg_{j,t}$ 分别为相关政策工具（基础设施、法规完善、研发补贴、示范推广、购置补贴、税收减免、优先权力和政府采购）的虚拟变量（若该项政策已实施取值为"1"，否则取值为"0"）。$Time_{fix\_effect}$ 为新能源汽车销量的自然增长值。

2. 供需双侧政策实施效果滞后性检验及模型校正

考虑到供需双侧政策实施的效果存在一定的滞后性，需要对数据进行格兰杰因果检验，以确定各项政策在异质性市场的滞后阶数。对取对数后的数据进行单位根检验，检验结果显示数据平稳，再进行格兰杰因果检验，得到供需双侧政策在三类异质性市场的滞后阶数。

根据格兰杰因果检验结果调整回归模型，政府采购、商业运营和私人乘用市场回归模型优化调整后分别为：

政府采购：$lnSale_{GPM,j,t} = \alpha + \beta_1 ljcss_{j,t} + \beta_2 lfgws_{j,t} + \beta_3 yfbt_{j,t} +$
$$\beta_4 llsftg_{j,t} + \beta_5 lgzbt_{j,t} + \beta_6 lssjm_{j,t} + \beta_7 yxql_{j,t} + \beta_8 lzfcg_{j,t} + Time_{fix\_effect} + \varepsilon_{j,t}$$

商业运营：$lnSale_{COM,j,t} = \alpha + \beta_1 jcss_{j,t} + \beta_2 lfgws_{j,t} + \beta_3 yfbt_{j,t} + \beta_4 llsftg_{j,t}$
$$+ \beta_5 lgzbt_{j,t} + \beta_6 lyssjm_{j,t} + \beta_7 lyxql_{j,t} + \beta_8 llzfcg_{j,t} + Time_{fix\_effect} + \varepsilon_{j,t}$$

私人乘用：$lnSale_{PPM,j,t} = \alpha + \beta_1 lljcss_{j,t} + \beta_2 lfgws_{j,t} + \beta_3 yfbt_{j,t} + \beta_4 sftg_{j,t}$
$+ \beta_5 lgzbt_{j,t} + \beta_6 lssjm_{j,t} + \beta_7 yxql_{j,t} + \beta_8 lllzfcg_{j,t} + Time_{fix\_effect} + \varepsilon_{j,t}$

其中，$ljcss_{j,t}$、$lfgws_{j,t}$、$lgzbt_{j,t}$、$lssjm_{j,t}$、$lyxql_{j,t}$ 和 $lzfcg_{j,t}$ 分别为基础设施、法规完善、购置补贴、税收减免、优先权力和政府采购等政策工具的滞后一阶项，$lljcss_{j,t}$、$llsftg_{j,t}$ 和 $llzfcg_{j,t}$ 分别为基础设施、示范推广和政府采购等政策工具的滞后二阶项，$lllzfcg_{j,t}$ 为基础设施和购置补贴等政策工具的滞后三阶项。

3. 供需双侧政策对不同规模异质性市场激励效果的差异性分析模型

分位数回归（Quantile regression）相对于普通回归而言，能够根据因变量的条件分布来进一步拟合自变量，可据此推断在因变量的不同水平下自变量的影响差异及规律（俞立平，2018）。为进一步研究供需双侧政策对异质性市场在不同规模情况下的激励效应差异，在面板数据回归分析的基础上进行分位数回归分析，验证供需双侧各项政策工具在异质性市场处于不同规模下的作用规律。本书采用传统的分位数回归估计方程，在 $X_{j,t}$ 和 $\tau \in$（0，1）给定的情形，Q_τ（ln-$Sale_{i,j,t} \mid X_{j,t}$）表示 j 城市 t 年三类异质性市场销量数据对数的 τ 分位数。设 Q_τ（$lnSale_{i,j,t} \mid X_{j,t}$）$= X'_{j,t}\beta_{j,t}$（$\tau$），其中 $X_{j,t}$ 是各项变量的向量（包括供需双侧政策和时间变量），$\beta_{j,t}$（τ）是待估计的系数，可通过以下函数估计求出：

$$n^{-1}\sum_{j=1}^{n}\rho_\tau\left[lnSale_{i,j,t} - X'_{j,t}\beta_{j,t}(\tau)\right], \rho_\tau(\varepsilon) = \begin{cases} \tau\varepsilon & \varepsilon \geqslant 0 \\ (\tau-1)\varepsilon & \varepsilon < 0 \end{cases}$$

式中，ρ_τ（ε）为检查函数，ε 为回归残差。

（二）"消费者"层面模型与方法

实验对象（被试者）对于新能源汽车供需双侧政策的感知有用

性、易用性及接受态度等都属于反映主观意愿的潜变量，无法直接观测，但可以通过其他指标来测量。结构方程模型可以通过多个观察指标测量潜变量（李玉梅，2016），故本书使用结构方程模型来观测供需双侧政策感知有用性、易用性及接受态度等潜变量。

结构方程 $\eta = \beta\eta + \Gamma\xi + \zeta$，解释了潜变量之间的关系。$\eta$ 为感知有用性、感知易用性和接受态度等内生变量，ξ 为外生变量（模型中的 9 项政策变量），β 为各内生变量之间的关系，Γ 为外生变量对内生潜变量的影响，即政策情境变化对潜在消费者政策感知有用性、易用性的影响；ζ 为模型中不作考虑的其他变量所产生的影响。根据本书内生潜变量可将结构方程表示为：

$$
\begin{cases}
\eta_A = \beta_1\eta_U + \beta_2\eta_E + \zeta_A \\
\eta_U = \beta_3\eta_E + \Gamma_1\xi_{jcss} + \Gamma_2\xi_{fgws} + \Gamma_3\xi_{jsyf} + \Gamma_4\xi_{sfzz} + \Gamma_5\xi_{gzbt} + \Gamma_6\xi_{ssjm} + \\
\qquad \Gamma_7\xi_{yxql} + \zeta_U \\
\eta_E = \Gamma_8\xi_{jcss} + \Gamma_9\xi_{fgws} + \Gamma_{10}\xi_{jsyf} + \Gamma_{11}\xi_{sfzz} + \Gamma_{12}\xi_{gzbt} + \Gamma_{13}\xi_{ssjm} + \\
\qquad \Gamma_{14}\xi_{yxql} + \zeta_E
\end{cases}
$$

测量方程 $X = \Lambda_x\xi + \delta$；$Y = \Lambda_y\eta + \varepsilon$，解释了测量指标与潜变量之间的关系。由于外生变量（政策变量）是实验中的主要自变量，由实验所控制，故可直接令为外生指标 x，即政策的各属性层次。y 为内生指标，属于实验问卷中的相关测度项。Λ_y 为指标 y 与内生潜变量 η 的关系，ε 为 y 测量上的误差。可将测量方程表示为：

$$
\begin{cases}
\eta_A = \Lambda_{A1}Y_{A1} + \Lambda_{A2}Y_{A2} + \Lambda_{A3}Y_{A3} + \delta_A \\
\eta_U = \Lambda_{U1}Y_{U1} + \Lambda_{U2}Y_{U2} + \Lambda_{U3}Y_{U3} + \delta_U \\
\eta_E = \Lambda_{E1}Y_{E1} + \Lambda_{E2}Y_{E2} + \Lambda_{E3}Y_{E3} + \delta_E
\end{cases}
$$

$$\begin{cases} \xi_{jcss} = X_{jcss_1} ; \ X_{jcss_2} ; \ X_{jcss_3} \\ \xi_{fgws} = X_{fgws_1} ; \ X_{fgws_2} ; \ X_{fgws_3} \\ \xi_{jsyf} = X_{jsyf_1} ; \ X_{jsyf_2} ; \ X_{jsyf_3} \\ \xi_{sfzz} = X_{sfzz_1} ; \ X_{sfzz_2} ; \ X_{sfzz_3} \\ \xi_{gzbt} = X_{gzbt_1} ; \ X_{gzbt_2} ; \ X_{gzbt_3} \\ \xi_{ssjm} = X_{ssjm_1} ; \ X_{ssjm_2} ; \ X_{ssjm_3} \\ \xi_{yxql} = X_{yxql_1} ; \ X_{yxql_2} ; \ X_{yxql_3} \end{cases}$$

为探究消费群体构成特征（学历和性别）对潜在消费者感知及接受态度的调节作用进行 T 检验，检验公式为：

$$t_s = \frac{(B_m + B_f)}{\sqrt{(SE_m^2 + SE_f^2)}} ; \quad t_{A1} = \frac{(B_s + B_u)}{\sqrt{(SE_s^2 + SE_u^2)}} ; \quad t_{A2} = \frac{(B_u + B_{PG})}{\sqrt{(SE_u^2 + SE_{PG}^2)}}$$

其中，t_s 为性别调节作用检验公式，t_{A1} 和 t_{A2} 分别为不同学历层次调节作用检验公式，B_m、B_f、B_s、B_u 和 B_{PG} 分别为男性、女性、专科及以下、本科和硕士及以上的路径系数值，SE_m^2、SE_f^2、SE_s^2、SE_u^2 和 SE_{PG}^2 分别为模型估计中男性、女性、专科及以下、本科和硕士及以上的标准误差。

第三节　供需双侧政策作用机理评估：需求市场层面

一　描述统计与分析

（一）描述性统计结果

从《节能与新能源汽车年鉴》（2010—2017 年）采集这些示范推广城市的政府采购、商业运营和私人乘用三类异质性市场销量数据，并从《节能与新能源汽车年鉴》（2010—2017 年）、《中国新能源汽车产业发展报告》（2013—2017 年）和各示范推广城市政务门户网站采集所有示范推广城市的供需双侧政策实施情况。新能源汽车示范推广城市供需双侧政策描述性统计见表3-4 所示。

表3-4　　　　新能源汽车示范推广城市供需双侧政策描述性统计

供需双侧政策		政策基本描述	示范推广城市政策实施情况（次）	
			实施数	未实施数
供给侧	基础设施	充电桩、充换电站、私人充电桩建设	232	188
	法规完善	制定排放法规、准入门槛、行业标准	117	303
	研发补贴	提高续航里程、充电速度、安全性	131	289
	示范推广	公共领域示范、租赁经营、试驾体验	112	308
需求侧	购置补贴	按续航里程补贴2 万元、3.6 万元、4.4 万元	198	222
	税收减免	免购置税、增值税、减免企业所得税	91	329
	优先权力	行驶优先、上牌优先、停车过路优惠	76	344
	政府采购	政府部门、城建环卫、公共交通采购	267	153

（二）统计分析

新能源汽车的政府采购、商业运营和私人乘用市场呈现交替发展态势，三类异质性市场的发展存在着较大差异，如图3-4 所示。

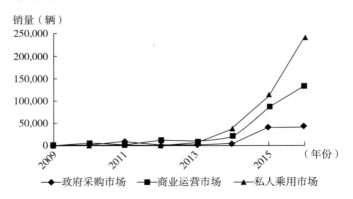

图3-4　新能源汽车异质性市场的发展趋势

（1）政府采购市场表现为率先发展态势，在新能源汽车市场培育早期增长最为迅速，在需求市场达到一定规模后增长速度逐渐趋于平缓，并且随着私人乘用市场开始加速发展后，政府采购市场的发展速度逐渐下降。2011 年我国针对新能源汽车的政府采购出台了相应政策，2015 年国家对政府采购政策进行了优化并加大了实施力度，可以看到，这两年政府采购市场均出现了明显增长。

（2）商业运营市场的发展稍晚于政府采购市场，随着政府采购市场的出现而快速形成，其发展速度在短时间内超过了政府采购市场并继续保持着较高的增长态势。商业运营市场在政府采购市场引导下从 2012 年起逐步形成一定规模，2012 年商业运营市场销量超过 20000 辆，随后增长速度比较平稳，2015 年商业运营市场开始爆发式增长并维持较强的发展态势。

（3）私人乘用市场的发展相对滞后，在政府采购和商业运营市场的示范引导下，私人乘用市场的规模从 2013 年起开始快速发展并迅速超过政府采购和商业运营市场，此后一直呈现指数式增长态势。

显而易见，在新能源汽车培育与发展时期，供需双侧政策在政府采购、商业运营和私人乘用三类异质性市场的发展和配置过程中有着关键性影响，并在作用机理中呈现出较大差异。

二　供需双侧政策对异质性市场激励效果的差异性

供需双侧政策在政府采购、商业运营和私人乘用三类异质性市场的发展和配置过程中有着关键性影响，并在作用机理中呈现出较大差异。采用面板数据分析新能源汽车供需双侧政策对于政府采购、商业运营和私人乘用三类异质性市场作用效果，为确保回归模型设定的有效性，采用 F 检验和 Hausman 检验综合判断后决定选择固定效应或随机效应模型，对模型进行异方差、组间相关和组内序列相关检验以验证数据是否服从独立同分布，根据检验结果选择最合适的估计方法。由于本书分析的横截面单位个数相比面板数据时期数较大，无须对面板数据进行单位根检验和协整检验。面板数据模型前提假设检验（Hausman、异方差、组间相关和组内序列相关等检验）结果见表 3 - 5 所示。

表 3 - 5　　　　　　　面板数据模型前提假设检验结果

检验指标	政府采购市场	商业运营市场	私人乘用市场
Hausman 检验	FE	FE	RE
异方差检验	√	√	√
组间相关检验	×	×	×
组内序列相关检验	×	×	√

新能源汽车供需双侧政策效应回归分析结果见表 3 - 6 所示。

（1）供需双侧政策对政府采购市场存在正向作用，但总体激励效果相较其他市场而言最低，并且供需双侧政策激励效果差异不大。

据表 3 - 6 显示，法规完善、研发补贴、示范推广、优先权力和政府采购政策工具对政府采购市场均表现为正向作用，影响系数分别为 0.760、0.642、0.723、0.998 和 1.105，供需双侧政策对政府采购市场虽然表现为正向作用但是总体影响程度相对较弱，表明政府采购市场总体容量有限，目前市场规模已处于较高水平，政府采购市场的自然增长项系数仅为 0.281，政府采购市场随时间的推移而持续增长的空间有限。

（2）供需双侧政策对商业运营市场存在正向作用，总体激励效果相较其他市场而言最强，并且需求侧相比供给侧政策的激励效果更为显著。

表3-6　新能源汽车供需双侧政策效应回归分析结果

新能源汽车异质性市场	供需双侧政策（解释变量）								控制变量	常数项	模型拟合程度
	供给侧				需求侧						
	基础设施	法规完善	研发补贴	示范推广	购置补贴	税收减免	优先权力	政府采购	自然增长	_cons	wald chi2
政府采购市场	0.225	0.760**	0.642*	0.723*	0.535	-0.095	0.998***	1.105***	0.281**	-3.089***	462.07***
	(0.54)	(2.19)	(1.96)	(1.93)	(1.29)	(-0.24)	(2.93)	(2.93)	(2.57)	(-0.09)	
商业运营市场	2.415***	-0.023	1.101***	0.332	0.843***	0.486*	1.907***	0.962***	0.630***	-0.641	877.39***
	(8.29)	(-0.09)	(3.73)	(1.26)	(3.02)	(1.71)	(5.83)	(3.11)	(7.55)	(-1.52)	
私人乘用市场	0.514**	0.421	0.696*	1.290***	0.600*	0.271	1.667***	0.676	3.314***	-4.908***	382.36***
	(2.16)	(1.09)	(1.65)	(3.65)	(1.40)	(0.57)	(4.15)	(1.27)	(10.69)	(-5.45)	

注：括号内为 z 值，* $p < 0.1$，** $p < 0.05$，*** $p < 0.01$，分别表示在10%、5%、1% 的水平上显著。

据表 3 - 6 显示，供给侧的基础设施和研发补贴两项政策工具对于商业运营市场有着显著正向作用，其影响系数分别为 2.415 和 1.101；需求侧的购置补贴、税收减免、优先权力和政府采购等政策工具对商业运营市场均有着显著的正向作用，其影响系数分别为 0.843、0.486、1.907 和 0.962。可以发现，供需双侧政策对商业运营市场的作用效果最强，表明商业运营市场发展较早，目前相较于私人乘用市场的发展更为成熟，而且相较于政府采购市场有着更大的发展空间，其自然增长项的系数为 0.630。同时可以发现，需求侧相较于供给侧政策的激励效果更为显著，表明需求侧的税收优惠、购置补贴等政策工具可以给商业运营市场的经营主体带来采购成本的优势，需求侧的优先权力政策工具可以给租赁消费者带来更大的便利。

（3）供需双侧政策对私人乘用市场存在正向作用，总体激励效果相比其他市场而言居中，并且供给侧比需求侧政策的激励效果更为显著。

据表 3 - 6 显示，供给侧的基础设施、研发补贴和示范推广等政策工具对私人乘用市场均有显著正向作用，影响系数分别为 0.514、0.696 和 1.290；需求侧的购置补贴、优先权力等政策工具对私人乘用市场有着显著的正向作用，影响系数分别为 0.600 和 1.667。供需双侧政策对私人乘用市场的影响总体较强，表明虽然私人乘用市场目前规模相对较低，但是市场发展空间相对最大，其自然增长项的系数为 3.314。同时可以发现，供给侧相比需求侧政策的激励效果更强，表明随着私人消费者的需求市场发展，新能源汽车充电桩数量不足、法律法规不完善等问题日益凸显。

为了保证分析结果的稳健性，避免政策选择性实施的内生性问题影响回归结果，本书单独选取新能源汽车第三批示范推广城市的数据进行了相同的回归分析，面板数据模型前提假设检验（Hausman、异方差、组间相关和组内序列相关等检验）结果见表 3 - 7 所示。

表 3 - 7　　　　　　面板数据模型前提假设检验结果

检验指标	政府采购市场	商业运营市场	私人乘用市场
Hausman 检验	RE	RE	RE
异方差检验	×	√	×
组间相关检验	√	×	×
组内序列相关检验	√	√	√

新能源汽车第三批示范推广城市供需双侧政策效应回归分析结果见表 3 - 8 所示。

表 3 - 8　　　　　　第三批示范推广城市政策效应回归结果

新能源汽车异质性市场	供需要双侧政策（解释变量）						控制变量	常数项	模型拟合程度
	供给侧		需求侧						
	基础设施	研发补贴	购置补贴	税收减免	优先权力	政府采购	自然增长	_cons	wald chi2
政府采购市场	0.149 (0.20)	-0.492 (-0.91)	-0.075 (-0.12)	0.690 (1.06)	0.409 (0.53)	2.036*** (3.41)	0.568*** (2.86)	3.327*** (3.20)	-0.228
商业运营市场	0.598 (0.85)	0.044 (0.06)	-0.603 (-0.85)	1.027** (2.15)	1.452** (1.98)	1.455* (1.73)	0.796*** (3.24)	-0.228 (-0.28)	-1.228*
私人乘用市场	2.053*** (3.30)	-0.762 (-0.89)	1.082* (1.63)	0.232 (0.34)	1.457*** (2.94)	1.306* (1.66)	1.834*** (5.38)	-1.228* (-1.78)	-7.149***

注：*$p<0.1$、**$p<0.05$、***$p<0.01$，分别表示在 10%、5%、1% 的水平上显著。

（1）供需双侧政策对政府采购、商业运营和私人乘用市场均存在正向作用，且政府采购市场总体激励效果相比其他市场而言最低。如表 3 - 8 所示，稳健性检验结果再次验证了，供需双侧政策对三类异质性市场的影响均在不同程度上表现出了一定显著性，且加总可知政府采购市场仅受政府采购政策的影响最为显著，相较于其他市场表现出了最低的政策激励效果。

（2）三类市场具有不同的发展潜力。如表3-8所示，各市场的自然增长依次为0.568、0.796、1.834，再次验证了，三类市场的发展潜力从低到高依次为政府采购市场、商业运营市场、私人乘用市场。

（3）政府采购政策对新能源汽车三类市场正向影响由高到低依次为政府采购市场、商业运营市场、私人乘用市场。如表3-8所示，政府采购政策对政府采购、商业运营、私人乘用三类市场的激励作用依次降低，影响系数分别为2.036、1.455、1.306。再次验证了，政府采购政策不仅对政府采购市场有显著直接影响，还对商业运营和私人乘用市场的培育有显著激励效果。也表明政府采购市场能有效带动商业运营和私人乘用市场的快速发展。

三 不同规模异质性市场激励效果的差异分析

供需双侧政策对三类异质性市场的作用效果存差异，其原因是政府采购、商业运营和私人乘用市场在不同时期的规模存在差异。采用格兰杰因果检验不仅可以得出供需双侧政策实施效果的滞后时间，还可以初步推断供需双侧政策对异质性市场效应的时间差异性（魏洁云，2014）。从表3-9格兰杰因果检验结果可以发现，基础设施、示范推广、政府采购等政策工具的作用效果较为缓慢，购置补贴和优先权力等政策的作用效果更为迅速。

表3-9　　供需双侧政策在异质性市场政策效果的滞后阶数

供需双侧政策		异质性市场政策效果的滞后阶数		
		政府采购市场	商业运营市场	私人乘用市场
供给侧	基础设施	1	0	2
	法规完善	1	1	1
	研发补贴	0	0	0
	示范推广	2	2	0

续表

供需双侧政策		异质性市场政策效果的滞后阶数		
		政府采购市场	商业运营市场	私人乘用市场
需求侧	购置补贴	1	1	1
	税收减免	1	1	1
	优先权力	0	1	0
	政府采购	1	2	3

为进一步分析新能源汽车供需双侧政策对三类异质性市场作用效果的时间差异，应用分位数回归来分析供需双侧政策对异质性市场不同发展时期的作用效果差异。根据政府采购、商业运营和私人乘用市场历年市场销量将市场规模划分为 10 分位（$\tau = 0.1 - 0.9$）并进行回归估计，新能源汽车三类异质性市场的供需双侧政策效应时间差异性回归分析结果分别见表 3 – 10、表 3 – 11 和表 3 – 12 所示。

表 3 – 10　　　　新能源汽车政府采购市场供需双侧政策
效应时间差异性回归分析结果

分位数	基础设施	法规完善	研发补贴	示范推广	购置补贴	税收减免	优先权力	政府采购
$\tau = 0.1$	0.000 (0.40)	0.000 (0.40)	0.000 (0.40)	− 0.000 (− 0.40)	− 0.000 (− 0.40)	0.000 (0.40)	− 0.000 (− 0.40)	− 0.000 (− 0.40)
$\tau = 0.2$	0.488 (1.41)	0.069 (1.17)	0.854 *** (5.07)	0.028 (1.32)	0.239 (1.49)	1.306 *** (9.224)	1.523 *** (19.89)	− 0.351 (− 1.42)
$\tau = 0.3$	1.008 (1.33)	1.299 * (1.78)	0.701 (1.50)	− 0.089 (− 0.41)	− 0.706 (1.39)	0.140 (− 0.34)	2.306 *** (19.31)	0.137 ** (2.00)
$\tau = 0.4$	0.491 ** (2.05)	1.735 *** (6.91)	0.593 * (1.73)	0.551 (1.45)	1.016 ** (2.20)	0.205 (0.52)	3.009 *** (10.39)	0.244 * (1.87)
$\tau = 0.5$	0.818 *** (4.44)	1.455 *** (4.44)	0.755 ** (2.42)	0.167 (0.67)	1.474 *** (5.25)	0.484 (1.35)	2.106 *** (9.21)	0.132 (0.42)
$\tau = 0.6$	1.476 (1.17)	0.884 *** (4.01)	1.650 (1.37)	0.536 (0.82)	2.700 (0.85)	0.445 (0.48)	2.284 ** (2.04)	0.583 *** (4.23)

续表

分位数	基础设施	法规完善	研发补贴	示范推广	购置补贴	税收减免	优先权力	政府采购
$\tau = 0.7$	0.339 (0.78)	-0.094 (-0.15)	1.393*** (5.32)	0.230 (0.42)	1.672*** (5.72)	0.111 (0.28)	1.979*** (3.98)	2.692*** (4.50)
$\tau = 0.8$	-0.331 (-0.64)	0.655 (0.90)	1.702*** (2.72)	1.729*** (3.73)	1.660 (1.26)	-0.870 (-0.60)	2.681 (1.50)	3.670*** (11.87)
$\tau = 0.9$	0.956*** (3.50)	-4.23 (-0.85)	1.056** (2.21)	1.906*** (4.03)	0.901*** (3.60)	-0.867 (-1.35)	0.825** (2.48)	2.005*** (3.65)

注：①括号内为 z 值，＊p＜0.1、＊＊p＜0.05、＊＊＊p＜0.01，分别表示在10%、5%、1%的水平上显著；②估算时均设置 seed 值为10101。

表 3-11　　新能源汽车商业运营市场供需双侧政策效应时间

差异性回归分析结果

分位数	基础设施	法规完善	研发补贴	示范推广	购置补贴	税收减免	优先权力	政府采购
$\tau = 0.1$	-0.754 (-1.09)	0.601 (1.09)	2.893*** (3.22)	0.219 (0.57)	1.035 (1.20)	0.233 (0.30)	2.761*** (3.93)	1.770 (1.08)
$\tau = 0.2$	1.654*** (5.45)	0.393 (-0.78)	2.730*** (11.84)	0.212 (0.58)	0.380 (1.02)	-0.346 (-0.96)	2.547*** (6.60)	0.124 (0.32)
$\tau = 0.3$	3.289*** (6.30)	0.246 (0.60)	0.997** (2.29)	0.136 (0.39)	0.614** (1.98)	-0.566 (-1.55)	1.675*** (3.07)	0.677*** (4.81)
$\tau = 0.4$	3.302*** (19.29)	-0.023 (-0.09)	0.983*** (6.49)	0.277 (0.62)	1.211*** (9.18)	1.234*** (4.55)	1.622*** (5.49)	0.491* (1.77)
$\tau = 0.5$	4.254*** (5.54)	-0.127 (-0.36)	0.993*** (3.08)	0.024 (0.09)	1.025*** (3.34)	0.081 (0.15)	1.878*** (4.33)	0.640*** (3.51)
$\tau = 0.6$	5.371*** (8.52)	0.271 (1.16)	1.085*** (3.17)	0.334 (1.55)	0.517* (1.18)	-0.142 (-0.37)	1.714*** (5.40)	0.415* (1.87)
$\tau = 0.7$	5.113*** (10.81)	0.424 (1.33)	0.603** (1.99)	0.414 (1.46)	1.037*** (2.69)	0.130 (0.26)	2.101*** (3.21)	0.182 (0.43)
$\tau = 0.8$	1.344*** (7.22)	0.555** (2.16)	1.002*** (2.86)	0.712*** (3.29)	1.325*** (7.28)	1.005*** (3.92)	2.065*** (10.06)	0.162 (0.77)
$\tau = 0.9$	0.870* (1.94)	0.838* (1.74)	1.305** (2.29)	0.811** (2.26)	0.474* (1.85)	0.128 (0.24)	2.885*** (4.21)	0.095 (0.14)

注：①括号内为 z 值，＊p＜0.1、＊＊p＜0.05、＊＊＊p＜0.01，分别表示在10%、5%、1%的水平上显著；②估算时均设置 seed 值为10101。

表 3 – 12   新能源汽车私人乘用市场供需双侧政策效应时间
差异性回归分析结果

分位数	基础设施	法规完善	研发补贴	示范推广	购置补贴	税收减免	优先权力	政府采购
$\tau = 0.1$	0.661 (0.58)	1.380 (2.59)	0.482 (0.43)	1.419 * (1.74)	0.830 (0.85)	1.643 * (1.96)	1.095 ** (2.49)	1.452 * (1.66)
$\tau = 0.2$	-0.511 (-0.21)	3.280 (1.31)	-2.973 (-0.58)	2.378 ** (2.49)	1.115 (0.47)	3.942 (0.61)	1.230 * (1.84)	0.818 (0.71)
$\tau = 0.3$	-0.737 (-0.35)	1.200 ** (2.16)	-2.987 (-0.52)	0.807 ** (2.25)	2.963 * (1.31)	6.169 (0.93)	1.696 * (1.72)	3.640 (0.73)
$\tau = 0.4$	-0.204 (-0.28)	1.247 ** (2.21)	0.343 (0.35)	1.392 ** (2.23)	2.432 * (1.41)	2.598 * (1.88)	1.333 * (1.87)	1.909 ** (2.53)
$\tau = 0.5$	0.154 (0.51)	1.080 *** (3.04)	0.584 (0.94)	1.664 *** (3.04)	2.296 ** (2.42)	-0.186 (-0.69)	2.351 *** (7.89)	1.259 *** (3.52)
$\tau = 0.6$	-5.265 (-0.24)	-1.757 (-0.14)	0.851 (0.94)	-5.019 (-0.18)	-3.897 (-0.19)	-1.257 (-0.15)	-4.383 (-0.20)	-8.399 (-0.24)
$\tau = 0.7$	0.700 (0.99)	1.326 * (1.76)	2.381 * (1.53)	2.525 *** (3.76)	1.011 (0.90)	-0.814 (-0.96)	2.457 *** (5.65)	1.581 *** (2.96)
$\tau = 0.8$	0.489 (0.44)	1.248 (1.30)	2.967 * (1.29)	3.121 ** (2.18)	0.884 (1.08)	4.200 (0.78)	2.914 * (1.53)	2.290 *** (2.88)
$\tau = 0.9$	1.108 * (1.86)	0.408 (1.02)	3.236 * (1.83)	0.571 ** (2.34)	0.108 (0.27)	0.706 (0.42)	0.999 ** (2.14)	-0.079 (-0.05)

注：①括号内为 z 值，* p < 0.1、** p < 0.05、*** p < 0.01，分别表示在 10%、5%、1% 的水平上显著；②估算时均设置 seed 值为 10101。

（一）在政府采购市场中，供需双侧政策的激励效果随市场规模提高呈现出先上升后持续下降趋势，政策总体激励效果相较其他市场最低

从供给侧政策来看，如表 3 – 10 所示，法规完善政策工具在政府采购市场规模较大时期（$\tau = 0.3 - 0.6$），能持续稳定激励市场进一步发展，影响系数分别为 1.299、1.735、1.455 和 0.884，但激励效果随市场规模的扩大逐渐减弱。研发补贴政策工具在政府采购市场规模

较大时（$\tau = 0.7 - 0.9$）能够激励市场进一步发展，并且作用效果在最后阶段呈下降趋势，影响系数分别为 1.393、1.702 和 1.056，表明政府采购市场在引导商业运营和私人乘用市场形成后，更倾向于采购技术水平较高的产品以引导新能源汽车产品技术的开发，因此，研发补贴政策对于政府采购市场规模的扩大具有激励作用。

从需求侧来看，政府采购政策工具对政府采购市场的不同规模时期（$\tau = 0.3 - 0.9$）均有显著正向激励作用，但伴随着政府采购市场逐渐饱和，作用效果开始缓慢降低，影响系数分别为 0.137、0.244、0.132、0.583、2.692、3.670 和 2.005。

（二）在商业运营市场中，供需双侧政策的激励效果随市场规模扩大均持续保持较高水平，政策总体激励效果相较其他市场表现为最高

从供给侧政策来看，基础设施政策工具的激励效果随市场规模的扩大呈现出先上升后下降趋势，并且在下降后仍保持着一定的激励效果，如表 3 – 11 所示，基础设施政策工具在市场发展的各个时期（$\tau = 0.2 - 0.9$）的影响系数分别为 1.654、3.289、3.302、4.254、5.371、5.113、1.344 和 0.870，表明充电桩等基础设施是制约新能源汽车产业发展早期的主要因素之一，在政策的激励下有一定的缓解但并没有彻底解决。法规完善政策工具在市场规模较大时期（$\tau = 0.8 - 0.9$）对市场发展有较强激励效果，激励效果呈上升趋势，影响系数分别为 0.555 和 0.838。表明法规完善政策工具对产品技术标准、行业准入门槛及排放法规等方面的规定对于商业运营市场早期的发展促进效果不显著，甚至产生了一定的抑制效果，但在市场发展相对成熟后，法规完善政策工具可以有效地引导市场形成规范、可持续的发展模式，因此对市场产生了显著正向作用。

从需求侧政策来看，购置补贴政策工具在市场发展的各个时期对销量增长均有一定的激励效果，虽然激励效果波动较大，但始终维持在较高水平，如表 3-11 所示，购置补贴政策工具在市场规模的各个时期（$\tau = 0.3 - 0.9$）的影响系数分别为 0.614、1.211、1.025、0.517、1.037、1.325 和 0.474。这可能是由于商业运营市场主体更在意政策带来的直接经济效益，而购置补贴政策可以直接降低商业运营市场主体的采购成本。政府采购政策工具在市场规模较小时期（$\tau = 0.3 - 0.6$）更显著，影响系数分别为 0.677、0.491、0.640 和 0.415。表明在商业运营市场发展早期，政府采购政策的实施带动了新能源汽车基础设施、技术研发等各方面产业环境的快速发展，吸引了组织机构进入新能源汽车商业运营市场，有效地促进了商业运营市场的快速发展。

（三）在私人乘用市场中，供给侧政策的激励效果随市场规模的扩大稳步上升，需求侧政策的作用效果略有下降，但仍保持着较高水平，政策总体激励效果相比其他市场表现为居中

从供给侧政策来看，研发补贴政策工具的激励作用在市场达到一定规模后更为显著，如表 3-12 所示，研发补贴政策在市场规模较大时期（$\tau = 0.7 - 0.9$）的影响系数分别为 2.381、2.967 和 3.236，可能是由于随着新能源汽车需求市场的发展，消费者越来越了解新能源汽车产品的性能，对产品的续航里程、充电速度等技术因素产生了一定的焦虑。示范推广政策工具在市场规模的各个时期（$\tau = 0.1 - 0.9$，除 $\tau = 0.6$ 外）均有较强正向作用，激励效果呈逐渐上升趋势，具有显著性的影响系数分别为 1.419、2.378、0.807、1.392、1.664、2.525、3.121 和 0.571，表明示范推广政策对于消费者有着长期而缓慢的影响，其激励效果随着新能源汽车产品性能及使用便利性的完善

逐渐凸显。

从需求侧政策来看，购置补贴政策工具在市场规模较小时激励效果更为显著，随后缓慢减弱，如表 3 - 12 所示，购置补贴政策在市场规模较小时期（$\tau = 0.3 - 0.5$）的影响系数分别为 2.963、2.432 和 2.296。表明购置补贴政策带来的直接经济效益可以有效激励消费者购买和使用新能源汽车，但由于补贴退坡及骗补现象的出现，购置补贴对个人消费者的激励效果逐步下降。优先权力政策工具对市场各个发展时期的激励效果均维持在较高强度，如表 3 - 12 所示，优先权力政策在市场不同规模时期（$\tau = 0.1 - 0.9$，除 $\tau = 0.6$ 外）具有显著性的影响系数分别为 1.095、1.230、1.696、1.333、2.351、2.457、2.914 和 0.999。可以发现，相比对政府采购和商业运营市场，优先权力政策对私人乘用市场的激励效果更稳定和持久，表明私人消费者不仅在意购买成本，更会注重产品的使用便利程度。

第四节　供需双侧政策作用机理评估：消费者层面

一　描述统计与分析

（一）描述性统计结果

基于 TAM 模型设计了情景模拟选择实验，有效实验对象 396 人，实验对象构成情况见表 3 - 13 所示。

（二）统计分析

由于本书均采取问卷方式收集被试者的感知数据，可能存在共同方法偏差（CMV），因此在收集数据后采用 Harman 单因子检验（张敏，2013），结果表明未经旋转前第一个因子的方差贡献不超过 40%，不存在明显的共同方法偏差问题（童泽林，2016）。各变量的 Cronbach's α 系数值都在 0.7 以上，KMO 值为 0.908，且巴特立特球体检验结果在 0.001 水平下显著，表明实验问卷具有较好的信度，样本数据适合因子分析。采用方差最大法旋转后得到的因子矩阵见表 3 – 14 所示。可以看出，所有指标在各自归属的因子上的负载都较高，表明问卷具有较好的收敛和判别效度。

表 3 – 13　　　　　　　　实验对象构成情况

统计指标	分类指标	样本量（人）	百分比（%）
年龄	18—35 岁	396	100.00
学历	专科及以下	144	36.36
	本科	132	33.33
	硕士及以上	120	30.31
性别	男	184	46.46
	女	212	53.54

表 3 – 14　　　　　　　　因子分析、信效度检验

测量指标		因子分析、信效度检验				
		因子载荷	Cronbach's α 系数	因子 1	因子 2	因子 3
政策的感知有用性（U）	U1	0.877	0.909	0.788*	0.155	0.214
	U2	0.844		0.657*	0.376	0.235
	U3	0.862		0.742*	0.037	0.376
政策的感知易用性（E）	E1	0.728	0.780	0.547	0.515*	0.110
	E2	0.681		0.134	0.906*	0.192
	E3	0.853		0.448	0.306*	0.531
新能源汽车的接受态度（A）	A1	0.898	0.888	0.530	0.099	0.606*
	A2	0.813		0.215	0.175	0.816*
	A3	0.812		0.190	0.114	0.842*

注：表中因子分析结果为主成分法下方差最大化旋转后的分析结果。

新能源汽车供需双侧政策感知实验的统计结果见表 3 – 15 所示。

表 3 – 15　　　　　　　　　　统计分析结果

测量指标		供需双侧政策感知实验的统计结果					
		供给侧政策		需求侧政策		组合政策	
		数据结果	平均数	数据结果	平均数	数据结果	平均数
政策的感知有用性（U）	U1	5.04	5.07	4.73	4.84	4.86	4.89
	U2	5.01		4.85		4.79	
	U3	5.15		4.95		5.03	
政策的感知易用性（E）	E1	4.90	4.86	4.72	4.64	4.93	4.80
	E2	4.48		4.22		4.42	
	E3	5.20		4.97		5.04	
新能源汽车的接受态度（A）	A1	5.33	5.11	5.00	4.81	5.26	5.01
	A2	4.97		4.75		4.90	
	A3	5.04		4.69		4.88	

注：表中因子分析结果为主成分法下方差最大化旋转后的分析结果。

（1）潜在消费者对于供给侧政策的感知有用性和感知易用性更为显著，需求侧政策的感知有用性和易用性稍弱，供给侧政策更有效地影响了潜在消费者对于新能源汽车的接受态度。如表 3 – 15 所示，供给侧政策的感知有用性、易用性和新能源汽车的接受态度的平均值分别为 5.07、4.86 和 5.11，而需求侧政策均值分别为 4.84、4.64 和 4.81。造成这一结果的原因可能是目前消费者更在意新能源汽车便利性而非经济性，而供给侧中基础设施、示范组织、技术研发等政策更能有效提高便利性。

（2）潜在消费者对于供需双侧政策感知有用性较高，易用性相对偏低，感知易用性偏低是新能源汽车消费者接受态度与行为不一致的重要原因。供给侧和需求侧政策的感知有用性均值分别为 5.07 和

4.84，而感知易用性平均值分别为 4.86 和 4.64，表明潜在消费者对于供需双侧政策的感知易用性相对较低。从政策感知有用性题项 U1 均值（5.04 和 4.73）和新能源汽车接受态度题项 A1 均值（5.33、5.00）也可看出，潜在消费者认同供需双侧政策是有价值的，且能提高潜在消费者对于新能源汽车的接受态度，但从感知易用性题项 E2 均值（4.48 和 4.22）偏低，表明潜在消费者认为要想享受这些政策并不容易，潜在消费者感知易用性偏低在一定程度上导致了新能源汽车消费者接受态度与接受行为相悖的情况（金英，2010）。

（三）极差分析

为进一步验证潜在消费者更在意新能源汽车便利性而非经济性，根据三个实验组数据汇总并进行极差分析，结果见表 3－16 所示。

表 3－16　　　　　　　　　实验数据极差分析汇总结果

政策		供给侧					需求侧	
		基础设施	法规完善	技术研发	示范组织	购置补贴	税收减免	优先权力
单项政策	优水平	充电站大于 4.8 万个，充电桩大于 8000 万个	行业标准	充电速度	租赁经营	4 万元	免购置税（10%）	上牌优先
	主次顺序	基础设施＞示范组织＞技术研发＞法规完善 （2.21）　　（1.43）　　（1.23）　　（0.89）					优先权力＞税收减免＞购置补贴 （2.07）　（1.73） （0.92）	
组合政策	优水平	充电站大于 3.6 万个，充电桩大于 2000 万个	行业标准	续航里程	试驾体验	3.2 万元	免购置税（10%）	上牌优先
	主次顺序	优先权力＞购置补贴＞示范组织＞税收减免＞基础设施＞法规完善＞技术研发 （1.37）　（1.30）　（1.28）　（1.22）　（1.02）　（0.95）　（0.87）						

（1）潜在消费者对于供给侧政策的基础设施感知最为显著，其他

的依次为：示范组织、技术研发、法规完善。如表 3 – 16 所示，在新能源汽车供给侧政策中，潜在消费者对于基础设施、示范组织、技术研发和法规完善政策的感知极差值分别为 2.21、1.43、1.23 和 0.89，说明充电桩、充电站等新能源汽车基础设施的不足，较大程度地降低了新能源汽车的便利性，导致基础设施政策对于潜在消费者的感知影响最大，并且技术研发投入不足带来的汽车续航里程、充电速度问题也影响了消费者的感知。

（2）潜在消费者对需求侧政策的优先权力感知最为显著，其他的依次为：税收减免、购置补贴。如表 3 – 16 所示，潜在消费者对于优先权力、税收减免和购置补贴政策的感知极差值分别为 2.07、1.73 和 0.92。这一结果可能是由于各城市牌照成本的日益增长引发了上牌焦虑，导致优先权力政策带来的上牌便利对于潜在消费者的感知影响最大，并且购置补贴和税收减免政策带来的经济性必然会影响消费者对新能源汽车的接受态度。

（3）潜在消费者对供需双侧政策的各项属性层次有不同的感知。从各项供给侧政策的具体属性层次优水平结果来看，基础设施、法规完善、技术研发和示范组织等政策在促进潜在消费者感知中最为有效的政策手段（属性层次）分别是充电站大于 4.8 万个，充电桩大于 8000 万个、行业标准、充电速度和租赁经营。从各项需求侧政策的属性层次来看，购置补贴、税收减免和优先权力政策在促进潜在消费者感知中最为有效的政策手段分别是 4 万元、免购置税和上牌优先。进一步验证了目前潜在消费者更在意新能源汽车的电池性能、充电便利性和上牌等便利性方面的问题，所以相关激励政策更强地影响了消费者的感知。

（四）方差分析

对三组数据汇总从感知有用性、感知易用性和使用态度进行方差分析，其中部分结果见表3－17至表3－19所示。正交实验方差分析时需预留空白列，不然会出现自由度不足的问题，导致分析无法进行。因此本书对部分没有空白列的正交表，选取其中一个或几个对实验结果没有显著影响的变量作为误差列后进行方差分析。

表3－17 供给侧方差分析结果

数据	Ⅲ类平方和	自由度	均方	F
修正模型	5.480[a]	6	0.913	822
截距	2146.778	1	2146.778	1932100
基础设施	2.302	2	1.151***	1036
法规完善	2.042	2	1.021***	919
技术研发	1.136	2	0.568***	511
误差	0.002	2	0.001	
总计	2152.26	9		
修正后总计	5.482	8		

表3－18 需求侧方差分结果

数据	Ⅲ类平方和	自由度	均方	F
修正模型	8.878[a]	4	2.219	3.498
截距	1694.694	1	1694.694***	2671.147
税收减免	5.502	2	2.751*	4.336
优先权力	3.376	2	1.688	2.660
误差	2.538	4	0.634	
总计	1706.110	9		
修正后总计	11.416	8		

表 3 - 19 混合政策方差分结果

数据	Ⅲ类平方和	自由度	均方	F
修正模型	21.077[a]	6	3.513***	6.973
截距	4499.842	1	4499.842***	8932.913
基础设施	14.054	2	7.027***	13.950
技术研发	3.391	2	1.696*	3.366
购置补贴	3.631	2	1.816*	3.604
误差	5.541	11	0.504	
总计	4526.460	18		
修正后总计	26.618	17		

注：*p < 0.1、**p < 0.05、***p < 0.01，分别表示在10%、5%、1%的水平上显著。

分析结果显示，第一，方差分析再次验证了基础设施和优先权力政策分别是供给侧政策和需求侧供给侧政策中的最优政策；第二，基础设施建设、法规完善和技术研发政策都对消费者的感知有用性有非常显著的影响，且基础设施建设和示范组织会对消费者的使用态度有显著的正向影响；第三，需求侧政策中优先权力会对消费者的感知有用性和易用性均产生正向影响，而税收减免与购置补贴则是分别对感知有用性及感知易用性有显著正向影响；第四，混合政策组的方差分析结果显示，基础设施建设政策依然对消费者的感知有用性有非常显著的影响，购置补贴和技术研发政策也对感知有用性产生了显著的影响。这些结果都再次验证了统计分析和极差分析的结论。

二　新能源汽车供需双侧政策敏感性分析

为进一步把握政策属性层次的变化对潜在消费者政策感知的影响，以及政策感知的变化对新能源汽车的接受态度的影响，应用组合政策实验小组的感知数据来进行全模型模拟分析。模型的拟合指数见表 3 - 20 所示，RMSEA = 0.048、SRMR = 0.034、TLI = 0.936、CFI =

0.953，模型的拟合效果非常理想。

表 3 – 20　　　　　　　初始模型的拟合优度指标

拟合指标	CFI	TLI	SRMR	RMSEA
拟合标准	>0.9	>0.9	<0.08	<0.1
实际值	0.953	0.936	0.034	0.048
拟合效果	理想	理想	理想	一般

注：N = 1188。

　　新能源汽车供需双侧政策敏感性分析具体结果如图 3 – 5 所示，模型参数估计结果见表 3 – 21 所示。

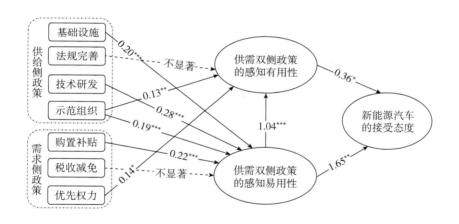

图 3 – 5　供需双侧政策感知数据结构模型分析结果

注：＊p < 0.1，＊＊p < 0.05，＊＊＊p < 0.01，分别表示在 10%、5%、1% 的水平上显著。

　　（1）新能源汽车供需双侧政策的感知易用性对有用性有着显著正向影响，感知有用性和易用性均对新能源汽车的接受态度有显著正向影响，感知易用性对接受态度的影响相对更显著。如图 3 – 5 所示，新能源汽车供需双侧政策的感知有用性对感知易用性的敏感系数为1.04，表明政策的感知易用性对感知有用性具有显著正向影响。新能源汽车的接受态度对政策的感知有用性和易用性的敏感系数分别为0.36和1.65，表明政策的感知有用性和易用性均对新能源汽车的接受态度有显著正向影响并且政策的感知易用性对接受态度的影响相对更显著，再次验证了统计分析中消费者更在意新能源汽车便利性而非经济性这一结论。

表 3 – 21 结构方程模型参数估计结果

	路径	路径系数	标准误	Z 值	P 值
供给侧政策	基础设施→PU	− 0.05	0.06	− 0.81	0.416
	基础设施→PEOU	0.20	0.07	2.79	0.005
	法规完善→PU	0.02	0.08	0.31	0.756
	法规完善→PEOU	− 0.17	0.12	− 1.36	0.173
	技术研发→PU	− 0.10	0.09	− 1.14	0.256
	技术研发→PEOU	0.28	0.11	2.52	0.011
	示范组织→PU	0.13	0.05	2.36	0.019
	示范组织→PEOU	0.19	0.07	2.53	0.011
需求侧政策	购置补贴→PU	− 0.00	0.05	− 0.07	0.943
	购置补贴→PEOU	− 0.22	0.79	− 2.79	0.005
	税收减免→PU	0.04	0.10	0.37	0.713
	税收减免→PEOU	− 0.04	0.10	− 0.36	0.716
	优先权力→PU	− 0.14	0.08	− 1.74	0.082
	优先权力→PEOU	0.10	0.10	1.01	0.314
潜变量	PEOU→PU	1.04	0.09	11.82	0.000
	PEOU→ATU	0.65	0.33	1.97	0.049
	PU→ATU	0.35	0.25	1.43	0.100

（2）基础设施、技术研发、示范组织、购置补贴和优先权力等政策属性层次的变化都能显著影响政策的感知。其中供给侧政策变化时

产生的影响总体上比需求侧政策更大，而且供给侧政策变化时对政策的感知易用性的影响大于有用性。如图 3 - 5 所示，政策的感知易用性对于供给侧的基础设施、技术研发和示范组织等政策变化的敏感系数分别为 0.20、0.28 和 0.19，而政策的感知易用性仅对于需求侧的购置补贴政策的变化敏感（系数为 0.22），且政策的感知有用性仅对供给侧的示范组织和需求侧的优先权力政策变化敏感（系数分别为 0.13 和 0.14）。可以发现，供给侧政策的感知总体上高于需求侧政策，而且供给侧政策的感知易用性高于感知有用性。敏感性分析结果再次验证了统计分析结果，即目前新能源汽车的电池性能、充电便利性和牌照等方面政策更能影响消费者的感知。

三　消费者群体构成特征的调节作用

根据潜在消费者群体构成特征中性别和学历层次，将研究样本分为两个子群组，分别针对两个子群组估计出路径系数并进行 T 检验，以验证学历水平和性别对潜在消费者政策感知和对产品接受态度的调节作用。学历层次分为硕士及以上、本科、专科及以下三组，性别分为男、女两组。T 检验表现出一致性，表明潜在消费群体的学历层次和性别对于新能源汽车供需双侧政策感知及产品接受态度均存在调节作用，见表 3 - 22 所示。

（1）消费者学历层次对于供需双侧政策的感知有用性和易用性及新能源汽车的接受态度均有显著调节作用。如表 3 - 22 所示，从供给侧政策来看，硕士及以上、本科、专科及以下三个层次对政策的感知差异的 T 值分别为 1.425、2.500、2.104 和 2.616，表明学历层次对于供给侧政策感知有用性和易用性具有显著调节作用；从需求侧政策来看，硕士及以上、本科、专科及以下三个层次对政策的感知差异的 T 值分别为 2.435 和 2.492，表明学历层次对于需求侧政策的感知易

表 3－22   学历层次和性别群组的路径系数及 T 检验结果

路径		（Ⅰ）不同学历层次路径系数			联合 T 检验	（Ⅱ）不同性别路径系数		T 检验
		硕士及以上	本科	专科及以下		男	女	
供给侧政策	基础设施→PU	0.13 ***	0.27 ***	0.09 *	1.425 *	0.07	0.09	0.093
	基础设施→PEOU	0.37 ***	0.22 **	0.10	2.500 *	0.20 ***	0.23 ***	0.839
	法规完善→PU	0.10 **	0.04	0.07	2.104 **	0.11	0.07	0.109 *
	法规完善→PEOU	0.15 ***	0.35 ***	0.21 **	2.616 *	0.19	0.16 **	0.885
	技术研发→PU	0.01	0.21 ***	0.15	1.941	0.10 ***	0.06	0.118 **
	技术研发→PEOU	0.59 ***	0.17 *	0.79 ***	2.412	0.10 *	0.13 ***	0.865
	示范组织→PU	0.26 ***	0.22 **	0.09	2.077	0.14 ***	0.21 **	0.112 **
	示范组织→PEOU	0.12	0.33 ***	0.33 ***	2.530	0.11	0.11 *	0.837
需求侧政策	购置补贴→PU	0.06	0.08	0.03	2.704	0.11 **	0.13 *	2.433
	购置补贴→PEOU	0.14 **	0.03	0.04	2.435 **	0.32 ***	0.10	1.141
	税收减免→PU	0.31 **	0.13 **	0.34 ***	1.589	0.29 ***	0.10 *	1.482
	税收减免→PEOU	0.38 ***	0.30 ***	0.11 *	2.492 **	0.06	0.10	1.217
	优先权力→PU	− 0.21 **	0.29 ***	0.15 **	1.936	0.04	0.10	0.579
	优先权力→PEOU	0.25	0.18 ***	0.07	2.253	0.31 ***	0.13 *	1.127
潜变量	PEOU→PU	1.21 ***	1.14 ***	0.65 ***	—	1.03 ***	0.91 ***	—
	PEOU→ATU	4.66 *	1.38 ***	0.24 **	9.37 ***	0.99 ***	0.54 ***	6.68 ***
	PU→ATU	− 2.8	− 0.10	0.57 ***	8.33 ***	0.22	0.33 ***	5.79 ***
拟合指标	RMSEA	0.056	0.074	0.039	—	0.057	0.077	
	SRMR	0.045	0.047	0.028	—	0.095	0.150	
	TLI	0.965	0.850	0.960		0.818	0.787	
	CFI	0.975	0.890	0.970		0.866	0.846	
	Obs	120	132	144		184	212	

注：* $p < 0.1$、** $p < 0.05$、*** $p < 0.01$，分别表示在 10%、5%、1%的水平上显著。

用性具有显著调节作用。从接受态度来看，硕士及以上、本科、专科及以下三个层次对产品的接受态度差异的 T 值分别为 9.37 和 8.33，表明学历层次对新能源汽车的接受态度有调节作用。学历层次高的消费者相对于学历层次较低的群组，在供需双侧政策的属性层次发生变化时，政策的感知的变化更显著；并且学历层次高的消费者更注重感知易用性，学历层次较低的消费者更在意感知有用性。这可能是由于学历层次高的消费者对国家政策和高新技术产品相对更为敏感，所以更在意政策带来的便利性，而学历层次较低的消费者则对价格、质量、品牌等直观数据更为敏感，因此更关注政策的经济性。

（2）消费者性别对于供给侧政策的感知有用性及新能源汽车的接受态度具有显著调节作用。从供需双侧政策来看，男性和女性两群体对法规完善、技术研发和示范组织政策的感知有用性差异的 T 值分别为 0.109、0.118 和 0.112，表明性别仅对于供给侧政策感知有用性具有显著调节作用；从接受态度来看，男性和女性两群组对产品的接受态度差异的 T 值分别为分别为 6.68 和 5.79，表明性别对新能源汽车的接受态度有调节作用。男性消费者相对于女性消费者，在供给侧政策的属性层次发生变化时，政策的感知的变化更为显著；并且男性消费者更注重感知易用性，女性消费者更在意感知有用性。这一方面可能是由于女性消费者相比男性消费者更为感性和冲动，因此更关注政策的经济性；另一方面可能是男性往往比女性对汽车产品更了解，因此更清楚各项政策的重要性，所以更在意政策带来的便利性。

第五节　管理启示及政策建议

新能源汽车制造商作为新能源汽车市场的重要主体，是新能源汽车市场培育的主要目标。制造商战略决策和营商环境是影响制造商发展的两个重要方面，也是供需双侧政策的两个主要着力点。因此，本书在深刻分析研究结论的基础上，从战略决策和营商环境两个方面给出了针对新能源汽车制造商的管理启示及政策建议。

新能源汽车制造商管理启示总体建议，如图3-6所示。

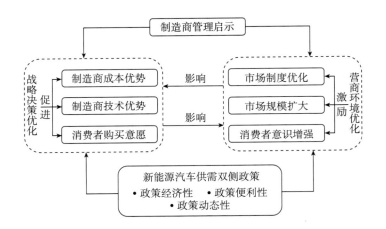

图3-6 新能源汽车制造商管理启示总体建议

一 制造商"战略决策优化"的启示与建议

制造商的战略决策是影响制造商未来发展的主要内在因素。战略决策会影响新能源汽车制造商能否建立成本或技术优势，进而形成竞争优势，获得消费者认可，实现长远发展。据此，从制造商战略决策优化方面提出了以下几点启示。

（一）针对"需求市场"层面

（1）由于新能源汽车政府采购、商业运营和私人乘用三类异质性市场由于形成原因和目标消费群体的不同而表现出不同的发展潜力，并呈现出交替发展的态势。为此，制造商在生产设计新能源汽车产品时应考虑到三类异质性市场的需求差异，以推出符合不同市场消费特征的新能源汽车产品。例如，针对政府采购市场推出的汽车需符合《党政机关公务用车管理办法》的一系列规定；针对商业运营市场的汽车产品应注重成本的节约；针对私人乘用市场应注重续航里程、充电速度，安全性等方面的技术突破。

（2）制造商应根据扶持政策的变动相应调整生产计划。新能源汽车补贴标准持续发生着一定变化，制造商应及时获取、解读新的政策标准，以做出更符合政府政策导向及企业长远发展目标的研发、生产规划。例如，针对经济补贴方面，续航里程一直是补贴划分的重要标准，补贴强度随汽车续航里程的增加而增大，制造商可据此更多地生产续航里程较高的产品，以获得更高额度的政府补贴。针对不同车型，政策的扶持力度也不同，制造商应根据自身生产条件、技术水平结合补贴情况，选择生产更多商用汽车或乘用汽车。

（3）制造商应充分认识并发挥税收减免政策带来的优势。税收减免包括购置税、增值税及企业所得税的减免等，能为制造商带来生产成本上的优势，变相增加了制造商的投资收益。税收减免带来的收益相比购置补贴具有更高的灵活性，制造商能用于弥补短板或扩大优势，投资于自身的长远发展。由于税收减免带来的百分比式收益将随着规模递增，制造商可尽可能扩大生产规模，以借此获得更高的税收优势。

（4）制造商应充分理解政府采购和研发补贴政策背后的产品技术导向。政府采购的公开竞争机制将有意识地引导制造商研发更高质量、高性能的产品，研发补贴政策则能缓解研发活动的高投入和不确定性以及创新成果的外部性，激励制造商加大研发投入，进而加速新能源汽车产品技术进步。制造商只有清晰的理解了政府的技术导向，认识到技术才是产品的核心，是企业的核心竞争力，才能在生产和销售中获得更多的政策红利及发展动力。只要制造商不断做出快速正确的技术进步，就不仅能不断获得政策的扶持，还能在市场竞争中形成一定竞争优势。

（二）针对"消费者"层面

（1）由于新能源汽车消费者不仅在意产品的经济性，也重视产品的便利性。为此，制造商在生产产品时不仅需考虑产品的成本问题，以通过降低售价来满足消费者的经济性需求。例如，改善车间生产工艺，从各个制造环节尽可能缩减成本，降低整车成本；在政府的多种经济补贴的支持下，尽可能让利给消费者，增加购买量从而达到消费者和制造商的双赢。同时还应考虑在新能源汽车续航里程、充电速度等方面做出技术突破，以提高新能源汽车使用时的便利性。例如，制造商加大在技术研发方面的投入，多与研发机构进行合作，加大技术交流力度，力图在新能源汽车电池技术、整车制造技术等核心领域做出突破。这不仅为消费者带来产品的使用便利，更为制造商建立了强力的竞争优势。制造商还可为消费者提供充电桩安装服务，以缓解消费者对新能源汽车的充电焦虑。

（2）制造商应合理利用购置补贴、税收减免等经济性政策对消费者的激励作用。购置补贴政策一方面能降低新能源汽车的售价，直接激励消费者的购买意愿；另一方面购置补贴终将在向政府申报后流入制造商内部，而且购置补贴还能促进新能源汽车需求市场扩大，使得制造商也从中获利。税收减免政策一方面能降低新能源汽车的购置成本，从而激励消费者购买；另一方面有助于减缓成本波动带来的不确定性等，进而促进制造商盈利能力以及长远发展。制造商应合理利用购置补贴、税收减免政策带来的成本优势，抓住政策带来的产品经济性对消费者购买意愿的激励效果所创造的市场机会。

（3）制造商应充分激发基础设施、技术研发、优先权力等便利性政策对消费者的激励作用。基础设施政策一方面能够有效缓解消费者对于新能源汽车基础设施现状的焦虑感；另一方面基础设施建设的正外部性导致制造商进入新能源汽车充电桩、充电站等基础设施建设市场的积极性较低，基础设施政策的出现有利于推动新能源汽车基础设施的快速覆盖。技术研发政策一方面，研发补贴政策能有效加快新能源汽车续航里程、充电速度等方面技术的进步，吸引消费者购买；另一方面，研发补贴政策能缓解研发活动的高投入和不确定性以及创新成果的外部性，激励制造商加大研发投入，进而加速新能源汽车产品技术进步。优先权力政策会随着汽车保有量剧增，汽车上牌、限行成本不断增加，对于新能源汽车消费者购买意愿的激励也会不断增长。制造商应重视并大力推动基础设施、技术研发、优先权力政策带来的产业环境改善，抓住政策带来的产品便利性对消费者购买意愿的激励效果所创造的市场机会。

（4）由于新能源汽车消费群体构成特征对其接受态度具有调节作用。因此，制造商在生产和销售产品时应充分考虑目标消费群体的构成特征，针对不同学历层次和类型的消费者推出多样化的新能源汽车产品。例如，针对学历层次较高的消费者和男性消费者推出性能更好、操控性更好、驾驶体验更佳的产品，制造商为满足这一类消费者应在汽车动力上加大投入。针对女性和学历层次较低的消费者推出外观更佳、安全性更高、操作更为简单便捷的产品，制造商为满足这一类消费者应更多地聚焦于产品的外观设计。

新能源汽车制造商战略决策优化，如图3-7所示。

二　制造商"营商环境优化"的启示与建议

制造商的营商环境是影响制造商发展的主要外在因素。中央经济工作会议强调，要着力优化营商环境，深入推进"放管服"改革，并指出优化营商环境就是解放生产力、提高竞争力，要破障碍、去烦苛、

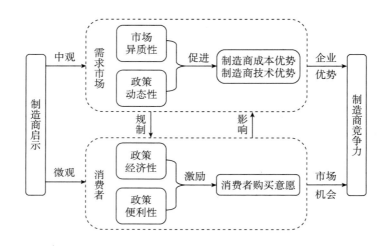

图 3 - 7　新能源汽车制造商战略决策优化建议

筑坦途，为市场主体添活力。营商环境会影响新能源汽车制造商所处市场的市场制度、市场潜力及消费者意识等各个方面，进而影响制造商及新能源产业的发展。据此，从制造商营商环境优化方面提出了以下几点启示。

（1）由于新能源汽车政府采购、商业运营和私人乘用三类异质性市场由于形成原因和目标消费群体的不同而表现出不同的发展潜力，并呈现出交替发展的态势。为此，新能源汽车产业政策制定要充分考虑政府采购、商业运营和私人乘用三类异质性市场不同的发展潜力和趋势，现阶段要通过政府采购市场引导商业运营市场，通过商业运营市场带动私人乘用市场。

（2）由于新能源汽车供需双侧政策对于政府采购、商业运营和私人乘用三类异质性市场均有正向影响但是激励效果存在差异性。为此，新能源汽车产业政策制定要根据供需双侧政策对三类异质性市场作用的差异性合理配置，例如，针对政府采购市场可加大政府采购和

研发补贴等政策工具实施力度，加大政府采购新能源汽车的实施范围，严格确保研发补贴资金用于关键领域的技术研发投入；针对商业运营市场可适当加强税收减免和购置补贴等政策工具的实施力度，尤其要确保购置补贴真正有效地用于消费者购买新能源汽车时的费用抵扣，而非用于非法骗补；针对私人乘用市场可适度加强基础设施、示范推广和优先权力等政策工具的实施力度，确保新能源汽车消费者能简单、便捷地充电、停车、行驶。

（3）由于新能源汽车供需双侧政策的激励效果随着政府采购、商业运营和私人乘用三类异质性市场规模变化而呈现出差异性。为此，在政策制定时要充分考虑政策实施的时效性，注意根据市场的规模进行动态调整。例如，针对政府采购市场可持续实施政府采购政策并加强研发补贴政策的实施；针对商业运营市场，可在保证一定的购置补贴和税收减免政策力度的情况下，加强基础设施和优先权力政策的实施力度以促使市场维持高速、稳定的发展状态；针对私人乘用市场可在市场规模较低时通过大力实施政府采购政策带动市场早期发展，随后加强示范推广、购置补贴和优先权力政策激励消费者的购买，同时加强基础设施和研发补贴等政策实施力度以提高新能源汽车使用的便利性。

（4）由于新能源汽车产业供需双侧政策不仅为新能源汽车消费带来了经济性，也带来了便利性。为了达到经济性与便利性的平衡，新能源汽车产业政策可在需求侧政策达到一定实施效果的情况下，加强供给侧政策的实施力度，进一步强化优先权力和基础设施两项政策措施，适当降低购置补贴政策措施的实施力度。尤其在北京、上海、深圳等交通压力较大城市，应大力实施优先权力政策。还需根据新能源汽车消费需要加快配置适当的充电桩、充电站等基础设施。

（5）由于潜在消费群体构成特征对供需双侧政策的感知具有调节作用。因此，新能源汽车供需双侧政策制定时应充分把握不同学历层次和性别的潜在消费者对于政策变化的敏感程度的差异，以学历层次较高的消费者和男性消费者作为新能源汽车市场培育的重点对象，同时针对不同层次和类型的消费者推出多样化的新能源汽车产品，并实施差异化的政策安排。

第四章　新能源汽车供需双侧政策实施效果差异性：政策取向与政策意愿分析视角

第一节　新能源汽车供需双侧政策实施差异性的分析维度

一　供需双侧政策及其实施的差异性

供给侧和需求侧是政府推广新能源汽车的两个政策着力点，供给侧的政策安排主要是通过公共资源投入及优化配置，为新能源汽车消费市场商业化条件的成熟提供驱动力，包括新能源汽车消费和使用基础设施（充电桩等）建设、新能源汽车消费与交易的规范监督、新能源汽车市场的示范组织、新能源汽车市场的金融支持等方面。需求侧的政策安排是通过终端消费群体引导激励，为新能源汽车消费市场商业化条件的成熟提供拉动力，包括为消费者提供直接资金补贴和购置税等的减免、新能源汽车政府采购、新能源汽车优先的行驶权等方面。针对我国新能源汽车需求市场培育过程中面临的现实困境，近年来中央和有关地方政府在供给侧和需求侧都先后出台了相应的市场培育政策，从一定程度上促进了我国新能源汽车需求市场的快速发展，如图4-1所示。

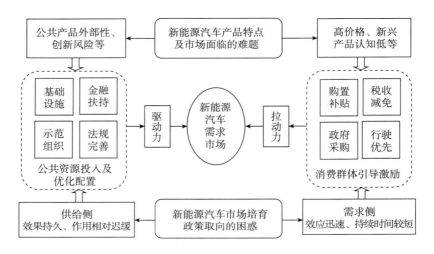

图4-1　新能源汽车市场需求培育两侧政策及功能

（1）供给侧政策通过公共资源投入和优化配置，着力于改善新能源汽车消费市场供给体系的质量和效率，为新能源汽车消费市场商业化条件的成熟提供驱动力量。供给侧政策包括多个方面，从新能源汽车消费市场培育的现状来看，基础设施（充电桩等）建设是现阶段我国新能源汽车供给侧政策实施的重点内容。政府基础设施支出与私人消费存在一种互补关系（Karras，1994），基础设施建设滞后是居民消费需求不足的一项重要原因（孙虹乔，2011）。基础设施建设投资的增加会促进私人消费同方向增加（杨智峰，2013）。新能源汽车的消费需要一定的配套基础设施，包括充换电站、维修站和充电设施等，基础设施建设与新能源汽车市场需求之间存在高关联性，由于充电配套设施还不完善，新能源汽车充电难而引发的里程焦虑是新能源汽车推广进展缓慢的重要原因之一（张勇，2014），因此从供给侧加快以基础设施（充电桩等）建设为主要内容的公共资源投入和优化配置，对于促进我国新能源汽车的消费使用有着十分重要的作用。

（2）需求侧政策通过终端消费群体引导激励，着力于激发新能源汽车消费的积极性和购买能力，为新能源汽车消费市场商业化条件的成熟提供拉动力量。新能源汽车这类新兴产业目前还处于发展初期，在市场竞争中完全不占优势（李奎，2014），这个时期如果缺少了政府出台的相关补贴和扶持政策，市场培育与拓展将举步维艰（周亚虹，2015）。政府出台相应的补贴政策会激发社会各界对新能源汽车的关注，也会诱导更多资金的投入（肖兴志，2011），这是培育新兴产业市场需求的重要手段（Polo，2014）。以市场消费和应用等需求侧的政策致力于降低产品购置和使用价格，刺激消费需求市场，创造需求、促进消费（郭晓丹，2011）。现阶段新能源汽车需求侧的政策主要通过直接的购置补贴和税收减免降低购置成本，享有使用过程优惠等政策引导私人消费，同时通过政府采购等环节形成示范效应，具体见表4-1所示。

表4-1　　　　　　　　　　　**新能源汽车扶持政策手段**

类别	政策手段	定义及举例
供给侧	基础设施	包括充电桩、大型充换电站的建设
	金融扶持	政府直接或间接鼓励和扶持各项新能源汽车技术发展
	示范推广	成立专门示范推广领导小组，开展新能源汽车的组织保障工作
	法规完善	在新能源汽车产业方面有相对成型的规范市场秩序的各项措施
需求侧	购置补贴	购置新能源汽车，政府直接给予的资金补贴
	税收减免	对新能源汽车免征购置税、车船税等
	政策采购	中央和地方政府的各项采购新能源汽车的计划和规定
	行驶优先	包括免牌照、单独摇号、不限行和享有保险费、路桥费、充电费等优惠政策

二 双维度分析评价框架的构思

供需双侧的政策功能与作用效果不一，政府的公共财政资源是有限的，政府在促进新能源汽车消费过程中的主要抓手是什么？在实际操作中如何提高政策的精准性，最大限度地发挥公共财政资源在激活新能源汽车市场需求过程中的点睛效果，这是政府在选择和应用新能源汽车需求培育政策时面临的困惑。

本书从政策取向和政策意愿双视角同时切入，以准确分析我国新能源汽车产业培育政策实施效果的差异性并萃取关键因子，如图4-2所示。

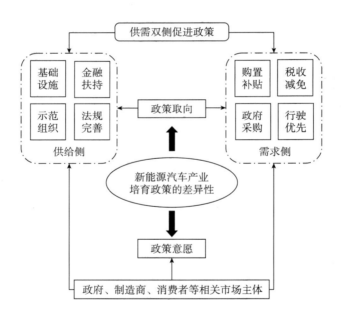

图4-2 政策取向与政策意愿双视角分析框架

（一）政策取向维度的选取

近年来我国新能源汽车试点推广城市普遍从市场供给侧和需求侧

采取了两个方面的促进手段：一是从市场供给侧，加快了充电桩等新能源汽车消费基础措施建设，二是从需求侧，实施新能源汽车消费价格补贴政策。

（1）新能源汽车供给侧政策以基础设施建设为主要内容，供给侧政策作为公共基础资源，在促进新能源汽车消费使用过程中覆盖面广并且效果持久（张勇，2016），但是前期需要投入大量资金并且作用效果相对迟缓。基础设施是市场培育的必要条件，配套设施的完善程度则是新能源汽车能否普及的关键因素（孙晓华，2014），充电难、充电时间长、充电站供不应求等都属于基础设施不完善的问题，也是消费者做出购买决定时的考虑因素。但是，充电桩的建设前期需要大量的人力、物力和财力的投入，收益见效较慢，一般的企业不愿意做此亏本买卖，需要政府部门予以财政补贴和扶持。由于新能源汽车的产业链还没形成，如果大规模建设与新能源汽车配套的基础设施可能导致使用率低的问题。有学者也指出，我国新能源汽车产业目前处于发展初期，市场需求的数量与充电桩等基础设施之间并不存在天然联系，基础设施的作用效果存在时滞效应（刘颖琦，2014）。

（2）新能源汽车需求侧政策以实施购置补贴为主要内容，直接降低新能源汽车的购买成本，政策效应比较迅速，但是持续时间较短。相较于传统汽车，新能源汽车属于新兴产品，产品不能迅速地被消费者认知。而且由于新能源汽车的核心技术和材料成本高昂，产品价格高居不下，市场上普通消费者对于新能源汽车的价格是比较敏感的。从美国、日本等国的新能源汽车推广经验来看，政府为消费者提供价格补贴是启动新能源汽车市场、推进新能源汽车产业化和商业化进程不可或缺的因素。目前在我国购买补贴的范围及补贴试点推广城市也极为有限，即使有政府提供的补贴，新能源汽车的价格还是略高于同等档次的传统汽车（柳卸林，2012）。相比之下，消费者购买热情仍较低。通过政府采购等政府强势拉动行为虽然能快速启动新能源汽车的应用市场，但是随着产业的发展，这种"虚热"会慢慢退去（陆国庆，2014）。相关研究也表明，政府在需求侧政策手段的扩张，往往会由于信息不对称和消费者的逆向选择行为，不仅实施效果不佳，反而可能会造成虚假销售等行为（张政，2014）。

（二）政策意愿的维度选取

政府是新能源汽车产业规划及相关促进政策的制定方，制造商和消费者是新能源汽车政策实施对象和市场主体。近年来我国在新能源汽车市场培育方面已经出台了很多推动政策，但是也没能将制造商的激情完全点燃，消费者的购买积极性也不高，政府、制造商和消费者在财政补贴、运营补助等新能源汽车产业的相关政策上处于博弈胶着状态（张政，2014），一边是政府政策的激情火山，另一边却面对着制造商、消费者的冷漠，新能源汽车雷声大、雨点小，政策很热，但市场很冷（刘颖琦，2014）。其原因就在于政策制定方（政府）与政策需求方（制造商和消费者）的政策意愿存在一定的差异性，汽车制造商和消费者对于传统汽车的锁定机制和路径依赖，对新能源汽车产业培育构成了巨大障碍（薛奕曦，2013）。政府在新能源汽车产业培育过程中，应精准把握并寻求与制造商和消费者的政策意愿契合共鸣。

1. 新能源汽车产业培育政策意愿差异性的形成原因

在培育和发展新能源汽车产业过程中存在着多层次、多元化的利益关系，从政府角度来看，随着资源与环境压力的增加，通过新经济来培育新动能，这是政府培育和发展新能源汽车产业的基本动因。从汽车制造商角度来看，汽车制造商是基于商业逐利来开展商业活动的，然而新能源汽车产业目前尚处于发展初期，在与传统汽车产业竞争过程还处于劣势地位，商业化条件并不成熟，新能源汽车制造商要完成从技术创新到获得稳定收益的过程，需要化解多种风险，一旦不能从高投入中获得高收益，新能源汽车制造商的积极性将会受到严重影响。从消费者角度来看，一种新产品刚推向市场时，由于受到消费者消费习惯和观念的限制，以及市场竞争的影响，都需要一个适应期和过渡期才能被大众接受，目前消费者对于新能源汽车行驶里程、充电方便性以及产品性能等颇有顾虑，消费者的购买意愿并没有很好地转化为实际购买行为。显而易见，新能源汽车产业相关行为主体各有其利益诉求，从而导致在新能源汽车产业培育过程中政府的政策侧重点与汽车制造商和消费者的政策关注点存在一定的差异性。

2. 新能源汽车市场培育政策意愿差异性的具体表现

政府基于产业结构调整、环境优化、缓解能源危机和培育经济新动能的需要，在新能源汽车市场培育政策方面表现得相当积极主动（胡卫国，2007），近年来先后从供给侧和需求侧出台了一系列新能源汽车培育政策，在供给侧加快了以充电桩等新能源汽车消费基础设施建设，在需求侧实施了新能源汽车补贴政策。然而，政府的相关政策意愿并没有能够形成良好的传导机制，最终导致政策实施的现实效果不佳甚至失灵（孙晓华，2014）。譬如，从政府给予新能源汽车的补贴来说，商人开展任何商业活动的原始动力都是为了追逐利益，部分新能源汽车制造商为了获取政府的高额补贴，并不考虑消费者的需求，大量生产补贴额度高的车型（卢超，2014），同时一些汽车制造商巧立名目，不择手段骗补或违规谋补的现象屡见不鲜，政府的新能源汽车相关生产补贴政策并没有达到激励技术创新的初衷。从消费者角度出发，由于其对新能源汽车的安全性、售后服务便利性、充电桩等配套设施不完善存在担忧（Fischlein，2013），购买新能源汽车一直持观望态度，市场缺乏消费动力（姜江，2011），政府相关价格补贴的政策同样没有达到激励新能源汽车消费的初始意愿。

第二节　新能源汽车供需双侧政策实施
差异性的分析过程与方法

一　政策取向维度的分析过程与方法

（一）分析模型与方法

本书尝试将基尼系数分解法应用到新能源汽车产业供需双侧政策取向差异性的分析中，将新能源汽车试点推广城市按人均收入水平划分为三个区域，用政府在供给侧和需求侧两个方面主要的政策手段实施力度作为组群划分的指标，可以分别探究出供给侧和需求侧政策手段在各个区域新能源汽车市场培育中的实施效果，以期为各地政府做出新能源汽车市场培育途径选择时提供参考。

基尼系数最初是应用在对收入差距进行定量分析，以评估差异程度的常用指标之一。基尼系数在0—1，数值越大，表示差距越大。后有学者拓宽了基尼系数的应用领域，将其用在整体宏观经济的地区分布差异分析中（黄涛，2006）。在此基础上，有学者进一步对基尼系数进行分解，它的优势在于不仅能够描述样本的分布差异，还能追根溯源，更重要的是，它解决了传统基尼系数存在的交叉重叠问题（刘华军，2014）。

目前，学者将基尼系数分解法灵活地运用在了不同方面，孙百才、刘云鹏基于人口受教育年限的基尼系数分解，对中国地区间与性别间的教育公平进行测度（孙百才，2014）。刘华军等（2014）运用此方法探究了中国人口老龄化的分布情况及地区差异。王连军等则将基尼系数分解方法用于对高校学生消费差异的分析（王连军，2007）。结合新兴产业自身的特点，新能源汽车市场需求有限并且存在极大的不确定性，新能源汽车需求市场发展规模的空间非均衡性明显。从样本时期跨度上来看，由于新能源汽车发展时间较短，碍于数据收集的困难，无法用回归方程进行实证研究，基尼系数分解法正好可以解决以上问题。

根据 Camilo（1997）提出的基尼系数分解的方法，基尼系数的定义如式（4-1）所示。其中 $y_{ji}(y_{hr})$ 为 $j(h)$ 区域内各省（市）新能源汽车的销售量，$\bar{y}$ 为样本城市新能源汽车销售量的均值，n 为样本城市数，k 为划分的组群数，$n_j(n_h)$ 为 $j(h)$ 组内城市数。

$$G = \sum_{j=1}^{k} \sum_{h=1}^{k} \sum_{i=1}^{n_j} \sum_{r=1}^{n_h} |y_{ji} - y_{hr}| / 2n^2 \bar{y} \tag{4-1}$$

$$\overline{Y_1} \leqslant \overline{Y_2} \leqslant \cdots \overline{Y_j} \leqslant \cdots \cdots \leqslant \overline{Y_k} \tag{4-2}$$

依据组内新能源汽车销售量均值进行排序，如式（4-2）所示。将基尼系数分解为组内差距的贡献 G_w，组间净值差距的贡献 G_{nb} 和交叉项的贡献 G_t 三部分，这三者之间的关系符合 $G = G_w + G_{nb} + G_t$。式（4-3）和式（4-4）分别表示第 j 个地区新能源汽车销售量的基尼系数和组内销售量差距的贡献；式（4-5）表示跨地区之间新能源汽车销售量的基尼系数，式（4-6）表示跨地区之间新能源汽车销售量净值差距的贡献 G_{nb}；式（4-7）则表示交叉项的贡献。交叉项是由于不同小组之间交错而造成的交互影响，反映了小组之间新能源汽车销售量分布的程度（Silber，1989）。交叉项没有明确的经济含义（程永宏，2008），因此在本书研究中不再赘述。

$$G_{jj} = \frac{1}{2\,Y_j} \sum_{i=1}^{n_j} \sum_{r=1}^{n_j} |y_{ji} - y_{jr}| / n_j^2 \qquad (4-3)$$

$$G_w = \sum_{j=1}^{k} G_{jj} p_j s_j \qquad (4-4)$$

$$G_{jh} = \sum_{i=1}^{n_j} \sum_{r=1}^{n_h} |y_{ji} - y_{hr}| / n_j n_h (\overline{Y_j} + \overline{Y_h}) \qquad (4-5)$$

$$G_{nb} = \sum_{j=2}^{k} \sum_{h=1}^{j-1} G_{jh}(p_j s_h + p_h s_j) D_{jh} \qquad (4-6)$$

$$G_t = \sum_{j=1}^{k} \sum_{h=1}^{j-1} G_{jh}(p_j s_h + p_h s_j)(1 - D_{jh}) \qquad (4-7)$$

其中 $p_j = n_j/n$，$s_j = n_j \overline{Y_j}/n \overline{Y}$，$D_{jh}$ 表示 j、h 组间新能源汽车销售的相对影响。其中，其定义如式（4-8）所示。其中，d_{jh}，p_{jh} 的计算分别如式（4-9）和式（4-10）。

$$D_{jh} = \frac{d_{jh} - p_{jh}}{d_{jh} + p_{jh}} \qquad (4-8)$$

$$d_{jh} = \int_0^{\infty} dF_j(y) \int_0^y (y - x) dF_h(x) \qquad (4-9)$$

$$p_{jh} = \int_0^{\infty} dF_h(y) \int_0^y (y - x) dF_j(y) \qquad (4-10)$$

上式中，$F_j(F_h)$ 表示 $j(h)$ 组的新能源汽车销售量累积密度分布函数；d_{jh} 表示跨地区之间新能源汽车销售量的差值，简而言之就是 j、h 两个地区之间所有 $y_{ji} - y_{hr} > 0$ 的新能源汽车销售量加总的数学期望；p_{jh} 表示超变一阶矩，简而言之就是 j、h 两个地区之间所有 $y_{hr} - y_{ji} > 0$ 的新能源汽车销售量加总的数学期望。

（二）主要分析步骤

应用基尼系数分解的方法，研究不同收入水平的区域新能源汽车供给侧和需求侧政策的实施效果差异，具体步骤如图 4-3 所示。

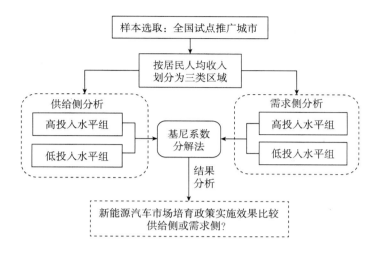

图 4 - 3　政策取向维度的分析框架

1. 样本数据分组

我国新能源汽车试点推广城市目前有 25 个（南通市数据不全，本书不包括该城市），按照居民人均可支配收入划分为 Ⅰ 类（高收入）、Ⅱ 类（中等收入）和 Ⅲ 类（收入稍低）三类样本区域。

2. 基尼系数法分解及评价

依照供给侧或者需求侧政策力度对每个收入水平的区域再进行分组，运用基尼系数分解法计算组间差距和组内差距的大小。其中，组间差距指的是不同供给侧投入水平两个小组之间或者不同需求侧投入水平两个小组之间的新能源汽车销售量的差距（以下简称组间差距）。组内差距指的是拥有相同供给侧或者需求侧投入水平的小组内部新能源汽车销售量的差距（以下简称组内差距）。

3. 结果比较

分析供给侧和需求侧对各个收入水平区域新能源汽车市场培育的实施效果。若高投入水平组内销售量数据的离散程度小，组内差距小，且显著高于低投入水平组，组间差距大，则可以判定供给侧（或需求侧）政策手段对于新能源汽车市场需求促进效果较好，反之，则表明实施效果不佳。

二　政策意愿维度的分析过程与方法

（一）分析模型与方法

新能源汽车需求市场的供给侧和需求侧因素属于海量非结构化信息，内容分析法适合于对非结构化信息进行追根溯源，找出其中本质的特点，达到对文献内容更精确的认识目的（邱均平，2004），本书应用该方法对新能源汽车市场培育的相关媒介信息进行分析整理。对应分析法可以对内容分析法所得的量化结果进一步的视觉化处理，将供需双侧政策与政府、制造商和消费者三个市场主体的对应关系反映在坐标轴上（潘新睿，2012），可以更加直观地观察政策意愿的差异性，并可以把政策和市场主体联系起来便于解释和推断，目前主要应用在市场细分析（温海珍，2006）、产品定位（沈祥兴，2005）等领域。本书将内容分析法与对应分析法结合起来，研究新能源汽车产业相关市场主体（政府、制造商和消费者）之间政策意愿的差异性，以发掘新能源汽车需求市场培育的关键性因素。

TOPSIS 方法的原理是通过计算所研究问题中需要评估指标之间的最佳理想解和最差可能值，将结果分别与目标值进行对照，最终依照贴近度给出排序，形成决策依据（张洪，2010）。它的优点在于原理便于理解和接受，计算过程方便简洁，以及计算结果较为客观等优点，已被广泛运用于多指标综合评价中（Awasthi，2011）。考虑到本书所构建的关键性因素的非定量性，本书将三角模糊数与 TOPSIS 法相结合，对关键性因素进行综合评价。

（二）主要分析步骤

将内容分析法和 TOPSIS 方法结合，新能源汽车产业相关市场主体（政府、制造商和消费者）之间政策意愿的差异性，具体步骤如图 4-4 所示。

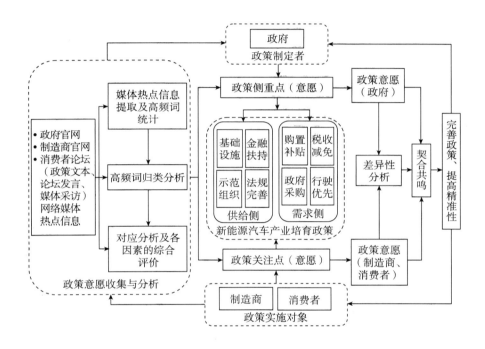

图 4-4　政策意愿维度的分析框架

1. 网络媒体热点信息提取及高频特征词统计

将制造商、消费者和政府媒体热点信息样本数据分别归集为 Word 文档进行预处理，转存为 txt 格式的文本文件。为避免转存时可能出现的偏差，对文本进行逐字核对，应用 ROST 软件统计样本高频词，并提取媒体信息主题。

2. 高频特征词的归类分析

邀请相关专家分别独立对高频词进行分类，得到分类相同并有异议和无异议的词，相关专家对有异议的高频词进行讨论并达成一致意见。再采用 Holsti 信度系数 C. R. 计算一致率（Rourke，2001）。

3. 对应分析及各因素的综合评价

根据政府、制造商和消费者等行为主体对供给侧和需求侧政策因素词频频数，列联表并应用 SPSS 软件进行对应分析，邀请相关专家应用 TOPSIS 模型对各因素进行综合评价。

第三节　政策取向差异性的分析评估：以试点推广城市为例

一　研究样本及数据来源

我国先后确定了北京、深圳、上海、杭州、合肥、长春等城市为新能源汽车试点推广城市，试点推广城市体现了我国城市消费群体的多层次性。选取这些试点推广城市作为研究样本，新能源汽车销售量、充电桩和充换电站的数据来源于《节能与新能源汽车年鉴》（2010—2013 年），人均可支配收入数据来源于《中国统计年鉴》（2010—2013 年）、中国经济与社会发展统计数据库和各城市的统计公报。基础数据及分组情况见表 4－2 所示。

本书参照国家相关部门的统计标准（崔海燕，2014），根据居民人均可支配收入将这些试点推广城市划分为 I 类区域（居民人均可支配收入 32415—56389 元）、II 类区域（居民人均可支配收入 24518—32415 元）和 III 类区域（居民人均可支配收入 18483—24518 元）。划

表 4 - 2　　　　　　　　　样本城市基础数据及分组

年份 销量 城市①	2010		2011		2012		2013		基础设施 （充电桩 数量）②
	销售量 （辆）	占比 （%）	销售量 （辆）	占比 （%）	销售量 （辆）	占比 （%）	销售量 （辆）	占比 （%）	
济南	0	0	126	1.26	300	1.83	0	0	168
杭州	410	5.62	693	6.94	703	4.29	3846	22.11	1356
厦门	40	0.55	248	0.52	61	0.37	25	0.14	151
广州	330	4.52	316	4.43	904	5.52	100	0.57	93
苏州	41	0.56	52	0.06	471	2.87	14	0.08	468
北京	1127	15.45	1520	15.22	2191	13.37	2691	15.47	3007
上海	1217	16.68	14	0.14	621	3.79	978	5.62	1640
深圳	720	9.87	2356	23.59	1801	10.99	1933	11.11	2290
合肥	774	10.61	1252	5.89	2244	13.69	3152	18.12	3569
沈阳	0	0	443	0.46	965	5.89	195	1.12	195
武汉	200	2.74	226	2.26	1081	6.6	17	0.1	227
成都	10	0.14	46	0.5	709	4.33	505	2.9	910
大连	553	7.58	173	1.73	405	2.47	85	0.49	425
长株潭城市群	575	7.88	588	2.5	444	2.71	104	0.6	276
天津	214	2.93	168	1.68	76	0.46	553	3.18	567
呼和浩特	0	0	50	0.73	153	0.93	25	0.14	30
襄阳	30	0.41	73	5.89	157	0.96	529	3.04	77
海口	0	0	141	5.02	901	5.5	10	0.06	75
长春	100	1.37	100	1	52	0.32	33	0.19	212
南昌	300	4.11	274	1.41	234	1.43	308	1.77	180
重庆	295	4.04	373	3.73	489	2.98	465	2.67	424
唐山	10	0.14	6	3.16	308	1.88	314	1.81	66
郑州	152	2.08	501	2.48	1117	6.82	1020	5.86	269
昆明	198	2.71	250	2.74	0	0	490	2.82	207
总计	7296	100	9989	100	16387	100	17392	100	16882

注：①南通市由于数据难以收集，本书没有包括该城市；②按照一个充换电站 15 个充电桩，转换为充电桩的数量。

分的标准为官方公布的城镇居民收入五等级，分地区的基本情况见表
4 –3 所示。

表 4 – 3　　　　　按人均收入分区域的样本城市基本情况

人均收入 （城市类别）	Ⅰ类区域	Ⅱ类区域	Ⅲ类区域
水平	32415—56389 元	24518—32415 元	18483—24518 元
样本城市	深圳、上海、苏州、广州、北京、厦门、杭州、济南	呼和浩特、天津、长株潭、大连、成都、武汉、沈阳、合肥	昆明、郑州、唐山、重庆、南昌、长春、海口、襄阳

　　从图 4 – 5 中可以看出，不同收入水平地区之间新能源汽车销售
量差距较大，且收入水平越高的地区，新能源汽车销售量越高。这是
因为，新能源汽车的造价成本高，直接导致消费者购买成本高。收入
水平越高的地区，消费者的购买能力越强，相应的消费习惯和消费环
境也不一样，从而造成新能源汽车销售量的差距明显。

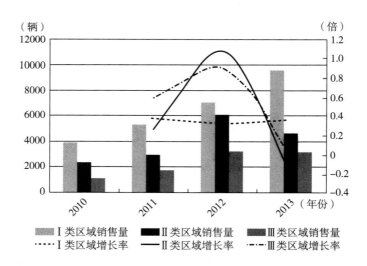

图 4 – 5　分地区新能源汽车销售量变化情况

　　高收入水平地区的新能源汽车销售量呈平稳增长的趋势，中等和

低收入水平地区的新能源汽车销售量波动幅度较大。这就说明，新能源汽车在高收入水平地区的市场培育效果较好，而在中等和低收入水平地区，新能源汽车还未形成稳定的市场，其销售量随政府政策和市场环境的变化较明显。

二　主要结果及分析

（一）政策取向分布情况的差异

我国新能源汽车试点推广城市近年来各地区新能源汽车政策安排见表4-4所示，市场培育的相关政策取向分布情况如图4-6所示。

表4-4　　　　　　　各地区新能源汽车政策安排

要素		供给侧				需求侧			
		基础设施	金融扶持	示范推广	法规完善	购置补贴	税收减免	政府采购	行驶优先
I类区域	济南	●				●			
	杭州	●	●	●		●		●	●
	厦门	●				●			
	广州	●	●			●		●	
	苏州	●	●			●			
	北京	●	●		●	●		●	●
	上海	●	●	●	●	●		●	●
	深圳	●	●	●		●		●	
	总和	8	6	5	2	8	0	5	5
II类区域	合肥	●	●	●		●	●	●	●
	沈阳	●				●		●	
	武汉	●	●	●		●	●	●	●
	成都	●	●	●		●		●	●
	大连	●		●		●	●	●	
	长株潭	●	●			●		●	
	天津	●	●			●		●	●
	呼和浩特	●			●				
	总和	8	5	4	1	8	3	7	4

续表

要素		供给侧				需求侧			
		基础设施	金融扶持	示范推广	法规完善	购置补贴	税收减免	政府采购	行驶优先
Ⅲ类区域	襄阳	●	●	●		●		●	
	海口	●		●		●			
	长春	●	●			●		●	
	南昌	●	●			●		●	●
	重庆	●	●		●	●			●
	唐山	●		●		●			●
	郑州	●				●			
	昆明	●	●			●		●	
	总和	8	6	4	1	8	0	5	3
总计		24	17	13	4	24	3	17	12

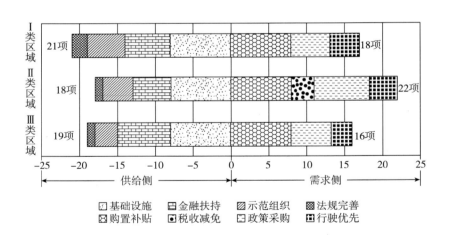

图 4 - 6　新能源汽车培育供需双侧政策取向分布情况

注：①数据根据盖世汽车网、节能与新能源汽车网、节能与新能源汽车统计年鉴等整理得到；②新能源汽车免征购置税政策从 2014 年 9 月起实施，由于时间较短数据难以获取，本书暂未考虑这一因素。

统计结果显示，现阶段新能源汽车消费需求培育的供给侧和需求侧政策分布比较均衡，供给侧和需求侧政策取向的侧重性不明显，但是在供给侧和需求侧政策的内部，各有政策实施的侧重点。

基础设施（充电桩等）建设是政府供给侧政策实施的主要内容，其他供给侧政策相对较少。统计结果显示，我国试点推广城市供给侧政策都以建设充电桩等新能源汽车基础设施为重点，其中Ⅰ类区域试点推广城市为 38.1%，Ⅱ类区域试点推广城市为 44.4%，Ⅲ类区域试点推广城市为 42.1%，这表明基础设施（充电桩等）是现阶段我国新能源汽车消费市场供给侧的主要瓶颈因素，也是我国试点推广城市促进新能源汽车消费市场供给侧的主要抓手。

购置补贴是政府需求侧政策实施的主要内容，其他需求侧政策相对较少。统计结果显示，我国试点推广城市需求侧政策都以新能源汽车购置补贴为重点，其中Ⅰ类区域试点推广城市为 47.1%，Ⅱ类区域试点推广城市为 36.4%，Ⅲ类区域试点推广城市为 50%，这表明新能源汽车的性价比是现阶段我国新能源汽车消费市场需求侧的主要瓶颈因素，购置补贴是我国试点推广城市促进新能源汽车消费市场需求侧的主要抓手。

（二）政策取向实施效果的差异

按照供给侧和需求侧政策实施力度对全国试点推广城市进行分组，并应用基尼系数分解法对新能源汽车销售量进行分解计算，分解结果见表 4-5 至表 4-12 所示，实施效果如图 4-7 至图 4-14 所示。

新能源汽车消费总体差异及政策效果分析。对全国所有试点推广城市分政策力度进行分组并运用基尼系数分解法进行分解计算结果见表 4-5 至表 4-6 统计结果显示。

表 4 - 5 全部试点推广城市（区域）新能源汽车供给侧
分解结果（基尼系数分解法）

年份	总体	基尼系数			基尼系数贡献率（%）		
		组间差距	组内差距	交叉项	组间差距	组内差距	交叉项
2010	0.5934	0.2164	0.2389	0.1381	36.47	40.26	23.27
2011	0.5887	0.2525	0.2256	0.1106	42.89	38.32	18.79
2012	0.5078	0.2303	0.1151	0.1624	45.35	22.67	31.98
2013	0.6720	0.2988	0.2668	0.1064	44.46	39.70	15.83

表 4 - 6 全部试点推广城市（区域）新能源汽车需求
侧分解结果（基尼系数分解法）

年份	总体	基尼系数			基尼系数贡献率（%）		
		组间差距	组内差距	交叉项	组间差距	组内差距	交叉项
2010	0.5934	0.2325	0.1479	0.2130	39.18	24.92	35.89
2011	0.5887	0.2071	0.2562	0.1254	35.18	43.52	21.30
2012	0.5078	0.1220	0.2036	0.1558	24.03	40.09	30.68
2013	0.6720	0.2260	0.2977	0.1483	33.63	44.30	22.07

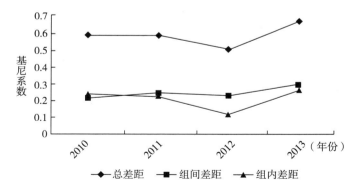

图 4 - 7 全部试点推广城市（区域）新能源汽车供给侧政策效果

第一，供给侧政策手段在新能源汽车市场培育过程中总体效果相对较好，但存在一定的时滞效应。对全国试点推广城市按供给侧政策

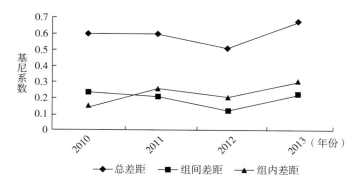

图4-8　全部试点推广城市（区域）新能源汽车需求侧政策效果

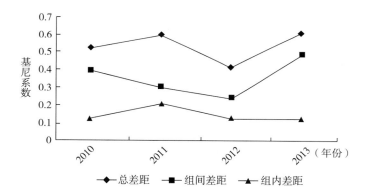

图4-9　I类区域试点推广城市新能源汽车供给侧政策效果

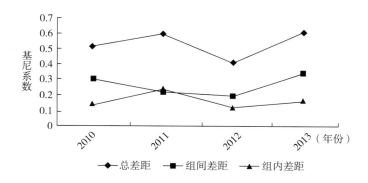

图4-10　I类区域试点推广城市新能源汽车需求侧政策效果

力度分组分析的统计结果表明，2010年整体新能源汽车销售量的组内差距大于组间差距，供给侧政策的作用效果并不明显，但从 2011 年起，新能源汽车销售量的总体差距主要来源于组间差距，组内差距相较要小，表明供给侧政策手段对整体新能源汽车销售量的影响效果较显著，但是作用效果相对迟缓。

第二，需求侧政策手段在新能源汽车市场培育过程中作用效果较为迅速，但是实施效果不如供给侧明显并持续时间相对较短。对全国试点推广城市按需求侧政策力度分组分析的统计结果显示，2010 年整体新能源汽车销售量的组间差距大于组内差距，表明需求侧的作用效果较为显著，但是从 2011 年起，新能源汽车销售量的总体差距主要来源于组内差距，组间差距较小，表明，需求侧政策效应虽然较为迅速，但是表现出后劲不足、持续时间短的特点。

1. 高收入区域新能源汽车消费差异及政策效果

按照供给侧和需求侧对 I 类区域试点推广城市分政策力度进行分组并运用基尼系数分解法进行分解计算结果见表 4-7 至表 4-8 统计结果。

表 4-7　　　I 类区域试点推广城市新能源汽车供给侧分解
结果（基尼系数分解法）

年份	总体	基尼系数			基尼系数贡献率（%）		
		组间差距	组内差距	交叉项	组间差距	组内差距	交叉项
2010	0.5171	0.3942	0.1229	0	76.23	23.77	0.00
2011	0.5987	0.3036	0.2058	0.0893	50.71	34.37	14.92
2012	0.4136	0.2440	0.1284	0.0412	58.99	31.04	9.96
2013	0.6116	0.4855	0.1261	0	79.38	20.62	0.00

第一，较高收入水平区域的供给侧政策手段对新能源汽车市场培育的实施效果很好。I 类区域按供给侧政策力度分组统计结果显示，

新能源汽车销售量的总体差距主要来源于组间差距，组内差距较小，表明供给侧政策手段对于较高收入水平区域的新能源汽车销售量有显著的影响。

表 4 - 8　　　　　Ⅰ类区域试点推广城市新能源汽车需求侧

分解结果 （基尼系数分解法）

年份	总体	基尼系数			基尼系数贡献率 （%）		
		组间差距	组内差距	交叉项	组间差距	组内差距	交叉项
2010	0.5171	0.3083	0.1383	0.0705	59.62	26.75	13.63
2011	0.5987	0.2239	0.2412	0.1336	37.40	40.29	22.32
2012	0.4136	0.2006	0.1126	0.1004	48.50	27.22	24.27
2013	0.6116	0.3443	0.1644	0.1029	56.29	26.88	16.82

第二，较高收入水平区域的需求侧政策手段对新能源汽车市场培育的实施效果较好。Ⅰ类区域按需求侧政策力度进行分组统计结果显示，新能源汽车销售量的总体差距主要来源于组间差距，组内差距较小，表明需求侧政策手段对于较高收入水平区域的新能源汽车销售量影响效果同样比较显著。

2. 中等收入区域新能源汽车消费差异及政策效果

按照供给侧和需求侧对Ⅱ类区域试点推广城市分政策力度进行分组并运用基尼系数分解法进行分解计算，结果见表 4 - 9 至表 4 - 10。

第一，中等收入水平区域的供给侧政策手段对新能源汽车市场培育的实施效果不佳。从图 4 - 11 中可以看出，对Ⅱ类区域按供给侧政策力度分组时，新能源汽车销售量的总体差距主要来源于组内差距，组间差距较小，表明供给侧政策手段对中等收入水平区域的新能源汽车销售量的影响效果不显著。

表4-9　　　　Ⅱ类区域试点推广城市新能源汽车供给侧
分解结果（基尼系数分解法）

年份	总体	基尼系数			基尼系数贡献率（%）		
		组间差距	组内差距	交叉项	组间差距	组内差距	交叉项
2010	0.5575	0.0374	0.2626	0.2575	6.71	47.10	46.19
2011	0.5248	0.1622	0.244	0.1186	30.91	46.49	22.60
2012	0.3772	0.0772	0.1728	0.1272	20.47	45.81	33.72
2013	0.6540	0.2445	0.2683	0.1412	37.39	41.02	21.59

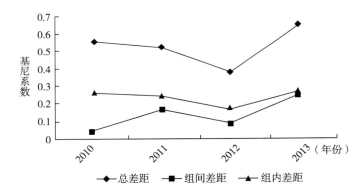

图4-11　Ⅱ类区域试点推广城市新能源汽车供给侧政策效果

表4-10　　　　Ⅱ类区域试点推广城市新能源汽车需求侧
分解结果（基尼系数分解法）

年份	总体	基尼系数			基尼系数贡献率（%）		
		组间差距	组内差距	交叉项	组间差距	组内差距	交叉项
2010	0.5575	0.3086	0.1759	0.0730	55.35	31.55	13.09
2011	0.5248	0.3108	0.1938	0.0202	59.22	36.93	3.85
2012	0.3772	0.2251	0.1141	0.0380	59.68	30.25	10.07
2013	0.6540	0.3449	0.1896	0.1195	52.74	28.99	18.27

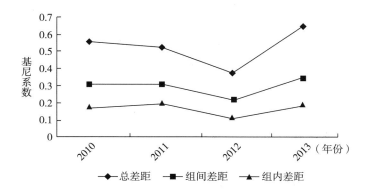

图 4 – 12　Ⅱ类区域试点推广城市新能源汽车需求侧政策效果

第二，中等收入水平区域的需求侧政策手段对新能源汽车市场培育的实施效果较好。从图 4 – 12 中可以看出，对Ⅱ类区域按需求侧政策力度进行分组时，新能源汽车销售量的总体差距主要来源于组间差距，组内差距较小，表明需求侧政策手段对中等收入水平区域的新能源汽车销售量有着较显著的影响效果。

3. 收入稍低区域新能源汽车消费差异及政策效果

按照供给侧和需求侧对Ⅲ类区域试点推广城市分政策力度进行分组并运用基尼系数分解法进行分解计算结果见表 4 – 11 至表 4 – 12 统计结果。

表 4 – 11　　　Ⅲ类区域试点推广城市新能源汽车供给侧

分解结果（基尼系数分解法）

年份	总体	基尼系数			基尼系数贡献率（%）		
		组间差距	组内差距	交叉项	组间差距	组内差距	交叉项
2010	0.4702	0.3710	0.0992	0	78.90	21.10	0.00
2011	0.4072	0.3137	0.0935	0	77.04	22.96	0.00
2012	0.4505	0.2562	0.1094	0.0849	56.87	24.28	18.85
2013	0.4042	0.2258	0.1078	0.0706	55.86	26.67	17.47

表 4 - 12　　　　Ⅲ类区域试点推广城市新能源汽车需求侧
分解结果（基尼系数分解法）

年份	总体	基尼系数			基尼系数贡献率（%）		
		组间差距	组内差距	交叉项	组间差距	组内差距	交叉项
2010	0.4702	0.1375	0.1564	0.1763	29.24	33.26	37.49
2011	0.4072	0.1077	0.1530	0.1465	26.45	37.57	35.98
2012	0.4505	0.1288	0.1971	0.1246	28.59	43.75	27.66
2013	0.4042	0.0762	0.1914	0.1366	18.85	47.35	33.80

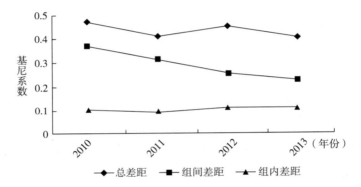

图 4 - 13　Ⅲ类区域试点推广城市新能源汽车供给侧政策效果

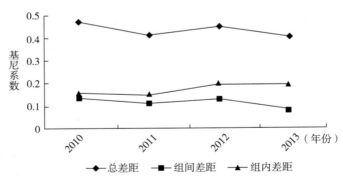

图 4 - 14　Ⅲ类区域试点推广城市新能源汽车需求侧政策效果

第一，较低收入水平区域的供给侧政策手段对新能源汽车市场培育的作用效果较好。从图 4 - 13 中可以看出，对Ⅲ类区域按供给侧政策力度分组时，新能源汽车销售量的总体差距主要来源于组间差距，组内差距较小，表明供给侧政策手段对较低收入水平区域的新能源汽车销售量的影响效果较显著。

第二，较低收入水平区域的需求侧政策手段对新能源汽车市场培育的作用效果不佳。从图 4-14 中可以看出，对Ⅲ类区域按需求侧政策力度分组时，新能源汽车销售量的总体差距主要来源于组内差距，组间差距相较要小，表明需求侧政策手段对较低收入水平区域的新能源汽车销售量的影响效果不显著。

第四节　政策意愿差异性的分析评估： 基于网络热点信息分析

一　数据来源及筛选视角

政府、制造商和消费者在新能源汽车产业发展的进程中扮演主要角色，一方面，由于新能源汽车及其密切相关的基础设施具有外部性、准公共品性和准经营性等特征，新能源汽车需要市场与政府同时参与以推动发展（李晓华，2010），对新能源汽车的产业扶持也是各国产业政策的基本内容（陆国庆，2014）；另一方面，汽车制造商开展的一切商业活动的动机都是为了追逐利益，而目前的新能源汽车市场发展还处于初期阶段，市场推动力不足，制造商在短期内难以实现盈利，甚至难以收回成本，不足以刺激其大量投入和生产（周亚虹，2015）。此外，消费者是推动新能源汽车产业需求市场发展的动力与源泉（薛奕曦，2013）。但是相关研究表明，部分消费者虽然对新能源汽车的认知程度比较高并有一定的购买意愿，但是受限于消费习惯和消费观念等主观因素，和价格、性能、使用方便性等客观因素的考虑，消费者在选择购买新能源汽车时持犹疑态度。显然，政府、制造商和消费者是新能源汽车市场培育供给侧和需求侧政策驱动的落脚点。

为进一步提高新能源汽车市场培育政策的精准性，有必要深入研究分析制造商、消费者和政府等新能源汽车相关市场主体的行为动机。作为理性的经济人，其利益诉求和行为动机通常会通过相关媒介释放（梁辉，2013），现代传播媒介在引领消费潮流的同时，还能起到净化消费文化、培养健康消费环境的作用（沈素素，2012）。通过收集制造商、消费者和政府在相关媒介发布的非结构化信息，有助于我们全面把握新能源汽车相关市场主体的利益诉求、行为动机及其对于相关政策实施的相关回应（高鹏，2014），从而进一步深刻厘清新能源汽车市场培育的关键性因素。据此，本书从制造商、消费者和政府三个维度筛选相关媒介信息。

（一）政府维度的样本选取

有关新能源汽车的各项政策是体现政府市场培育政策方向和手段的主要来源，节能与新能源汽车网是检索新能源汽车政府政策的权威网站和重要途径。本书主要以节能与新能源汽车网为政府角度主要的研究样本，查找整理出 2010—2015 年国内政府颁发的有关新能源汽车市场培育方向的政策文本共 62 篇，最终筛选出具有研究价值的相关性最强的政策文件 38 篇作为新能源汽车市场培育政策的代表。

（二）制造商维度的样本选取

比亚迪、广汽集团和上汽集团是三家主要的生产新能源汽车上市企业，万德数据库的公司舆情版块汇集了各大网站对上市企业的相关报道。因此，我们通过万德数据库搜索三家企业的公司舆情报告，以新能源汽车为关键字进行查找，限定时间为 2010 年 1 月—2016 年 1

月。在搜索出的报道中筛选出企业高层领导人有关新能源汽车市场培育方面的发言报道，其中比亚迪 24 篇，广汽集团 12 篇，上汽集团 9 篇，共 45 篇有价值的报道作为制造商维度的研究样本。

（三）消费者维度的样本选取

在进行消费者对新能源汽车评论选取的过程中，我们在网上进行了大量的搜索，发现消费者发表言论的途径主要有两个，一是通过新能源汽车论坛发表观点；二是通过新能源汽车网和搜狐汽车等有关新能源汽车报道的网站进行评论。据此，我们通过对 2010—2015 年新能源汽车论坛和相关新能源汽车报道网站的评论进行筛选和收集，共收集到 512 条有价值的评论内容，其中新能源汽车论坛的言论有 249 条，相关网站的评论有 263 条（见表 4 - 13）。

表 4 - 13　　　　　　　　　　样本选取情况汇总

样本维度	样本来源	样本性质	样本数量
政府	节能与新能源汽车网	政策文本	38 篇
制造商	万德数据库	舆情报告	45 篇
消费者	新能源汽车论坛等	网站评论	512 条

二　主要结果及分析

（一）政策意愿的词频及对应分析

应用内容分析法对从公开媒体筛选得到的并能够体现政府、消费者和制造商政策意愿的相关热点信息进行分析整理。

1. 政府维度词频分析

经过词频统计，获得了政府的高频词表，根据词频分析法的原理，我们对这其中不符合要求的单词进行了排除并剔除，最后有 34 个单词被筛选出来作为研究对象，如表 4 - 14 所示。再将这些高频词汇按照需求侧和供给侧的政策方向进行分类归总，结果如表4－15所示。

表4－14 政府维度的高频特征词表

单词	频率	单词	频率	单词	频率	单词	频率
充电桩	583	推广	115	停车场	85	免购置税	59
推广应用	389	服务	113	标准	81	财政补贴	57
设施	340	配套	113	补助资金	77	注册登记	53
公交车	219	财政	111	公告	75	通行	52
补助	179	公共	101	示范	74	行驶证	51
支持	132	规范	97	推进	73	环卫车	45
补贴	131	条件	96	规划	64	动力电池	43
设施建设	121	基础设施	93	充换电站	64		
资金	118	应用	88	补助标准	60		

表4－15 政府维度的高频特征词分类

政策归类		高频特征词	词频
供给侧	基础设施	充电桩、设施、设施建设、配套、基础设施、停车场、充换电站	1440
	金融扶持	支持、动力电池	175
	示范推广	推广应用、推广、公共、应用、示范	840
	法规完善	规范、条件、标准、公告、规划、补助标准	473
需求侧	购置补贴	补助、补贴、资金、财政、补助资金、财政补贴	673
	税收减免	免购置税	59
	政府采购	公交车、环卫车	264
	行驶优先	服务、注册登记、通行、行驶证	269

2. 制造商维度词频分析

经过词频统计，获得了制造商的高频词表，根据词频分析法的原理，我们对这其中不符合要求的单词进行了排除并剔除，最后有26个单词被筛选出来作为研究对象，见表4－16所示。再将这些高频词

按照需求侧和供给侧的政策方向进行分类归总为 15 个单词，结果见表 4 – 17 所示。

表 4 – 16　　　　　　　　　制造商维度的高频特征词表

单词	频率	单词	频率	单词	频率	单词	频率
市场	80	补贴	32	消费者	22	公里	17
技术	76	推广	31	业务	22	创新	16
自主	58	能源	30	公交车	21	租赁	15
销量	51	政府	28	服务	21	支持	14
充电桩	50	研发	28	节能	19	基础设施	11
市场	80	合资	25	乘用车	19		
战略规划	46	大巴	22	电池	17		

表 4 – 17　　　　　　　　　制造商维度的高频特征词分类

政策归类		高频特征词	词频
供给侧	基础设施	基础设施、充电桩	61
	金融扶持	技术、研发、支持、合资、电池、创新	176
	示范推广	推广	31
	法规完善	战略规划	46
需求侧	购置补贴	补贴	32
	税收减免		0
	政府采购	政府、大巴、公交车	71
	行驶优先	服务	21

3. 消费者维度词频分析

经过词频统计，获得了消费者的高频词表，根据词频分析法的原理，我们对其中不符合要求的单词进行了排除并剔除，最后有 20 个单词被筛选出来作为研究对象，如表 4 – 18 所示。再将这些高频词汇按照需求侧和供给侧的政策方向进行分类归总 14 个单词，结果如

表4－19所示。

表4－18 消费者维度的高频特征表

单词	频率	单词	频率	单词	频率	单词	频率
价格	126	比亚迪	43	支持	18	国产	10
充电桩	116	公里	34	成本	15	推广	10
电池	53	补贴	23	环保	12	污染	9
行驶	52	续航里程	23	公交车	12	便宜	9
购置税	47	技术	21	车位	11	上牌	9

表4－19 消费者维度的高频特征词分类

政策归类		高频特征词	词频
供给侧	基础设施	充电桩、车位	127
	金融扶持	支持、电池、技术	92
	示范推广	推广	10
	法规完善		0
需求侧	购置补贴	价格、补贴、成本、便宜	173
	税收减免	购置税	47
	政府采购	公交车	12
	行驶优先	行驶、上牌	61

　　将政府、制造商和消费者的高频词频数汇总进行对比，分析三者对新能源汽车产业供需双侧的政策意愿差异。结果见表4－20所示。

　　4. 政策意愿的对应分析

　　进一步考察政策制定方和政策实施对象关于新能源汽车需求市场培育的政策意愿及其差异性。本书根据前文中词频分析法得出的结果，即政府、制造商和消费者三个维度对供给侧和需求侧政策工具所提及的词频频数，列联表进行对应分析。分析结果见表4－21所示。

表 4 - 20 政策制定方和实施对象的媒体热点信息高频
特征词分类及频数统计（占比％）

政策归类		高频特征词	政策制定者	政策实施对象	
			政府	制造商	消费者
供给侧	基础设施	基础设施、充电桩、充换电站、配套设施	1440（34.34）	61（13.93）	127（24.33）
	金融扶持	技术、研发、支持、动力电池、创新	175（4.17）	176（40.18）	92（17.62）
	示范推广	示范、推广、推广应用	840（20.03）	31（7.08）	10（1.92）
	法规完善	规范、条件、标准、公告、规划、补助标准	473（11.28）	46（10.50）	0（0）
需求侧	购置补贴	财政补贴、补助资金、补贴、价格、便宜	673（16.05）	32（7.31）	173（33.14）
	税收减免	免购置税、购车税	59（1.41）	0（0）	47（9.00）
	政府采购	公交车、环卫车、大巴	264（6.30）	71（16.21）	12（2.30）
	行驶优先	注册登记、行驶证、上牌、通行、服务	269（6.42）	21（4.79）	61（11.69）

表 4 - 21 对应分析结果

维数	奇异值	惯量	卡方	Sig.	惯量比例（％）		置信奇异值	
					解释	累积	标准差	相关 2
1	0.463	0.215			0.603	0.603	0.015	0.878
2	0.376	0.141			0.397	1.000	0.018	
总计		0.356	1772.877	1.000 *	1.000	1.000		

注：＊表示自由度等于14。

通过表 4 - 21 可以看出，前两个维度就已经携带了全部的原始信息量，其中，维度1（横轴）占 60.3％，维度2（纵轴）占 39.7％。选择横轴和纵轴生成对应分析图，各散点的空间位置关系反映出新能源汽车培育发展行为主体和政策工具两类变量之间的关联信息，将散点图的坐标原点与某一主体连线，可以得到某一主体的向量，再由各政策工具向该向量做垂线，该垂线越短则表明该行为主体对于该类政策工具的兴趣度更高（李玺，2011），如图4-15所示。

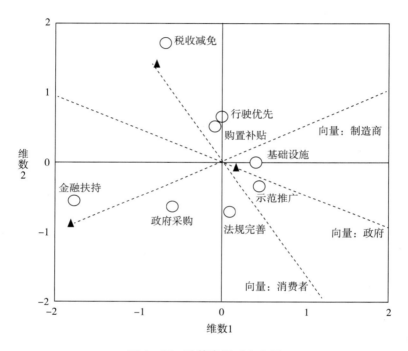

图4-15 政策意愿对应分析

（二）政策意愿的综合评价

为统筹考虑新能源汽车培育与发展政策制定者（政府）和政策实施对象（制造商、消费者）的政策意愿，应用三角模糊数与 TOPSIS 相结合的方法，对政府、制造商和消费者等重要行为主体的政策意愿综合评价排序，以萃取新能源汽车市场培育政策的关键因子，谋求政府与制造商、消费者的政策意愿契合共鸣，并为提高新能源汽车需求市场培育政策的精准性提供决策参考。

第一步，分别构建新能源汽车需求市场培育供给侧、需求侧和供需双侧模糊判断矩阵，经专家讨论，得到新能源汽车需求市场培育政策的评价准则模糊比较矩阵，见表4-22至表4-24所示。

表4-22　　　　新能源汽车需求市场培育供给侧政策评价准则的模糊比较矩阵

r_{ij} / r_i / r	基础设施	金融扶持	示范推广	法规完善
购置补贴	$(1, 1, 1)$	$\left(\dfrac{3}{2}, 2, \dfrac{5}{2}\right)$	$\left(1, \dfrac{3}{2}, 2\right)$	$\left(1, \dfrac{3}{2}, 2\right)$
税收减免	$\left(\dfrac{2}{5}, \dfrac{1}{2}, \dfrac{2}{3}\right)$	$(1, 1, 1)$	$\left(\dfrac{2}{3}, 1, \dfrac{3}{2}\right)$	$\left(1, \dfrac{3}{2}, 2\right)$
政府采购	$\left(\dfrac{1}{2}, \dfrac{2}{3}, 1\right)$	$\left(\dfrac{2}{3}, 1, \dfrac{3}{2}\right)$	$(1, 1, 1)$	$\left(\dfrac{2}{3}, 1, \dfrac{3}{2}\right)$
行使优先	$\left(\dfrac{1}{2}, \dfrac{2}{3}, 1\right)$	$\left(\dfrac{1}{2}, \dfrac{2}{3}, 1\right)$	$\left(\dfrac{2}{3}, 1, \dfrac{3}{2}\right)$	$(1, 1, 1)$

表4-23　　　　新能源汽车需求市场培育需求侧政策评价准则的模糊比较矩阵

r_{ij} / r_i / r	基础设施	金融扶持	示范推广	法规完善
购置补贴	$(1, 1, 1)$	$\left(\dfrac{3}{2}, 2, \dfrac{3}{2}\right)$	$\left(1, \dfrac{3}{2}, 2\right)$	$\left(\dfrac{3}{2}, 2, \dfrac{5}{2}\right)$
税收减免	$\left(\dfrac{2}{3}, 1, \dfrac{3}{2}\right)$	$(1, 1, 1)$	$\left(\dfrac{2}{3}, 1, \dfrac{3}{2}\right)$	$\left(\dfrac{3}{2}, 2, \dfrac{5}{2}\right)$
政府采购	$\left(\dfrac{1}{2}, \dfrac{2}{3}, 1\right)$	$\left(\dfrac{2}{3}, 1, \dfrac{3}{2}\right)$	$(1, 1, 1)$	$\left(\dfrac{2}{3}, 1, \dfrac{3}{2}\right)$
行使优先	$\left(\dfrac{2}{5}, \dfrac{1}{2}, \dfrac{2}{3}\right)$	$\left(\dfrac{2}{3}, 1, \dfrac{3}{2}\right)$	$\left(\dfrac{2}{3}, 1, \dfrac{3}{2}\right)$	$(1, 1, 1)$

表 4-24　　　　新能源汽车需求市场培育供需双侧政策评价
准则的模糊比较矩阵

r_{ij} ╲ r_i ╲ r	基础设施	金融扶持	示范推广	法规完善
购置补贴	$\left(\frac{2}{3}, 1, \frac{3}{2}\right)$	$(1, 1, 1)$	$\left(1, \frac{3}{2}, 2\right)$	$\left(\frac{3}{2}, 2, \frac{5}{2}\right)$
税收减免	$\left(\frac{2}{5}, \frac{1}{2}, \frac{2}{3}\right)$	$\left(\frac{2}{3}, 1, \frac{3}{2}\right)$	$\left(\frac{2}{3}, 1, \frac{3}{2}\right)$	$\left(1, \frac{3}{2}, 2\right)$
政府采购	$\left(\frac{1}{2}, \frac{2}{3}, 1\right)$	$\left(\frac{1}{2}, \frac{2}{3}, 1\right)$	$(1, 1, 1)$	$\left(\frac{2}{3}, 1, \frac{3}{2}\right)$
行使优先	$\left(\frac{2}{5}, \frac{1}{2}, \frac{2}{3}\right)$	$\left(\frac{2}{5}, \frac{1}{2}, \frac{2}{3}\right)$	$\left(\frac{2}{3}, 1, \frac{3}{2}\right)$	$\left(\frac{2}{3}, 1, \frac{3}{2}\right)$

第二步，采用三角模糊数的隶属函数来计算模糊评价期望值，见表 4-25 所示，并采用信息熵确定各指标权重。首先将矩阵 R 按进行归一化处理；再根据归一化处理后的矩阵计算信息熵；其中，按照计算指标 j 的信息熵权值。再通过形成加权判断矩阵。

表 4-25　　　　新能源汽车需求市场培育供需双侧政策评价
期望值比较矩阵

	r_{ij} ╲ r_i ╲ r	基础设施	金融扶持	示范推广	法规完善	购置补贴	税收减免	政府采购	行使优先
供给侧	基础设施	1	2	1.5	1.5	1, 04	2	1.5	2
	金融扶持	0.52	1	1.04	1.5	1	1.04	1.5	1.5
	示范推广	0.71	1.04	1	1.04	0.71	1.04	1	1.04
	法规完善	0.71	0.71	1.04	1	0.52	0.71	1.04	1.04
需求侧	购置补贴	1.04	1	1.5	2	1	1.04	1.5	2
	税收减免	0.52	1.04	1.04	1.5	1.04	1	1.04	1.04
	政府采购	0.71	0.71	1	1.04	0.71	1.04	1	1.04
	行使优先	0.52	0.52	1.04	1.04	0.52	1.04	1.04	1

第三步，根据上述分析所得的加权判断矩阵，先计算供需双侧政策评估的正负理想解；再计算供需双侧政策评估目标值与理想值之间的欧氏距离。

第四步，在上述结果的基础上，先计算供需双侧政策之间的贴近度；再根据计算结果对供需双侧政策进行排序。

评价因素的最终规范权重向量 C^* =（基础设施、购置补贴、金融扶持、税收减免、示范推广、政府采购、法规完善、行驶优先）=（0.19、0.15、0.11、0.09、0.17、0.12、0.10、0.08）。

（三）主要分析结论

第一，政府的政策意愿主要集中在供给侧政策，并以基础设施和示范推广为主要政策意愿点，对需求侧的政策意愿整体相对较低，以购置补贴为主要实施手段。从图 4-15 中可以看出，政府与基础设施和示范推广的关联度很高。从政府维度的政策意愿词频统计结果显示，政府的政策意愿点主要集中在充电桩、设施建设、配套设施、基础设施、停车场和充换电站等这些与基础设施相关的供给侧，词频为 1440 次，占比高达 34.34%，充分体现了政府对基础设施的投入。此外，推广应用、推广和示范等政策紧随其后，词频为 840 次，占比达 20.03%，表明新能源汽车的示范推广也受到了政府的重视，目前已在全国建立了 25 个示范推广城市。相对而言，政府在补助补贴、资金、财政、补助资金和财政补贴等需求侧方面的政策意愿相对较低，词频为 673 次，占比达 16.05%。由此可见，政府在需求侧主要是以购置补贴作为主要手段，并以资金、补贴形式为主。此外，服务、注册登记、通行、行驶证和公交车、环卫车等共出现 264 次，表明新能源汽车的行驶优先资格也得到了政府的重视，并以免摇号、不限行和优先注册登记作为主要表现形式。

第二，制造商的政策意愿主要集中在供给侧政策，并以金融扶持和基础设施为主要政策意愿点，对需求侧的政策意愿整体相对较低，以政府采购为主要方面。从图 4 – 15 中可以看出，政府与金融扶持和基础设施的关联度最高。从制造商维度的政策意愿词频统计结果显示，制造商的政策意愿点主要集中在技术、研发、支持、动力电池和创新这些与金融扶持相关的供给侧，词频为 176 次，占比高达40.18%。由此可见，制造商对与自身利益密切相关的金融扶持的关注程度最高，表明动力电池的技术研发和创新是新能源汽车制造商一直面临的难点所在。此外，基础设施和充电桩词频为 61 次，推广词频为 31 次，战略规划词频为 46 次，制造商在新能源汽车供给侧政策词频共占比71.69%，表明制造商的关注点主要集中在新能源汽车市场培育政策的供给侧。相对而言，制造商在政府、大巴和公交车等需求侧方面的政策意愿相对较低，词频为 71 次，占比达到 16.21%。由此可见，制造商对需求侧的消费市场能够形成一定示范效应的政府采购行为的关注度较高。此外，补贴词频为 32 次，服务词频为 21 次，与税收减免相关的词汇甚至没有被提及，表明制造商对于与自身利益不直接相关的需求侧政策因素的关注度不高（见表 4 – 20）。

第三，消费者的政策意愿主要集中在需求侧政策，并以购置补贴和税收减免为主要政策意愿点，对供给侧的政策意愿整体相对较低，以基础设施为主要方面。从图 4 – 15 中可以看出，消费者与购置补贴的关联度最高，其次是税收减免。从消费者维度的政策意愿词频统计结果显示，消费者的政策意愿点主要集中在价格、补贴、成本和便宜这些与购置补贴相关的需求侧，词频为 173 次，占比高达 33.14%。由此可见，新能源汽车价格过高，是阻碍消费者购买新能源汽车的重要因素之一，消费者对于政府培育政策最为关心的就是价格补贴政策，只要价格足够便宜，消费者购买新能源汽车的热情度还是比较高的。此外，行驶和上牌词频为 61 次，购置税词频为 47 次，消费者在新能源汽车需求侧政策词频共占比 56.13%，表明消费者在选择购买新能源汽车时的关注点主要集中在市场培育政策的需求侧。相对而言，消费者对充电桩和车位等供给侧方面的政策意愿相对较低，词频为 127 次，占比达 24.33%。由此可见充电难一直是制约消费者购买新能源汽车的因素。支持、电池和技术紧随其后，词频为 92 次，占比 17.62%，表明电池技术不过关和续航里程一直是消费者购买新能源汽车时存在的担忧（见表 4 - 20）。

第四，基础设施、购置补贴，金融扶持和税收减免是现阶段新能源汽车市场培育的关键因子。统筹考虑新能源汽车培育与发展政策制定者（政府）和政策实施对象（制造商、消费者）的政策意愿。根据综合评价结果可以看出，各项政策意愿的综合排序依次为基础设施、购置补贴、金融扶持、税收减免、示范推广、政府采购、法规完善、行使优先，基础设施在八大因素中占的权重最大，占比为 19%，虽然需求侧的购置补贴也是消费者相当关心的因素，但是其对于新能源汽车市场培育的重要性略低于供给侧的基础设施，占比为 17%。由此表明，基础设施是新能源汽车市场培育的主要抓手，购置补贴次之。相对而言，供给侧的法规完善和需求侧的行使优先对于现阶段新能源汽车需求市场培育的影响相对较弱，法规完善所占的权重为 9%，行使优先所占的权重仅为 8%，由此表明，虽然新能源汽车行驶优先的权利对于消费者来说具有较大的吸引力，但是从整个培育政策体系的视角出发，行驶优先对于新能源汽车市场培育的影响效果相对较弱。

第五章 新能源汽车供需双侧政策与微观主体选择行为：市场需求与产品供给分析视角

第一节 新能源汽车产业面临的两个层面困境

一 市场需求层面面临的困境

新能源汽车市场需求主要面临消费需求的不确定性和市场发展区域不平衡两大困境：

（一）消费需求的不确定性

新能源汽车属于高新技术产品，相较于传统汽车，普遍价格偏高，充电桩等基础设施不完善，续航里程偏低，消费者会由于对新能源汽车性能、使用等因素的不确定而降低购买新能源汽车的概率（薛奕曦，2013）。新能源汽车的市场需求具有很大的不确定性，原因主要有以下几点。

1. 里程焦虑

里程问题即电池性能和耐用性（电池的耐久性，充电时间）一直是消费者关注的重点。高里程数往往伴随的高售价，在实际使用中往往存在新能源汽车的驾驶距离低于官方标准的现象，为此，驾驶员必须减少车内功能（空调）的使用以保证行驶距离。尽管里程焦虑状况近年来有所改善，但仍是影响消费者使用的关键因素。

2. 基础设施建设不完善

基础设施建设的不完善可能成为购买的主要影响因素。充电桩是新能源汽车使用的必备基础设施，目前我国新能源汽车充电桩等基础设施建设面临诸多问题，一是受车位、物业等多种因素的制约，一些城市用户居住地的充电基础设施建设困难比较大，新能源车主因各种原因无法安装充电桩。二是公共充电基础设施发展有待提升，因为缺乏一些专项规划指导，个别地方出现跑马圈地和盲目铺摊子的问题，现有充电设施仍然存在不兼容的现象，跨运营商之间的支付和信息共享也还存在着壁垒，互联互通水平目前还比较低。

（二）市场发展区域不平衡

中国属于典型的非均衡经济，各区域在居民消费能力、交通承载能力等方面均存在着较大差异，同时受到国家扶持、试点等政策的影响，中国新能源汽车市场呈现出区域化的差异特征。

2018 年全年中国新能源乘用车销量达 101 万辆，同比增长 83%，位列全球第一。根据居民消费能力区域分类来看，17 个高消费能力城市新能源汽车销量占比高达 59.7%，22 个中消费能力城市新能源汽车销量占比为 25.2%，而 49 个低消费能力城市新能源汽车销量占比仅 15.0%；根据交通承载能力区域分类来看，7 个限行限牌城市占新能源汽车销量的 50% 以上，8 个限行城市的汽车销量在 5%—10%，而剩下 73 示范推广城市的销售合计在 20%—33%。

二 产品供给层面面临的困境

新能源汽车产品供给主要面临技术不确定性和政策依赖性两大困境。

（一）技术不确定性

新能源汽车产业发展时间较短，技术储备薄弱，与传统汽车相比存在核心技术缺失，基础设施不足等关键问题。虽然目前我国新能源汽车制造商已在新能源汽车关键部件研发方面进行了较大的投入，但与国外部分新能源汽车制造商相比，仍存关键核心技术专利较少，基础共性技术储备不足等问题，从而使新能源汽车产品表现出续航不稳定，充电慢等现象，极大地制约了新能源汽车产业的发展。然而新能源汽车产业显著的准公共性、外部性和高风险性等特征，使得新能源汽车产业在研发等环节存在较大的外部性，对于新能源汽车制造商而言，即使有政府补贴的存在，研发生产新能源汽车仍是一项高风险、低收益的投资，因此新能源汽车制造商不愿加大研发投入，使得新能源汽车技术存在极大的不确定性。

（二）政策依赖性

为促进新能源汽车产业商业化条件成熟，国家和各级地方政府出台了一套完整的促进政策体系，包含专利技术，人才体系，基础设施，产品补贴等，涉及新能源汽车研发到使用的各个环节（臧树伟，2019）。大规模政策支持带来了生产企业一定的"政策依赖性"，新能源汽车制造商主要存在两方面问题：一是新能源汽车制造商利用虚假交易骗取补贴问题，未获得更多的补贴，新能源汽车制造商不断扩大产能进而形成更大产销量，从而可能多地获取补贴资金；二是新能源汽车制造商产能过剩问题逐步显现，由于补贴政策退坡，存在新能源汽车制造商为规避退坡政策，提前集中扩张产能的潮涌现象。

第二节　新能源汽车消费促进政策的
功能及区域差异

一　新能源汽车消费促进政策的功能

新能源汽车消费促进政策实质上是一种政府通过政策支持，引导社会资源向新能源汽车行业流动以实现政府主导产业结构转型升级的政策工具（蔡庆丰，2019）。为解决新能源汽车研发活动与市场失灵产生的供给不足问题，政府制定包括政府采购和消费补贴在内的消费促进政策。新能源汽车消费补贴政策是针对消费者制定的，是政府直接或间接向个人提供的一种无偿转移。新能源汽车的准公共产品属性要求政府应新能源汽车的购买进行一定的补贴（李政军，2011）。政府通过购置补贴、税收优惠等消费补贴方式来解决新能源产业发展初期制造商、消费者等利益相关主体的外部性问题（苏明，2005）。

（一）政府采购政策及功能

政府采购（Public purchasing）作为公共支出管理的一个重要环节和手段（Edler，2016），不仅具有市场经济的特点，而且对产业资源配置的数量和质量都有重要影响（裴育，2002）。新能源汽车属于战略性新兴产品，其外部性和公共产品属性导致了市场失灵的产生，而市场失灵则要求政府提供公共产品。因此，政府采购对于新能源汽车产业发展有着重要作用。一方面，新能源汽车产业作为环境友好型新兴产业，具有引领中国经济社会发展转型的战略意义，通过政府采购的方式鼓励新能源汽车产业做大做强，不仅是贯彻落实经济社会发展与环境保护相协调的重大举措，同时对于引领大众绿色消费也具有积极的示范效应。另一方面，政府采购作为公共支出管理的一个重要环节和手段，不仅具有市场经济的特点，而且对于产业资源配置的数量和质量都有着重要影响，并且对于企业微观层面的创新也具有正向直接效应。从促进制造商研发创新角度来看，政府采购作为目标性很强的政策工具，显示了政府的偏好或理性，与研发补贴等供给面的政策相比，政府采购的主要优势是事先确定采用一种新产品，然后由制造商通过最有效的技术来生产实现，可以为制造商提供了一个稳定和可预期的市场，并降低了创新结果的不确定性和风险。另一方面，政府采购引入了公开竞争机制，具有较高研发创新水平的制造商凭借高质量、高性能的产品可以赢得政府支持，能有效激励制造商加大研发创新投入，强化创新激励导向。此外，政府采购将激励新能源汽车制造商通过资金和人力资本投入等要素的优化配置，以资金流推进新的物质资本的形成，为研发创新提供支撑。从提高制造商市场需求预期的角度来看，成本与价格之间存在传递效应，政府采购创新性产品或服务刺激市场直接需求，为新技术新产品采用提供便利、改善市场结构刺激市场间接需求。政府采购对于消费需求的拉动效应显著优于一般的私人补贴，政府的公共需求对于新能源汽车私人需求也具有良好的示范引导作用，为新能源汽车制造商拓展私人消费市场创造了乐观的市场预期。

（二）消费补贴政策及功能

新能源汽车在环境保护和能源节约等方面具有公共性，其准公共产品属性要求政府应对新能源汽车生产制造和购买实施必要的补贴。新能源汽车市场包括新能源汽车制造商和新能源汽车消费者两类微观主体，由于作用机制的差异，政府的消费补贴对消费者和制造商所产生的影响也不同。

1. 消费补贴对消费者的影响

政府补贴对消费者的影响可以体现在购买和使用两个环节。影响购买环节的补贴政策主要包括购置补贴和购置税减免政策。购买环节政策侧重于车辆使用前的利益让渡，降低新能源汽车消费者在购买过程中的固定成本，直接刺激消费动机，具有持续时间短、力度大，消费者易于接受等特点，能促进新兴产品的潜在需求向实际需求转化。购置补贴政策力度与消费者购买新能源汽车概率显著正相关；购置税减免政策通过收入效应和替代效应来引导消费者购买低能耗、低污染汽车。但在具体实施过程中，购买环节政策也存在一定的缺陷，如购置补贴的额度难以确定，过高的补贴不利于发挥市场的内生动力，造成补贴的扭曲局面；单一化、直接化的减税或免税政策导向作用不明显，不利于引导新能源汽车市场的快速发展。使用环节政策侧重于车辆购买后的利益让渡，通过基础设施建设，路权优先等手段降低新能源汽车在未来使用过程中的可变成本，间接刺激并引导消费，具有持续时间长，作用范围广等特点，能够提高边际收益，扩大新能源汽车需求，并通过保障新能源汽车基础设施建设以达到规模效应，降低充电成本以及消费者对后续使用的担忧。其中，基础设施建设是新能源汽车的关键互补性资产，消费者对基础设施建设、路权优先政策感知的评价显著高于其他政策。路权优先政策通过限制传统燃油汽车的供给，凸显新能源汽车的使用的优先性。但在具体实施过程中，使用环节政策也存在一定的缺陷，如基础设施建设周期长，投入大，不能在短期内给消费者带来明显的收益，对消费者的激励效果具有滞后性，路权优先政策普遍存在力度低、细则不明、可操作性不强等问题，对消费者的激励效果有限。

2. 消费补贴对制造商的影响

从促进制造商研发创新角度来看，购置税减免和购置补贴等消费补贴激励政策将直接或间接地促进制造商研发创新投入，从而形成投入到创造的良性循环。由于消费补贴政策设置了新能源汽车技术指标等门槛，新能源汽车制造商将进一步加大研发创新领域的资金和人力资本要素投入，以获得更多消费补贴政策支持，从而避免制造能力和技术能力不对称的现象。从提高制造商市场需求预期的角度来看，消费补贴通过降低新能源汽车的消费门槛，在短期内起到刺激新能源汽车购买的功能。在消费补贴激励政策作用下，制造商将通过优化研发资金的配置和加大人才投入，提升制造商的创新水平和研发资本的边际生产率，获得定价优势并吸引更多的消费者（郑吉川，2019）。

二 新能源汽车消费促进政策效果的区域差异

本书从居民消费能力和交通承载压力两方面来考虑财政政策效果的区域差异性。

（一）不同居民消费能力区域的政策差异

居民人均可支配收入是决定居民消费能力的最重要变量，居民人均可支配收入的增加改变了消费者消费偏好，提高了消费者对汽车产品的需求度从而使汽车市场得到空前的发展（甄子健，2016）。国内外学者的研究均表明，价格是影响消费者新能源汽车购买的重要因素（Adnan，2017；徐国虎，2010）。消费理论中，收入水平是决定消费能力的最重要变量，常用人均可支配收入评价居民消费能力（陶新宇，2017）。高消费能力人群具有更高的消费需求来迎合其高品质的生活理念（张露，2014），对创新市场的接受度更高，倾向于购买具有新颖性的产品（劳可夫，2013），同时居民收入与环保意识显著正相关（许和连，2012），高消费能力人群更接受低碳消费模式，并具备更强的经济基础来支付环保产品的溢价（王建明，2011）；高收入消费者的边际消费倾向低，对于价格层次的效用值随价格的上升而减少，难以通过其消费水平提高扩大内需；低消费能力人群虽然可支配收入更多地用于食品性支出，但对创新的包容性高，物美价廉的创新性产品很容易调动低收入群体的积极性（湛泳，2015）。城市居民收入差异可能导致不同城市居民对于新能源汽车的消费结构和消费观念的不同，从截面数据来看，我国88个示范推广应用城市的居民人均可支配收入差异巨大，新能源汽车消费促进政策在不同消费能力城市的实施效果将会存在一些差异。根据不同消费能力水平消费者消费结构和消费观念的不同，在高消费能力城市应注重宣传新能源汽车的新潮独特，环境保护，技术领先等优势，在低消费能力城市则应突出新能源汽车的创新性和价格优势。

（二）不同交通承载能力城市的政策差异

我国人口和车辆数量的激增导致城市交通承载压力增大，环境污染、交通拥堵等问题日趋严重（Bilbao，2008），为控制汽车增速，各城市根据交通承载压力情况实行了不同的路权政策包括：限行限牌、限行、不限行限牌三项。在88个示范推广应用城市中，北京、上海、广州、天津、贵阳、杭州、深圳7个城市实行了限牌限行政策（上海为唯一限牌但不限行城市，将其归并为限牌限行类），南昌、长春、兰州、成都、武汉、哈尔滨、济南、西安8个城市实行了限行政策，其他73个城市没有实行限行和限牌政策，但是这些城市的新能源汽车均享有一定程度的路权优先政策。交通承载能力的差异可能导致不同城市居民对于新能源汽车的消费结构和消费观念的不同，因此，新能源汽车消费促进政策在不同交通承载能力城市的实施效果将会存在一些差异。新能源汽车作为环境友好型产品，能有效解决传统汽车带来的空气污染问题，不限行不限牌政策优势使得新能源汽车市场迅速扩大。但在解决环境污染的同时却加重城市拥堵，交通承载能力成为限制新能源汽车发展关键因素。此外，交通承载压力大的地区，地方保护主义广泛存在（Thomas，2011），政府实行区域封锁阻碍了要素流动（白重恩，2004）。因此，在高交通承载城市限行限牌是新能源汽车发展迅速的重要因素，但由于城市交通承载能力有限，限行限牌政策的作用空间很小，政府应及时寻找新的有效政策保障新能源汽车的可持续发展；而在低高交通承载城市，由于城市交通压力小，新能源汽车发展速度较缓，但发展空间大，给新能源汽车消费促进政策提供了充足的实施环境。

第三节　供需双侧消费促进政策与
微观主体选择行为

一　新能源汽车市场微观主体构成及行为选择

新能源汽车市场的培育和发展过程中存在着多层次、多元化的利益关系，由于社会职能的分工不同，新能源汽车市场微观主体的行为选择也存在差异。新能源汽车市场参与主体主要有政府、制造商和消费者三大类。政府是新能源汽车市场的引导者和监督者，是新能源汽车市场的宏观主体，负责新能源汽车产业规划及相关消费促进政策的制定；消费者和制造商是新能源汽车市场微观主体，是新能源汽车消费促进政策实施的对象，消费者对新能源汽车产品的态度、消费观和参与程度将很大程度上影响到新能源汽车制造商未来的生产和发展，消费需求是新能源汽车制造商生产活动的导向（熊勇清，2017），新能源汽车市场微观主体构成如图5－1所示。

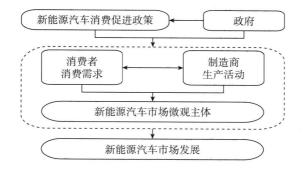

图 5 - 1　新能源汽车市场微观主体构成

（一）消费者及行为选择

新能源汽车消费者绿色消费态度与行为偏差。新能源汽车消费属于一种绿色消费，绿色消费作为一种特殊的消费行为与传统消费行为存在显著差异（Schlaile，2016）。传统消费行为是一种以实现个人诉求为目的的社会行为，只需要考虑消费者的个人利益，而绿色消费，不仅需要满足消费者对绿色产品使用时绿色属性诉求，同时也需要考虑社会公共利益，绿色消费所传达的绿色价值观，满足消费者的伦理诉求。因此，只有当新能源汽车产品能同时满足消费者的双重诉求，积极的新能源汽车消费态度才能转变为真实的新能源汽车消费行为（王汉瑛，2018）。

消费者所展现的绿色消费态度与行为偏差是当前新能源汽车市场发展的主要障碍之一（Green，2016）。学界常用理性行为理论和计划行为理论来解释消费者所展现的绿色消费态度与行为偏差。由于意向的存在，态度通过影响意向从而影响行为，因此态度和行为之间存在偏差（Matthes，2014）。新能源汽车对消费者而言，往往代表了高价格、低质量/低性能。在消费行为前，消费者对新能源汽车绿色属性与传统属性的权衡不明显，会呈现对新能源汽车绿色属性的强烈偏好，而消费时，消费者考虑实际使用时，偏好会显著转移到传统汽车（Olson，2012）。消费者感知能力，新能源汽车市场情况，参照群体是新能源汽车消费行为的重要决定因素，而环境及社会经济状况对消费行为的影响是有限的（Kim，2008）。同时消费者存在弹性绿色消费行为，不会盲目支持所有的绿色产品（Szmigin，2009）。

（二）制造商及行为选择

新能源汽车的推广应用，不仅涉及新能源汽车制造商的生产能力和技术水平，还与电池生产制造商、电力供给企业、售后服务和维保企业等产业链各环节的产品质量和服务水平息息相关。由于中国新能源汽车产业尚处于技术与商业化示范阶段，许多新能源汽车制造商对于生产新能源汽车尚处于观望状态、一些制造商在生产新能源汽车上是打一个"擦边球"，只是借助绿色或补贴噱头的机会主义行为，而并未致力于走入绿色生产的"黄金象限"，因而也难以得到市场认可（Chun，2012），更有少数制造商出现骗补行为。

关于政策对新能源汽车制造商行为选择的影响方面，学术界存在不同的观点。一是利好。部分学者认为补贴政策能够有效解决新能源汽车制造商研发资金短缺问题并对技术研发产生激励作用（Klette，2011）；同时，政府补贴能有效提高新能源汽车制造商汽车创新能力和生产预期（Zhang，2014；刘兰剑，2016）。二是挤出。部分学者发现补贴与制造商研发投入呈负相关关系（Caliendo，2008），政府补贴提高了新能源汽车研发要素价格从而研发投入的边际收益降低，进而使制造商降低研发支出（David，2000）；同时，政府补贴政策对中小企业研发投入的促进效果不显著（张杰，2015），财政补贴资金与企业劳动生产率和研发投入负相关，呈现挤出效应（郑世林，2013）。

三是门限效应。政府补贴的效果与补贴额度有关，一定限度内政策表现为激励效果，超出范围则会挤出制造商的研发投入（熊勇清，2018）；当政策监管力度低时，新能源汽车制造商生产新能源汽车概率增加，当政策监管力度变高时，部分新能源汽车制造商生产新能源汽车概率降低，会选择暂时观望的策略，甚至放弃生产新能源汽车（曹霞，2018）。新能源汽车制造商股东更倾向于将补贴真正用于研发创新，而经营者则倾向于套取补贴却不增加甚至减少研发投入（冯根福，2008；杨慧军，2015；肖利平，2016），独立董事越多的制造商更容易发挥对研发投入的激励效应（陈劲，2014；叶志强，2017）。

二 新能源汽车消费促进政策梳理及分类

（一）新能源汽车消费促进政策梳理

国家层面出台了大量的新能源汽车产业相关政策支持政策、包括产业规划、示范工程、攻关项目等，为市场主体发展提供了信号和参考，减少了市场主体的盲目性，具体措施及要点见表 5 - 1 所示。

表 5 - 1　　　　　　　　新能源汽车消费促进政策梳理

时间	措施	要点
2001 年	"863" 电动车重大科技专项	确定研发局面——"三横三纵"（燃料电池、混合动力和纯电动车；多能源动力总成控制、驱动电机和动力蓄电池）
2004 年 5 月 21 日	发布《汽车产业政策》	确认了节能环保发展方向
2005 年	出台电动汽车政策举措	明确电动汽车的市场推广目标
2007 年 11 月 1 日	《新能源汽车生产准入管理规则》正式开始实施	明确新能源汽车定义，国家真正鼓励发展新能源车及市场化的开始
2007 年 12 月 8 日	发布《产业结构调整指导目录（2007 年）》	新能源汽车正式进入国家发展和改革委员会的鼓励产业目录
2008 年 8 月 1 日	加强对能源和石油等资源的调控	提出政府采购政策

续表

时间	措施	要点
2009 年 1 月 14 日	提出新能源汽车振兴发展的战略	对新能源汽车产业的技术研发出资 100 亿元进行扶持
2009 年 1 月 23 日	确实新能源汽车示范推广城市	购置补贴在试点城市开始实施
2009 年 2 月	正式启动"十城千辆"项目	3 年内，每年在 10 个城市中完成 1000 辆新能源汽车的推广目标
2009 年 5 月 6 日	国家针对技术研发和改革成立专项资金	为鼓励汽车企业自主创新加大研发投入，以贷款贴息的形式，总计向企业投放 200 亿元
2009 年 12 月 9 日	增加试点城市的数目	新增 20 个示范推广城市名单
2010 年 6 月 1 日	扩大对私人消费者购买新能源汽车的财政补贴政策实施范围	广泛在示范推广城市实施购置补贴
2011 年 2 月 25 日	实施新能源汽车税收减免政策	对新能源汽车减免车船税、消费税等
2012 年 7 月 9 日	颁布未来 8 年内的市场目标和技术规划	2020 年新能源汽车的累计销量突破 500 万辆
2013 年 9 月 13 日	更新购置补贴政策的实施细节	对新能源汽车购置补贴变更为以续航里程为标准分等级
2014 年 1 月 28 日	修订了新能源汽车补贴标准	对未来 5 年内，新能源汽车的补贴标准进行了修订
2014 年 7 月 13 日	政府机关及公共机构购买新能源汽车实施方案	鼓励在公用领域更大范围地推广新能源汽车
2014 年 8 月 13 日	针对新能源汽车用电领域调整降低相关电价	部分充电桩暂免收基本电费；部分实行分时段收费
2014 年 9 月 24 日	京津冀公交等公共服务领域新能源汽车推广工作方案	明确了政府机关和公机构公务用车"新能源化"的时间表和路线图
2015 年 4 月 22 日	更新未来 5 年内购置补贴政策的实施细节	适当降低了对混合动力和纯电动汽车的补贴力度，加大了对燃料电池的补贴力度

续表

时间	措施	要点
2016 年 1 月 19 日	颁布了充电桩等基础设施的推广建设奖励机制	明确要求加快充电桩等基础设施的建设，给予基础设施建设一定财政补贴
2016 年 2 月 17 日	关于促进绿色消费的指导意见	扩大政府绿色采购范围，提高政府绿色采购规模，建立健全对消费者的激励机制
2016 年 12 月 30 日	再次修订新能源汽车补贴标准	补贴金额明显下调并提出了更严格的补助标准
2017 年 9 月 28 日	审议通过双积分管理办法	拟推行乘用车企业平均燃料消耗量与新能源汽车积分并行管理
2018 年 2 月 8 日	修订了新能源汽车免征车辆购置税目录管理	建立健全动态管理机制
2018 年 2 月 13 日	调整完善新能源汽车推广应用财政补贴政策	提高技术门槛要求，完善新能源汽车补贴标准，分类调整运营里程要求
2018 年 10 月 11 日	完善新能源汽车积分管理制度	落实好双积分管理办法，研究建立碳配额交易制度

（二）新能源汽车消费促进政策分类

消费者和制造商是市场两类微观主体，根据微观主体的不同，新能源汽车消费促进政策实施效果呈现差异性。因此按市场微观主体的不同，对政策进行合理的分类，有利于精准评价政策效果，促进新能源汽车产业发展。

1. 市场需求主体政策分类

理性的消费者不仅考虑新能源汽车购买环节自身效用最大化，同时也谋求使用环节后悔最小化（Chorus，2013）。因此，根据政策对消费者实施环节的不同将新能源汽车消费促进政策分为购买环节和使用环节两类。购置环节优惠政策侧重于车辆使用前的利益让渡，对消费者的购买积极性刺激作用很大，主要包括购置补贴、购置税减免两项政策工具。使用环节优惠政策侧重于车辆购买后的利益让渡，主要刺激消费者长期使用新能源汽车，主要包括基础设施建设、路权优先两项政策工具。

2. 产品供给主体政策分类

宽厚的政府采购与挑剔的消费者需求组合可以最大限度地发挥需求对技能偏向技术进步的促进作用（沈春苗，2016），制造商的市场预期主要来自公共需求和私人需求两个方面。因此，根据政策对制造商需求来源影响的不同将新能源汽车消费促进政策分为政府采购和消费补贴两类。政府采购政策侧重于拉动公共需求，降低创新结果的风险，激励制造商加大研发创新投入。消费补贴政策侧重于拉动私人需求，提升制造商的创新水平和研发资本的边际生产率，降低生产成本以吸引更多的消费者，主要包括购置补贴、购置税减免两项政策工具。

三　消费促进政策的两个层面作用机制及概念模型

（一）市场需求层面的政策作用机制

市场需求视角下新能源汽车消费促进政策作用机制如图 5 - 2 所示。

表 5 - 2　　　　　　　　　新能源汽车消费促进政策梳理

市场微观主体	分类依据	政策分类	具体政策
消费者	效用最大化	购买环节政策	购置补贴、购置税减免
	后悔最小化	使用环节政策	基础设施建设、路权优先
制造商	公共需求	政府采购	政府采购
	私人需求	消费补贴	购置补贴、购置税减免

1. 购买环节政策作用机制分析

购买环节政策侧重于车辆使用前的利益让渡，通过购置补贴、购置税减免等手段的直接经济补助，降低新能源汽车消费者在购买过程

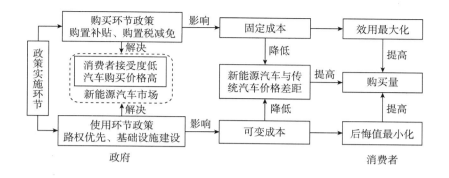

图 5 - 2 市场需求视角下新能源汽车消费促进政策作用机制

中的固定成本即新能源汽车与传统汽车之间的固定成本差距，直接刺激消费动机，使消费者产生购买欲望，能够大幅度激发新能源汽车的市场需求，具有时间短、力度大，消费者易于接受等特点，能促进新兴产品的潜在需求向实际需求转化。购置补贴政策力度与消费者购买新能源汽车概率显著正相关（王月辉，2013）；购置税减免政策通过收入效应和替代效应来引导消费者购买低能耗、低污染汽车（孙林，2012）。但在具体实施过程中，购买环节政策也存在一定的缺陷，如购置补贴的额度难以确定，过高的补贴不利于发挥市场的内生动力，造成部分企业利润源于补贴的扭曲局面（陆国庆，2014）；购置税减免政策单一化、直接化的减税或免税方式在政策内容上导向作用不明显，不利于引导新能源汽车市场的快速发展。

2. 使用环节政策作用机制分析

使用环节优惠政策是新能源汽车市场化的重要保证，是保障新能源汽车稳定发展的决定性要素（张勇，2014），关注使用环节优惠政策有着十分重要的作用。使用环节政策侧重于车辆购买后的利益让渡，通过基础设施建设、路权优先等手段降低新能源汽车在未来使用过程中的可变成本，间接刺激并引导消费，具有持续时间长，作用范围广等特点。降低新能源汽车在未来使用过程中的可变成本，提高边际收益，扩大新能源汽车需求，并通过保障新能源汽车基础设施建设以达到规模效应，降低充电成本以及消费者对后续使用的担忧，从而达到稳定并发展新能源汽车产业的目的。其中，基础设施建设政策通过合理规划充电桩、充电站等充电基础设施布局降低新能源汽车的充电成本以及消费者对新能源汽车后续使用的担忧（刘颖琦，2014），路权优先政策通过提高新能源汽车的使用便利性，限制了传统汽车的快速增长（柯水发，2015）。但在具体实施过程中，使用环节政策也存在一定的缺陷，如基础设施建设周期长，投入大，不能在短期内给消费者带来明显的收益，对消费者的激励效果具有滞后性，路权优先政策普遍存在力度低、细则不明、可操作性不强等问题对消费者的激励效果有限。

购置环节和使用环节政策分别从固定成本和可变成本两个方面降低着新能源汽车与传统汽车的价格差距，解决新能源汽车市场汽车价格高，消费者接受度低等问题，从而提高消费者对新能源汽车的购买量，扩大新能源汽车市场需求。

（二）市场供给层面的政策作用机制

产品供给视角下新能源汽车消费促进政策作用机制如图 5 - 3 所示。

1. 政府采购政策作用机理

一方面，新能源汽车产业作为环境友好型新兴产业，具有引领中国经济社会发展转型的战略意义，通过政府采购的方式激励新能源汽车产业做大做强，不仅是贯彻落实经济社会发展与环境保护相协调的重大举措，同时对于引领大众绿色消费也具有积极的示范效应。另一

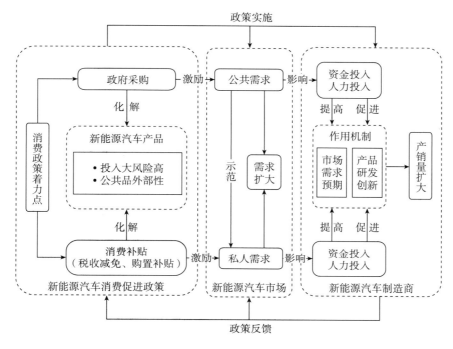

图 5 - 3　产品供给视角下新能源汽车消费促进政策作用机制

方面，政府采购（Public purchasing）作为公共支出管理的一个重要环节和手段（Edler，2016），不仅具有市场经济的特点，而且对于产业资源配置的数量和质量都有着重要影响（徐进亮，2014），并且对于企业微观层面的创新也具有正向直接效应（苏婧，2017）。从促进制造商研发创新角度来看，政府采购作为目标性很强的政策工具，显示了政府的偏好或理性，与研发补贴等供给面的政策相比，政府采购的主要优势是事先确定采用一种新产品，然后由制造商通过最有效的技术来生产实现（Aschhoff，2008），可以为制造商提供一个稳定和可预期的市场，并降低创新结果的不确定性和风险。同时，政府采购引入公开竞争机制，具有较高研发创新水平的制造商凭借高质量、高性能的产品可以赢得政府支持，能有效激励制造商加大研发创新投入，强化创新激励导向（桂黄宝，2017）。此外，"政府采购"将激励新能源汽车制造商通过资金和人力资本投入等要素的优化配置，以资金流推进新的物质资本的形成，为研发创新提供支撑。从提高制造商市场需求预期的角度来看，成本与价格之间存在传递效应（段玉婉，2012），政府采购创新性产品或服务刺激市场直接需求，为新技术新产品采用提供便利、改善市场结构刺激市场间接需求（Lichtenberg，1988）。政府采购对于消费需求的拉动效应显著优于一般的私人补贴（张海斌，2015），政府的公共需求对于新能源汽车私人需求也具有良好的示范引导作用，为新能源汽车制造商拓展私人消费市场创造了乐观的市场预期。

2. 消费补贴政策作用机理

新能源汽车在环境保护和能源节约等方面的效益等方面具有公共性，其准公共产品属性要求政府应对新能源汽车生产制造和购买实施必要的补贴。购置税减免、购置补贴等消费补贴政策有助于解决新能源汽车产业发展初期的外部性问题（Edler，2007）。从促进制造商研发创新角度来看，购置税减免和购置补贴等消费补贴激励政策将直接或间接地促进制造商研发创新投入（林洲钰，2013），从而形成投入到创造的良性循环（陈劲，2012）。由于消费补贴政策设置了新能源汽车技术指标等门槛，新能源汽车制造商将进一步加大研发创新领域的资金和人力资本要素投入，以获得更多消费补贴政策支持，从而避免制造能力和技术能力不对称的现象（柳卸林，2002）。从提高制造商市场需求预期的角度来看，消费补贴通过降低新能源汽车的消费门槛，在短期内起到刺激新能源汽车购买的功能（孙晓华，2015）。在消费补贴激励政策作用下，制造商将通过优化研发资金的配置和加大人才投入，提升制造商的创新水平和研发资本的边际生产率，获得定价优势并吸引更多的消费者。

政府采购和消费补贴分别从公共需求和私人需求两方面，扩大了新能源汽车市场需求，降低了新能源汽车产品投入大、风险高，公共品外部性等风险，并通过影响制造商资金和人力投入，提高制造商技术创新的积极性和市场需求的预期以达到扩大新能源汽车产销量的目的。

（三）两个层面作用机制的概念模型

消费者和制造商是新能源汽车产业市场微观主体，新能源汽车消费促进政策很大程度上影响了消费者和制造商的行为选择。政府与消费者之间，消费者产品需求存在区域差异性；政府与制造商之间，制造商产品供给存在政策依赖性；消费者和制造商之间，新能源汽车制造商的生产活动以消费需求为导向，消费者对新能源汽车产品的态度、消费观和参与程度将很大程度上影响到新能源汽车制造商未来的生产和发展（熊勇清，2017）。根据新能源汽车消费促进政策对市场微观主体的作用机制分析，可构建新能源汽车政策对于两个层面作用机制的概念模型，如图 5－4 所示。

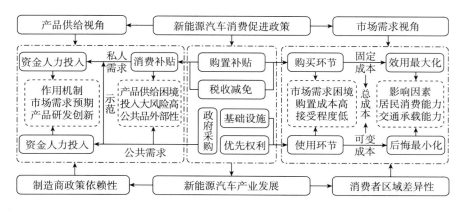

图 5－4 对于两个层面作用机制的概念模型

1. 新能源汽车产业发展依靠政策支持

我国新能源汽车产业目前还处于技术与商业化示范阶段（熊勇清，2016），新能源汽车大规模消费需求的启动还需要一个时间过程。目前，新能源汽车消费促进政策主要包括：路权优先、基础设施、购置补贴、购置税减免、政府采购五项。其中，消费者区域差异性受路权优先、基础设施、购置补贴、购置税减免四项消费促进政策影响，制造商的政策依赖性则主要受购置补贴、购置税减免、政府采购三项政策影响，车船税减免政策金额较小，双积分政策实施时间较短，因此本书暂不考虑车船税减免和双积分政策影响。

2. 市场需求视角下，新能源汽车消费促进政策可以划分为购买和使用两个环节，购买和使用环节政策的功能存在差异

购买环节政策侧重于车辆使用前的利益让渡，通过购置补贴、购置税减免等手段降低新能源汽车消费者在购买过程中的固定成本，直接刺激消费动机，使消费者获得购买环节的自身效用最大化；使用环节政策侧重于车辆购买后的利益让渡，通过基础设施建设、路权优先等手段降低新能源汽车在未来使用过程中的可变成本，间接刺激并引导消费，使消费者获得在使用过程中的后悔值最小化。居民消费能力、交通承载能力是影响到新能源汽车示范推广应用的重要区域性因素。

3. 产品供给视角下，新能源汽车消费促进政策可以划分为影响公共需求的政府采购和影响私人需求的消费补贴政策

政府采购和消费补贴政策的功能存在差异，政府采购通过促进公共需求，采购创新性产品或服务刺激市场直接需求，为新技术新产品采用提供便利、改善市场结构刺激市场间接需求，激励新能源汽车制造商通过资金和人力资本投入等要素的优化配置，以资金流推进新的

物质资本的形成，为研发创新提供支撑。消费补贴注重提高私人需求，通过降低新能源汽车的消费门槛，在短期内起到刺激新能源汽车购买的功能，促进制造商将通过优化研发资金的配置和加大人才投入，提升创新水平和研发资本的边际生产率，获得定价优势并吸引更多的消费者。市场需求预期、产品研发创新是影响新能源汽车制造商生产经营积极性的重要因素。

第四节　实证分析与结果讨论

一　研究样本及数据来源

（一）研究样本

1. 政策样本及其分类

目前新能源汽车消费促进政策主要包括：购置补贴、购置税减免、路权优先、基础设施建设、政府采购、车船税减免和双积分政策等。从消费者和制造商两个市场微观主体视角分别不同新能源汽车消费促进政策的实施效果及差异。消费者方面，按政策实施环节的不同，将政策分为购买环节政策（Purchase link preferential policy，PLP）和使用环节政策（Operational link preferential policies，OLP）。购买环节政策（Purchase link preferential policy，PLP）主要包括购置补贴（Purchase subsidies，SUB）和购置税减免（Purchase tax relief，PTR）两项，使用环节政策（Operational link preferential policies，OLP）主要包括路权优先（Priority right，PRI）和基础设施建设（Infrastructure，INF）两项。

制造商方面，根据政策实施对象的不同，将新能源汽车消费促进政策分为面向公共需求的政府采购（Policy_ pro）和面向私人需求的消费补贴（Policy_ sub）两大类，其中消费补贴（Policy_ sub）政策包括购置税减免（pt）和购置补贴（ps）。

车船税减免政策金额较小，双积分政策虽然从 2018 年 4 月 1 日开始正式实行，但其中新能源汽车积分比例却于 2019 年才开始设定，政策实施时间较短，因此本书不考虑车船税减免和双积分政策。

表 5 – 3   政策样本及其分类

市场微观主体	分类方式		具体政策	
消费者	政策实施环境不同	"购买"环节政策（PLP）	购置补贴（SUB）	
			购置税减免（PTR）	
		"使用"环节政策（OLP）	路权优先（PRI）	
			基础设施建设（INF）	
制造商	政策实施对象不同	公共需求	政府采购（policy_ pro）	
		私人需求	消费补贴（policy_ sub）	购置税减免（pt）
				购置补贴（ps）

2. 城市样本及分类

以我国先后确立的 26 个省份 88 个示范推广应用城市的新能源汽车销量作为反映消费者市场需求的研究样本。由于各示范推广城市经济发展水平、消费能力、城市交通承载能力等存在差异，消费者购买新能源汽车的动机也存在较大差异。参照国家相关部门的统计标准（倪玉平，2015），将 88 个示范推广应用城市分别按居民消费能力和交通承载能力分为六类。按照居民消费能力（人均可支配收入）将示范推广应用城市划分为高消费能力、中消费能力和低消费能力三类城市，按照是否限牌限行划分为交通承载压力高（限牌限行）、交通承载压力中（限行城市）、交通承载压力低（不限牌限行）三类城市。推广应用城市分类见表 5 –4 所示。

表 5-4 推广应用城市分类

划分依据	城市划分	数量（个）	划分依据	城市划分	数量（个）
人均可支配收入	高消费能力	17	是否限牌限	高交通承载压力	7
	中消费能力	22		中交通承载压力	8
	低消费能力	49		低交通承载压力	73

3. 制造商样本

以《节能与新能源汽车年鉴》上 72 家新能源汽车制造商作为研究样本。根据鲁晓东等（2012），储德银等（2016）学者的研究将资金投入和人力资本投入作为观测制造商生产经营积极性的关键性指标，以制造商目前的资产情况代表制造商的资金投入，员工数代表制造商的人力资本投入。同时考虑到制造商上市状态和产权性质等因素与经营效益、融资方式、政策扶持等存在较高关联度（陈阵，2013），将制造商上市状态（是或否）、产权性质（国有、合资、民营）作为控制变量纳入考虑。

（二）数据来源

1. 政策样本数据来源

政策样本中，政府采购政策数据主要来源于中国政府采购网（www.ccgp.gov.cn），其余政策主要来源于《节能与新能源汽车年鉴》（2010—2017 年），《中国新能源汽车产业发展报告》（2010—2017 年），《免征车辆购置税的新能源汽车车型目录》（工信部）。

2. 城市样本数据来源

城市样本中，城市居民消费能力和交通承载能力数据来源《国家及地方统计局的相关统计报告》（2010—2017 年），各示范推广城市新能源汽车销量来源于《节能与新能源汽车年鉴》（2010—2017 年）。

3. 制造商样本数据来源

制造商样本中，制造商新能源汽车产量来源于《节能与新能源汽车年鉴》（2010—2017 年），资金投入、人力资本投入、上市状态、产权性质等数据来源于 Wind 数据库及相关公司年报，具体数据来源见表 5-5 所示。

表 5-5　　　　　　　　　　　数据来源

政策数据来源		城市数据来源		制造商数据来源	
购置补贴（SUB）	《节能与新能源汽车年鉴》《中国新能源汽车产业发展报告》《免征车辆购置税的新能源汽车车型目录》	居民消费能力与交通承载能力	《国家及地方统计局的相关统计报告》	新能源汽车产量（y）	《节能与新能源汽车年鉴》
购置税减免（PTR）				资金投入（fun）（资产）	
路权优先（PRI）				人力资本投入（sta）（员工数）	
基础设施（INF）		新能源汽车销量	《节能与新能源汽车年鉴》	上市状态（quo）	Wind 数据库，相关公司年报
政府采购（policy_ pro）	中国政府采购网			产权性质(owm)国有：own1；合资：own2；民营：own3	

二　模型方法与主要步骤

为谋求新能源汽车政策与市场需求和产品供给的契合统一，分别从两个方面展开实证研究。市场需求方面：利用面板回归模型对新能源汽车消费促进政策在不同居民消费能力和交通承载压力城市效果差异进行静态分析，再运用双重差分或方差分析方法来对政策效果进行动态分析；产品供给方面：将政府采购和消费补贴纳入新能源汽车制造商的生产函数，并将产权性质、上市状态等作为控制变量纳入方程，再采用倾向得分匹配法对政策效果进行分析。

（一）市场需求分析模型与步骤

1. 静态分析模型与步骤

利用面板回归模型初步判断新能源汽车消费促进政策中购置环节

优惠政策与使用环节优惠政策之间是否存在实施效果差异，构建新能源汽车"购买"与"使用"环节政策实施效果静态分析的回归模型：

$$SA_{it} = \alpha_0 + \gamma_1 PLP_{it} + \gamma_2 OLP_{it} + \varepsilon_{it} \qquad (5-1)$$

式中，i 表示地区，t 表示时间，SA_{it} 为 i 城市 t 年新能源汽车销售数量，PLP_{it}、OLP_{it} 分别为购买和使用环节政策的虚拟变量，若样本城市颁布了该项政策，则取值"1"，否则取值"0"，ε_{it} 为随机扰动项。为进一步考虑新能源汽车消费促进政策中购置环节优惠政策与使用环节优惠政策是否在不同消费能力城市存在影响差异，在（式5-1）的基础上引入区域虚拟变量，以便检验购买或使用环节政策在不同区域实施效果的差异性，引入居民消费能力虚拟变量，模型为：

$$SA_{it} = \alpha_0 + \gamma_1 PLP_{it} + \gamma_2 OLP_{it} + \lambda_1 V1_{it} + \lambda_2 V2_{it} + \lambda_3 V3_{it} + \varepsilon_{it} \qquad (5-2)$$

式中，$V1$，$V2$，$V3$ 用于区分推广应用城市，$V1$ 取 1 时表示高消费能力城市，其他城市取 0，$V2$ 取 1 时，表示中消费能力城市，其他城市取 0，$V3$ 取 1 时表示低消费能力城市，其他城市取 0，$V1$，$V2$，$V3$ 均取 0 时，表示全部城市。引入"交通承载能力"虚拟变量，模型为：

$$SA_{it} = \alpha_0 + \gamma_1 PLP_{it} + \gamma_2 OLP_{it} + \lambda_1 U1_{it} + \lambda_2 U2_{it} + \lambda_3 U3_{it} + \varepsilon_{it} \qquad (5-3)$$

式中，$U1$、$U2$、$U3$ 取值"1"时，分别表示为"高""中""低"交通承载压力城市。考虑到购买或使用环节政策所包括的具体政策工具在不同区域的实施效果可能存在差异性，将购置补贴（SUB）、购置税减免（PTR）、基础设施建设（INF）、路权优先（PRI）等具体政策工具引入模型，得到：

$$SA_{it} = \alpha_0 + \beta_1 SUB_{it} + \beta_2 PTR_{it} + \beta_3 PRI_{it} + \beta_4 INF_{it} + \lambda_1 V1_{it} + \lambda_2 V2_{it} + \lambda_3 V3_{it} + \varepsilon_{it} \qquad (5-4)$$

$$SA_{it} = \alpha_0 + \beta_1 SUB_{it} + \beta_2 PTR_{it} + \beta_3 PRI_{it} + \beta_4 INF_{it} + \lambda_1 U1_{it} + \lambda_2 U2_{it} +$$

$$\lambda_3 U3_{it} + \varepsilon_{it} \tag{5-5}$$

单位根检验显示面板数据是平稳时间序列，可以直接进行面板数据回归。考虑到政策实施效果通常具有滞后性，利用格兰杰因果检验政策滞后期数并调整回归模型。借鉴 Hoechle 等（2007）学者的研究，判断数据之间是否存在异方差、组间序列相关和组内序列相关，并根据检验结果选择不同的回归估计方法，利用 Hausman 检验结果判断模型使用固定效应模型（FE）或随机效应模型（RE）。

2. 动态分析模型与步骤

面板数据只能反映较长时间范围内政策的效果，需要进一步运用双重差分或方差分析方法来研究政策效果随时间的动态变化特征。双重差分方法（DID）是目前国内外检验一项政策实施效果的重要研究方法之一，尤其是在面板数据的双重差分模型中，能够有效控制内生性，得到对结果的无偏估计（简泽，2017；Zhao，2018）。因此，在面板回归的基础上，利用双重差分方法进一步判断政策的实施效果及差异性，以保证实验结果的稳健。借鉴 Draca 等（2011）、蒋灵多等（2017）学者的研究，构建不同城市、不同环节的新能源汽车消费促进政策实施效果及其差异性动态分析模型为：

$$SA_{it} = \alpha_0 + \beta_1 SUB_{it} + \beta_2 PTR_{it} + \beta_3 PRI_{it} + \beta_4 INF_{it} + \gamma TP_{it} + \lambda_1 V1_{it} +$$
$$\lambda_2 V2_{it} + \lambda_3 V3_{it} + \varepsilon_{it} \tag{5-6}$$

$$SA_{it} = \alpha_0 + \beta_1 SUB_{it} + \beta_2 PTR_{it} + \beta_3 PRI_{it} + \beta_4 INF_{it} + \gamma TP_{it} + \lambda_1 U1_{it} +$$
$$\lambda_2 U2_{it} + \lambda_3 U3_{it} + \varepsilon_{it} \tag{5-7}$$

式中，TP_{it} 为交叉项，系数 γ 用于检验政策的实施效果。不同区域对政策的响应时间不一致，参考周黎安等（2005）的做法，利用双重查分法计算历年政策效果。根据是否限牌限行将样本城市交通承载压力划分为高（限牌限行）、中（限行城市）和低（不限牌限行）三类，再根据购置和使用环节政策实施力度再次分组，组间差距代表不同政策投入水平小组之间的销售量差距，组内差距代表相同政策投入水平小组之间的销售量差距。

由于新能源汽车产业具有发展时间短，区域非均衡性发展的特点，采用限行限牌的分组方式，使得样本城市分布不均，部分区域样本数过少无法满足回归方法所必备的要求，因此选用方差分析法。首先，依据是否限牌限行将推广应用城市划分三个区域，再将购置环节政策（PLP）和运营环节政策（OLP）的实施力度作为组群划分的指标对每个区域进行再分组，分别探究四项政策工具在各个区域内的实施效果和差异性。其次，组间差距是指不同购置环节政策投入水平两个小组之间或者不同运营环节政策投入水平两个小组之间新能源汽车销售量的差距；组内差距指的是拥有相同购置环节政策投入水平两个小组之间或者相同运营环节政策投入水平两个小组内部新能源汽车销售量的差距。

（二）"产品供给"分析模型与步骤

生产函数：$y = f(k, h, n, e)$　　　　　　　　　　　　（5-8）

其中：k、h、n、e 分别为资本、劳动力、土地、企业家才能，土地 n 是固定的，企业家才能 e 难以估算，理论界通常将生产函数简化为 $y = f(k, h)$。吕冰洋等（2014）、饶晓辉等（2014）的研究尝试将生产性支出纳入企业生产函数，其中政府采购与消费补贴属于政府生产性支出。因此，借鉴这一做法，本书尝试将政府采购与消费补贴纳入生产函数得到：

$y = f(k, h, policy\_pro, policy\_sub)$　　　　　　　（5-9）

对公式两边非逻辑变量取对数，并将产权性质、上市状态等（记为 X）作为控制变量纳入方程，由此得到扩展回归模型：

$$\ln y = \beta_0 + \beta_1 \ln k + \beta_2 \ln h + \beta_3 policy\_pro + \beta_4 policy\_sub + BX + \varepsilon$$

$$(5-10)$$

从实践层面来看，政府更青睐扶持具有创新优势的新能源汽车制造商（Hall，2000），具有信息优势的新能源汽车制造商获得政策支持的可能性更大。显然，新能源汽车制造商的政策扶持具有非随机性，非随机性可能导致样本选择偏差（Selection bias）并导致变量之间存在内生关联（毛捷，2011），为此，本书采用倾向得分匹配法（Propensity Score Matching，PSM）进行偏差处理，将样本的多维特征数据映射到一维的倾向得分值上，计量结果将更为可靠（Heckman，1998）。

在给定样本特征 X 的情况下，制造商接受政策支持的条件概率：

$$p(X) = Pr[T = 1 \mid X] = E[T \mid X] \qquad (5-11)$$

T 为获得政策支持状态（获得记为"1"，否则记为"0"），$p(X_i)$ 为制造商 i 的倾向得分（Propensity Score，简称 PS 值）。根据回归方程计算所有制造商的倾向得分并作为匹配基础，将制造商样本划分为处理组和参照组，两组的被解释变量分别为 Y^T、Y^C，处理组和参照组在消费促进政策实施前的效应分别为 $E(Y^T \mid C)$、$E(Y^C \mid C)$，政策实施后的效应分别为 $E(Y^T \mid T)$ 和 $E(Y^C \mid T)$，ATT（Average treatment effect for the treated）为消费促进政策效应均值：

$$ATT = E[Y^T - Y^C \mid T] + E(Y^C \mid T) - E(Y^C \mid C) \qquad (5-12)$$

由于 $Y^C \mid T$ 无法观测并且 $E(Y^C \mid T) - E(Y^C \mid C) \neq 0$（非零选择性偏差），利用反事实估计的思想，使用与处理组个体特征相似的未受到消费促进政策影响的样本的平均效应 $E(Y^C \mid C)$ 作为无法观测组（Caliendo，2008）。PSM 准确识别并且一致估计平均效应（ATT）需要满足条件独立假设（CIA）以及共同支持假设（Common support condition）。当两个条件同时满足，PSM 可以通过倾向得分对个体加权从而无偏估计政策效应，公式为：

$$PSM_{ATE} = E(Y^T \mid T) - E_{P(X) \mid T}[Y^C \mid C, P(X)] \tag{5-13}$$

在条件独立假设成立的前提下，倾向得分匹配可以减少潜在的选择偏差（Almus，2003）。借鉴 Imbens 等（2000）对倾向得分匹配法拓展延伸应用，可得到广义倾向得分匹配估计量：

$$PSM_{ATE} = E(Y^m \mid T = m) - E_{Pm(X)P^l(X)} \times \{E[Y^l \mid P^m(X), P^l(X),$$
$$T = l] \mid T = m\} \tag{5-14}$$

式中，m 为处理组的政策项，l 为参照组政策项。由于 PS 值为连续变量，应采用最近邻匹配（K-nearest neighbors matching）、半径匹配（Radius matching）与核匹配（Kernel matching）方法。最近邻匹配的规则为 $c(i) = \min[p(X_i) - p(X_j)]$，获得消费促进政策扶持的制造商记为 i，否则记为 j，$c(i)$ 为与制造商 i 成功匹配的制造商 j 的集合，即倾向得分与制造商 i 最为近似的制造商集合。同理，半径匹配的规则为：

$$c(i) = \{[p(X_i) - p(X_j)] \leqslant r\} \tag{5-15}$$

式中，r 为预先设定的搜索半径，成功匹配的制造商集合 $c(i)$ 为倾向得分与制造商 i 的得分不大于搜索半径的所有制造商。匹配后：

$$ATT^M = 1/N^T \sum_{i \in T} \ln y_i^T - 1/N^T \sum_{j \in C} w_j \ln y_j^C \tag{5-16}$$

式中 M 为匹配方法（最邻近匹配或半径匹配），T 为处理组，C 为参照组，N 为制造商数量，w 为权重。核匹配采用非参数估计方法，设权重 $W(i, j)$ 为倾向匹配方法中使用的加权函数，其中 i 为共同支持域中处理组制造商的集合，j 为参照组制造商集合，核匹配中加权函数为：

$$G\{[p(X_j) - p(X_i)]/a_n\} / \sum_{k \in I_0} G\{[p(X_k) - p(X_i)]/a_n\} \tag{5-17}$$

式中 $G(\cdot)$ 为核函数，$p(X_i)$、$p(X_j)$ 分别为处理组和参照组个体的倾向得分，I_0 为参照组个体集合，a_n 为带宽，决定了进入匹配范围的制造商 j 的数量，借鉴 Rosenbaum 等（1983）的研究，带宽 a_n 取值为 0.06。

三　主要结果及分析讨论

（一）消费促进政策与消费者的市场需求

1. 购买环节政策实施效果的区域差异性分析

从消费能力和交通承载压力两个方面来分析购买环节政策实施效果的区域差异性：

不同消费能力城市购买环节政策实施效果分析。从静态和动态两个方面来具体分析购买环节政策实施效果的区域差异性。

第一：购买环节政策实施效果的静态分析。在面板数据回归之前，进行相关前置性检验，考虑到购置环节政策实施的效果在不同消费能力城市存在滞后性，需要对数据进行格兰杰因果检验，以确定各项政策在不同消费能力城市的滞后期。结果见表 5-6 所示。

表 5-6　　　　　　　　　　相关前置性检验结果

前置性检验指标		高消费能力城市	中消费能力城市	低消费能力城市
格兰杰因果检验	购置补贴（SUB）	1	0	2
	购置税减免（PTR）	1	1	2
异方差检验		无	无	有
组间序列相关		有	无	无
组内序列相关		无	有	无
Hausman 检验		FE	RE	FE

格兰杰因果检验结果显示，在高、中、低消费能力城市，购置补

贴政策实施效果的滞后期分别为 1 阶、0 阶和 2 阶，购置税减免政策实施效果的滞后期分别为 1 阶、1 阶和 2 阶，据此调整模型并对调整后的模型进行异方差检验、组间组内序列相关检验、Hausman 检验，除购置补贴（SUB），购置税减免（PTR）在中等消费能力城市政策实施效果的估计采取随机效应模型（RE）外，其他均采用固定效应模型（FE），估计结果见表 5 - 7 所示。

表 5 - 7　　　　　不同消费能力城市"购置"环节政策实施
效果的静态分析结果

变量	高消费能力城市	中消费能力城市	低消费能力城市
购置补贴（SUB）	2. 148 *** (3. 08)	2. 447 *** (6. 33)	2. 779 *** (3. 21)
购置税减免（PTR）	- 0. 320 (- 0. 47)	1. 394 * (1. 66)	0. 904 (0. 78)
_cons	2. 520 *** (5. 08)	2. 453 *** (6. 32)	1. 209 *** (4. 49)
wald chi2	71. 46 ***	167. 90 ***	15. 63 ***

注：*p < 0.1、**p < 0.05、***p < 0.01，分别表示在 10%、5%、1% 的水平上显著。

购置补贴政策实施效果显著但是存在区域差异性，购置补贴政策在低消费能力城市实施效果最好，在高消费能力城市实施效果最弱。如表 5 - 7 数据显示，购置补贴政策在消费能力低、中和高的城市作用效果分别为 2. 779、2. 447 和 2. 148，作用效果显著但依次有所下降，表明购置补贴作为新能源汽车发展的重要消费促进政策，目前仍然具有很好的激励效果，但是以低消费能力城市的实施效果最为明显。

购置税减免政策的实施效果总体上不如购置补贴政策，并且同样存在区域差异性，购置税减免政策在中消费能力城市实施效果最好，在高消费能力城市实施效果最弱。如表 5 - 7 数据显示，购置税减免政策在消费能力低、中和高的城市作用效果呈现倒"U"形，中消费能力城市实施效果的作用系数为 1.394，效果最明显，在消费能力高和低的城市实施效果并不显著，其作用系数分别为 - 0.320，0.904。其原因可能是，购置税减免政策的力度与车辆售价直接关联，高收入消费者对于购置税减免政策并不敏感，低收入消费者则由于所购买的新能源汽车售价相对较低，所能享受的购置税减免额度也相对较低，因此购置税减免政策仅在消费能力中等城市表现出较高的显著度。表明购置税减免政策效果有限，应以消费能力中等城市作为实施重点。

第二，购买环节政策实施效果动态分析。利用双重差分进一步考察购买环节政策效果的动态变化过程，结果见表 5 -8 所示。

表 5 -8　不同消费能力城市购置环节政策实施效果的动态分析结果

政策实施年份	购置补贴			购置税减免		
	高消费能力城市	中消费能力城市	低消费能力城市	高消费能力城市	中消费能力城市	低消费能力城市
2010	0.534 **	0.318 **	0.002 ***	0.603	0.167	0.012 *
2011	0.466	0.486	0.353	0.696	0.339	0.000
2012	0.264	1.271	1.179 **	0.093	1.420 **	0.667
2013	0.858	0.640	0.741 *	0.315	1.164 *	0.801
2014	0.578	0.463	—	0.618	—	—

注："—"由于各个城市的政策滞后期数不同，导致双重差分次数不一致；＊p < 0.1、＊＊p < 0.05、＊＊＊p < 0.01，分别表示在10%、5%、1%的水平上显著。

购买环节政策实施效果在没有考虑时间趋势的情况下可能被过高估计。利用双重差分去除时间趋势的影响后，政策实施效果显著降低。如表5－8数据显示，购置补贴政策在低消费能力城市的影响系数以及购置税减免政策在中消费能力城市的影响系数均有降低。新能源汽车产业属于典型的新兴产业，消费者对于新能源汽车接受程度逐年加深，加上政府的大力扶持，新能源汽车消费的内生动力逐渐增强，因此，在没有考虑时间趋势的情况下，购买环节政策实施效果可能被过高估计，导致政府在确定政策力度时无法精准匹配新能源汽车市场的发展情况。

购置补贴和购置税减免政策随时间推移在不同区域呈现不同的变化趋势。如表5－8数据显示，购置补贴政策效果在2010年和2013年出现了两次高峰，与国家补贴政策和补贴细则颁布的年份刚好对应，2010—2013年，2013—2014年两个时间段内，购置补贴政策在高中低消费能力城市的作用效果降低；购置税减免政策效果在高消费能力城市随时间推移而有所降低，在高消费能力城市随时间推移而有所增大，在中等消费能力城市政策基本保持较高的影响系数。随着新能源汽车的发展，在使用过程中出现的基础设施不完善导致充电难，新能源汽车核心技术未突破导致的充电慢等问题，使消费者开始将关注点由购置优惠转向使用便利，因此目前补贴政策的大面积退坡是适应市场发展趋势的。

不同交通承载压力城市购买环节政策实施效果分析。从静态和动态两个方面来具体分析购买环节政策实施效果的区域差异性。

第一，购买环节政策实施效果的静态分析。考虑到购买环节政策实施的效果在不同交通承载压力城市存在滞后性，需要对数据进行格兰杰因果检验，以确定各项政策的滞后期。结果见表5－9所示。

格兰杰因果检验结果显示，在高、中、低交通承载压力城市，购置补贴政策的实施效果滞后期分别为2阶、2阶和1阶，购置税减免政策的实施效果滞后期分别为 1 阶、1 阶和 0 阶。根据格兰杰因果检验结果调整模型，对调整后的模型进行异方差，组间组内序列相关，Hausman 检验，除购买环节政策在总体城市，高交通承载压力城市；购置补贴，购置税减免政策在总体城市的政策实施效果的估计采取固定效应模型（FE）外，其他均采用随机效应模型（RE），估计结果见表 5 - 10 所示。

表 5 - 9　　　　　　　　　　相关前置性检验结果

前置性检验指标		高交通承载压力城市	中交通承载压力城市	低交通承载压力城市
格兰杰因果检验	购置补贴（SUB）	2	2	1
	购置税减免（PTR）	1	1	0
异方差检验		有	无	有
组间序列相关		无	无	无
组内序列相关		无	无	无
Hausman 检验		RE	RE	RE

表 5 - 10　　　不同交通承载压力城市"购置"环节政策实施
效果的静态分析结果

变量	高交通承载压力城市	中交通承载压力城市	低交通承载压力城市
购置补贴（SUB）	2.366 (1.29)	2.512 (1.48)	1.213 *** (3.97)
购置税减免（PTR）	-0.153 (-0.22)	0.417 (0.36)	1.817 *** (4.17)
_cons	1.965 (1.53)	-0.909 (-0.56)	0.457 ** (2.30)
wald chi2	37.05 ***	8.99 *	225.79 ***

　　注：* $p < 0.1$、** $p < 0.05$、*** $p < 0.01$，分别表示在 10%、5%、1% 的水平上显著。

购置补贴政策实施效果存在区域差异性，购置补贴政策在低交通承载压力城市效果最好，在中高交通承载压力城市实施效果不明显。如表 5-10 数据显示，购置补贴政策在交通承载压力低、中和高的城市作用系数呈现倒"U"形，分别为 2.366、2.512、1.213，只在低交通承载压力城市实施效果显著，表明"购置补贴"政策会对高，中交通承载压力城市的新能源汽车发展产生影响，但不是造成区域之间发展差异的决定性因素，因此购置补贴应以低交通承载压力城市为主要实施对象。

购置税减免政策的实施效果总体上不如购置补贴政策并且同样都存在区域差异性，购置税减免政策在低交通承载压力城市实施效果最好，在高交通承载压力和中交通承载压力城市实施效果不明显。如表 5-10 数据显示，购置税减免政策在消费能力低、中和高的城市作用效果依次降低，分别为 1.817、0.417、-0.153，表明购置税减免政策在交通承载压力高、中等城市可考虑逐步退出。

第二，购买环节政策实施效果的动态比较。将购买环节政策中购置补贴、购置税减免两项具体政策作为组群划分指标对高、中、低三类交通承载压力城市进行再分组，并利用方差分析探究购买环节政策在三类交通承载压力城市实施效果差异。结果见表 5-11 所示。

购置补贴政策在高、中、低三类交通承载压力城市均有效果但呈现下降趋势。如表 5-11 数据显示，购置补贴在高交通承载压力城市的实施效果显著降低，表明购置补贴对高交通承载压力城市销量的刺激效果呈下降趋势，消费者对补贴类政策的依赖性低，购置补贴在中、低交通承载压力城市的组间差距远低于组内差距，表明购买环节政策对中、低交通承载压力城市销量的刺激效果较好，但消费者的政策敏感度高，对补贴类政策的依赖性强。表明在购置补贴政策目前仍是促进新能源汽车市场发展的重要因素，但是呈现下降趋势，可以考虑逐步退坡。

表5-11 不同交通承载压力城市"购置补贴"政策实施
效果的动态分析结果

政策	年份	高交通承载压力城市		中交通承载压力城市		低交通承载压力城市	
		组间差距	组内差距	组间差距	组内差距	组间差距	组内差距
购置补贴	2010	34. 256 ***	2. 513	6. 452 *	36. 704	64. 394 ***	168. 521
	2011	29. 419 **	17. 169	14. 924 *	22. 924	50. 013 *	263. 132
	2012	36. 893 ***	7. 279	15. 597 **	41. 806	67. 174 ***	291. 321
	2013	1. 941	8. 881	9. 935 *	40. 474	44. 870 ***	258. 683
	2014	5. 459 **	2. 307	2. 632 *	23. 454	44. 828 **	164. 814
	2015	3. 167 **	1. 738	10. 086 *	112. 737	49. 398 *	654. 309

注： * p < 0.1、 * * p < 0.05、 * * * p < 0.01，分别表示在10%、5%、1%的水平上显著。

购置税减免政策随时间推移在高、中、低三类交通承载压力城市呈现不同的变化趋势。如表5-12数据显示，购置税减免政策在高、中、低三类交通承载压力城市作用效果显著集中于2010年及之后多个年份的组间差远小于组内差距，表明在新能源汽车发展初期，购置税减免政策作为主要的政策发挥了一定的作用，但由于补贴数额较小，作用效果逐渐降低，因此购置税减免政策可以考虑逐步退坡。

2. 使用环节政策实施效果的区域差异性分析

从消费能力和交通承载压力两个方面来分析使用环节政策实施效果的区域差异性。

不同消费能力城市使用环节政策实施效果分析。从静态和动态两个方面来具体分析使用环节政策实施效果的区域差异性。

表 5 - 12　　　　不同交通承载压力城市购置税减免政策

实施效果的动态分析结果

政策	年份	高交通承载压力城市		中交通承载压力城市		低交通承载压力城市	
		组间差距	组内差距	组间差距	组内差距	组间差距	组内差距
购置税减免	2010	3.314*	33.455	9.760*	33.397	24.106**	208.810
	2011	8.799	37.809	9.053	37.795	26.067**	257.078
	2012	1.013	43.158	9.411	47.922	31.302***	327.192
	2013	0.939	9.883	9.749*	40.660	49.921***	253.532
	2014	0.000	7.766	0.210	25.876	21.659**	167.982
	2015	8.955	9.950	3.534	9.290	18.350***	185.356

注：＊p＜0.1、＊＊p＜0.05、＊＊＊p＜0.01，分别表示在10%、5%、1%的水平上显著。

第一，使用环节政策实施效果的静态分析。在面板数据回归之前，进行相关前置性检验，考虑到使用环节政策实施的效果在不同消费能力城市存在滞后性，需要对数据进行格兰杰因果检验，以确定各项政策在不同消费能力城市的滞后期，结果见表 5 - 13 所示。

表 5 - 13　　　　　　　相关前置性检验结果

前置性检验指标	高消费能力城市	中消费能力城市	低消费能力城市
基础设施（INF）	1	1	1
优先权利（PRI）	1	0	0
异方差检验	无	无	有
组间序列相关	有	无	无
组内序列相关	无	有	无
Hausman 检验	FE	RE	FE

格兰杰因果检验结果显示，在高、中、低消费能力城市，基础设施建设政策的实施效果滞后期分别为1阶、1阶和1阶，路权优先政

策的实施效果滞后期分别为 1 阶、0 阶和 0 阶。根据格兰杰因果检验结果调整模型，并对调整后的模型进行异方差检验、组间组内序列相关检验、Hausman 检验，根据检验结果选择最合适的估计方法，除优先权利（PRI），基础设施建设（INF）在中等消费能力城市的政策实施效果的估计采取随机效应模型外，其他均采用固定效应模型，估计结果见表 5 – 14 所示。

表 5 – 14 不同消费能力城市使用环节政策实施
效果的静态分析结果

变量	高消费能力城市	中消费能力城市	低消费能力城市
基础设施（INF）	1.950 *** (2.61)	1.645 *** (2.87)	– 0.034 (– 0.06)
优先权力（PRI）	1.834 *** (2.65)	0.151 (0.15)	0.086 (0.12)
_cons	2.520 *** (5.08)	2.453 *** (6.32)	1.209 *** (4.49)
wald chi2	71.46 ***	167.90 ***	15.63 ***

注：$*p < 0.1$、$**p < 0.05$、$***p < 0.01$，分别表示在 10%、5%、1% 的水平上显著。

基础设施建设政策实施效果显著但是存在区域差异性，基础设施建设政策在高消费能力城市实施效果最好，在低消费能力城市实施效果最弱。如表 5 – 14 数据显示，基础设施建设政策在消费能力城市高、中和低的城市作用效果分别为 1.950、1.645、– 0.034，作用效果依次降低。其中，基础设施建设政策作用效果在消费能力低的城市不显著且作用系数明显低于消费能力高、中的城市，其原因可能有两点：一是由于基础设施建设具有投入大，周期长等特点，低消费能力城市对基础设施建设的重视程度不足，并未颁布完善的基础设施建设优惠政策，导致新能源汽车基础设施建设缓慢；二是由于政府的财政资源有限，低消费能力城市的消费促进政策更多地向购买环节政策倾斜，使得基础设施建设滞后，无法起到应有的激励作用。因此，基础设施建设政策应以高交通承载压力城市为主要实施对象同时加强在中低消费能力城市的实施力度，提高政策的实施效果。

路权优先政策的实施效果总体上不如基础设施建设政策，并且同样存在区域差异性，路权优先政策在高消费能力城市实施效果最好，在中低消费能力城市实施效果最弱。如表 5 – 14 数据显示，路权优先政策在消费能力城市高、中和低的城市作用效果分别为 1.834、0.151、0.086，作用效果依次下降。路权优先政策仅在消费能力高的城市实施效果显著，表明路权优先政策应加强在中低消费能力城市的实施力度，提高政策的实施效果。

第二，使用环节政策实施效果动态分析。利用双重差分进一步考察使用环节政策效果的动态变化过程，结果见表 5 – 15 所示。

表 5 – 15　　　　　不同消费能力城市使用环节政策实施
效果的动态分析结果

政策实施年	基础设施建设			路权优先		
	高消费能力城市	中消费能力城市	低消费能力城市	高消费能力城市	中消费能力城市	低消费能力城市
2010	1.203	0.663	0.130	—	1.271	—
2011	1.044	0.366	0.720	1.440**	2.221	—
2012	1.473**	0.712	0.666	1.501**	0.003***	—
2013	1.706**	1.492**	0.782	2.419	0.064***	0.000
2014	1.905**	—	0.485	2.803	—	0.326
2015	—	—	—	—	—	0.706

注："－"由于各个区域的政策滞后期数不同，导致双重差分次数不一致。* $p < 0.1$；** $p < 0.05$；*** $p < 0.01$，分别表示在10%、5%、1%的水平上显著。

使用环节政策实施效果在没有考虑时间趋势的情况下可能被过高估计。利用双重差分去除时间趋势的影响后，政策实施效果显著降低。如表 5－14、表 5－15 数据显示，基础设施建设和路权优先政策在高消费能力城市的影响系数分别由 1.950，1.834 降低至 1.473，1.440。考虑到使用环节政策实施周期长，投入大的特点，过高估计政策效果，可能导致政府在制定政策细则时持续加大政策投入而无法得到足够的回报。

基础设施建设和路权优先政策随时间推移在不同区域呈现不同的变化趋势。如表 5－15 数据显示，基础设施建设政策实施效果在高中消费能力城市随时间推移而有所增大，在低消费能力城市随时间推移影响系数基本不变；路权优先政策实施效果的显著性在高消费能力城市随时间推移而有所降低，在中消费能力城市随时间推移而有所降低，在低消费城市影响并不明显。可能原因是高消费能力城市如北上广等对政策的响应速度快，大部分城市在 2011 年便制订了相关细则，使得在前期政策的影响因子高而后劲不足，而中消费能力城市中不乏郑州，西安这类交通压力很大的城市，政策响应速度相对较慢，随着相关政策细则的出台，使用环节政策的作用效果开始逐年增强。

不同交通承载压力城市使用环节的政策实施效果分析。从静态和动态两个方面来具体分析使用环节政策实施效果的区域差异性。

第一，政策实施效果静态分析。考虑到使用环节政策实施的效果在不同交通承载压力城市存在滞后性，需要对数据进行格兰杰因果检验，以确定各项政策在不同交通承载压力城市的滞后期，结果见表 5－16 所示。

格兰杰因果检验结果显示，在高、中、低交通承载压力城市，基础设施建设政策的实施效果滞后期分别为 1 阶、0 阶和 0 阶，路权优先政策的实施效果滞后期分别为 1 阶、0 阶和 0 阶。据此调整模型，并对调整后的模型进行异方差检验、组间组内序列相关检验、Hausman 检验，根据检验结果选择最合适的估计方法，使用环节政策在总体城市，高交通承载压力城市、购置补贴，购置税减免在总体城市的政策实施效果的估计采取固定效应模型，其他均采用随机效应模型，检验结果见表 5 – 17 所示。

表 5 – 16　　　　　　　　相关前置性检验结果

前置性检验指标	高消费能力城市	中消费能力城市	低消费能力城市
基础设施建设（INF）	1	0	0
优先权利（PRI）	1	0	0
异方差检验	有	无	有
组间序列相关	无	无	无
组内序列相关	无	无	无
Hausman 检验	RE	RE	RE

表 5 – 17　　　　　不同交通承载压力城市使用环节政策

实施效果的静态分析结果

变量	高交通承载压力城市	中高交通承载压力城市	低高交通承载压力城市
基础设施建设 （INF）	3.323 ** (2.37)	2.450 *** (6.65)	2.536 (1.42)
优先权利（PRI）	1.697 ** (2.48)	0.322 (0.63)	− 0.031 (− 0.03)
_cons	1.965 (1.53)	0.457 ** (2.30)	− 0.909 (− 0.56)
wald chi2	37.05 ***	225.79 ***	8.99 *

注：$* p < 0.1$、$** p < 0.05$、$*** p < 0.01$，分别表示在 10%、5%、1% 的水平上显著。

基础设施建设政策实施效果显著但是存在区域差异性，基础设施建设在高交通承载压力实施效果最好，在低交通承载压力城市实施效果最弱。如表 5 - 17 数据显示，基础设施建设政策在交通承载压力高、中的城市作用效果分别为 3.323，2.450，作用效果显著，在交通承载低的城市作用效果为 2.536，作用效果不显著。表明基础设施建设政策应在低交通承载压力城市应逐渐加强。

路权优先政策的实施效果总体上不如基础设施建设政策，并且同样存在区域差异性，路权优先政策在高交通承载压力城市实施效果最好，在中低交通承载压力城市实施效果最弱。如表 5 - 17 数据显示，"路权优先"政策在交通承载压力高、中和低的城市作用系数分别为 1.697、0.322、- 0.031，作用效果依次下降。路权优先政策仅在高交通承载压力城市实施效果比较明显，在中、低交通承载压力城市作用效果均不显著，可能是由于目前路权优先政策主要采用不限牌不限行举措，适用范围有限，限制了路权优先政策的实施效果。因此可以应考虑增加多样的政策实施方式来提高政策的适用性和实施效果。

第二，使用环节政策实施效果动态比较。将使用环节政策中基础设施建设、路权优先两项具体政策作为组群划分指标对高、中、低三类交通承载压力城市进行再分组，并利用方差分析探究使用环节政策在三类交通承载压力城市实施效果差异。结果见表 5 - 18 所示。

基础设施建设政策随时间推移在高、中、低三类交通承载压力城市呈现不同的变化趋势。如表 5 - 18 数据显示，基础设施建设政策在高交通承载压力城市 2012 年政策作用效果最佳，组间差距为 35.327 大于组内差距且具有较高的显著性，之后组间差逐渐降低，但政策效果仍具有显著性，"基础设施建设"政策在中交通承载压力城市 2015 年政策作用效果最佳，组间差距为 36.893 大于组内差距且具有较高的显著性。基础设施建设政策在低交通承载压力城市政策效果具有显著性但组间差距远小于组内差距。

表 5 – 18　　　　不同交通承载压力城市的基础设施建设政策
实施效果的动态分析结果

政策	年份	高交通承载压力城市		中交通承载压力城市		低交通承载压力城市	
		组间差距	组内差距	组间差距	组内差距	组间差距	组内差距
基础设施建设	2010	4.017 *	7.829	2.632	23.454	15.437 *	174.204
	2011	25.605 **	12.243	1.941	8.881	32.120	671.586
	2012	35.327 ***	33.386	2.667	34.102	96.362 ***	136.554
	2013	23.182 *	27.227	10.068	112.737	74.781 ***	208.364
	2014	13.167 **	7.829	16.939 **	29.649	108.883	194.570
	2015	4.017 *	7.829	36.893 ***	7.279	154.017 ***	204.478

注：* $p < 0.1$、** $p < 0.05$、*** $p < 0.01$，分别表示在 10%、5%、1% 的水平上显著。

路权优先政策在高、中、低三类交通承载压力城市均有效果但呈现下降趋势。如表 5 – 19 数据显示，路权优先政策在高中低交通承载压力城市 2010 年政策作用效果最佳，作用效果仅在高交通承载压力城市显著。路权优先政策的区域差异性明显，高交通承载压力城市效果显著 2010 年政策作用系数为 83.167 组间差距远高于组内差距，说明路权优先政策是导致高交通承载压力城市新能源汽车发展差异性的决定性因素，而在中、低交通承载压力城市则作用效果不显著。说明路权优先政策目前主要运用于高交通承载压力城市，在中、低交通承载压力城市作用效果有限。

（二）消费促进政策与制造商的产品供给

1. 政府采购和消费补贴的激励效果及差异分析

以政府采购和消费补贴作为因变量的简约式回归以及添加控制变

量后的复杂式回归结果见表5-20所示。

表5-19 不同交通承载压力城市的"路权优先"政策
实施效果的动态分析结果

政策	年份	高交通承载压力城市		中交通承载压力城市		低交通承载压力城市	
		组间差距	组内差距	组间差距	组内差距	组间差距	组内差距
路权优先	2010	83.167***	1.738	9.760	33.397	33.025	199.890
	2011	38.799**	37.809	0.053	37.795	31.316	251.829
	2012	34.241*	39.931	12.381	45.022	34.804	323.691
	2013	0.985	9.837	12.216	38.143	32.797*	270.656
	2014	5.459	2.307	0.281	25.804	4.709	184.933
	2015	3.314	33.455	0.016	122.808	20.501	683.206

注：*p<0.1、**p<0.05、***p<0.01，分别表示在10%、5%、1%的水平上显著。

表5-20 消费促进政策倾向得分probit回归结果

变量	政府采购（pro）			消费补贴					
				购置税减免（pt）			购置补贴（ps）		
	①	②	③	④	⑤	⑥	⑦	⑧	⑨
资金投入（lnFud）	-0.516	-0.623	-0.732	0.412	0.554	0.626	1.298	3.504	4.440*
	(-0.57)	(-0.05)	(-0.74)	(0.35)	(0.47)	(0.26)	(1.20)	(1.63)	(1.78)
人力资本投入（lnSta）	35.114***	33.108***	32.930***	3.077	-1.314	-1.569	40.101	47.772*	58.159*
	(2.13)	(2.70)	(2.79)	(0.42)	(-0.17)	(-0.21)	(0.63)	(1.67)	(1.80)
产权性质（own）	No	No	Yes	No	No	Yes	No	No	Yes
上市状态（quo）	No	Yes	Yes	No	Yes	Yes	No	Yes	Yes
_cons	-1.375***	-1.519***	-1.594***	0.284	0.211	-0.156	2.691***	0.026	-0.245
	(-5.60)	(-5.45)	(3.71)	(1.60)	(1.14)	(-0.53)	(4.05)	(0.09)	(-0.51)

注：*p<0.1、**p<0.05、***p<0.01，分别表示在10%、5%、1%的水平上显著。

结果表明，人力资本投入与获得政府采购、购置补贴政策存在显著的正相关关系，资金投入、产权性质、上市状态变量不显著。人力资本投入、资金投入、产权性质、上市状态全部变量对制造商获得购置补贴政策都具有显著正向影响，对政府采购和购置税减免政策的获得有部分影响。

平衡性验证结果见表 5 – 21 所示，匹配后除 3B 之外，其他各组的平均标准偏差（Meanbias）均明显降低，且全部的 PsR^2 值较原始样本明显减少，大部分的最大似然比（LR chi^2）结果拒绝原始样本，匹配后接受程度均有增加，尤其 1A、1B 两组完全接受匹配结果，总体匹配结果有效。

表 5 – 21　　　　　　　　倾向得分匹配平衡检验结果

政策因素		分组序号	未匹配样本 Unmatched					匹配后样本 Matched				
			Ps R^2	LR chi^2	p > chi^2	MeanBias	MedBias	Ps R^2	LR chi^2	p > chi^2	MeanBias	MedBias
政府采购（pro）		1A	0.276	33.22	0.000	46.9	37.5	0.000	0.00	1.000	0.0	0.0
		1B	0.262	31.12	0.000	41.0	35.0	0.000	0.00	1.000	0.0	0.0
消费补贴	购置税减免（Pt）	2A	0.323	25.76	0.000	57.6	52.7	0.097	7.28	0.122	28.7	19.7
		2B	0.278	16.97	0.009	53.1	44.7	0.097	7.28	0.122	26.0	19.6
	购置补贴（Ps）	3A	0.700	44.06	0.000	70.1	46.4	0.065	1.96	0.376	37.5	22.9
		3B	0.664	33.61	0.000	62.0	33.1	0.144	4.81	0.090	91.7	97.4

应用表 5 – 20 中 probit 模型计算倾向性得分（Propensity score），采用最为常用的最近邻匹配方法对获得消费促进政策的制造商和未获得消费促进政策的制造商进行匹配。而将其他匹配方法的结果作为稳健性检验。三项政策影响下各样本的 ATT 值估算结果见表 5 – 22 所示。

利用半径匹配法及核匹配法对各种样本情形下的 ATT 值进行估计，对比上述估算结果，稳健性检验表明不同匹配方法所揭示的结论基本一致，结果见表 5 – 23 所示。

表 5 – 22　　　　　　基于最近邻匹配方法的倾向得分匹配结果

政策因素		分组序号	样本	处理组	参照组	ATT 效应	标准误	T 检验
				Treated	Controls	Difference	S. E.	T – stat
政府采购（pro）		①	匹配前	0.228	0.073	0.155	0.065	2.38 **
			匹配后	0.228	0.064	0.164	0.089	1.85 *
消费补贴	购置税减免（Pt）	②	匹配前	0.128	0.052	0.075	0.054	1.41
			匹配后	0.128	0.009	0.119	0.034	3.46 ***
	购置补贴（Ps）	③	匹配前	0.129	0.023	0.105	0.057	1.85 *
			匹配后	0.129	0.014	0.115	0.039	2.94 **

注：匹配后的参照组只保留匹配成功的样本；处理组与参照组之间的差别（ATT 值）服从 t 分布；* $p < 0.1$、** $p < 0.05$、*** $p < 0.01$，分别表示 ATT 值在 10%、5%、1% 的水平上显著。

表 5 – 23　　　　基于半径匹配与核匹配方法的倾向得分匹配结果

政策因素		分组序号	样本	半径匹配（0.025）		核匹配（0.01）	
				ATT 效应 Difference	T 检验 T – stat	ATT 效应 Difference	T 检验 T – stat
政府采购（pro）		①	匹配后	0.130	1.67 *	0.143	2.38 *
消费补贴	购置税减免（Pt）	②	匹配后	0.116	2.74 ***	0.075	2.50 ***
	购置补贴（Ps）	③	匹配后	0.110	3.05 ***	0.114	3.10 ***

注：匹配后的参照组只保留匹配成功的样本；处理组与参照组之间的差别（ATT 值）服从 t 分布；* $p < 0.1$、** $p < 0.05$、*** $p < 0.01$，分别表示 ATT 值在 10%、5%、1% 的水平上显著。

针对最近邻匹配方法结果（表 5 – 22）进行分析，可以发现：

第一，政府采购对于新能源汽车制造商生产经营积极性的促进效果总体上最为明显，消费补贴相对较弱，面向公共需求的政府采购激励效果要优于面向私人需求的消费补贴政策。如表 5 – 22 显示，政府采购的 ATT 值分别为 0.164、消费补贴的两项政策购置税减免和购置补贴的 ATT 值分别为 0.119 和 0.115，表明新能源汽车制造商获得政府采购、购置税减免和购置补贴等政策支持后，其扩大生产的概率将相应提高 16.4%、11.9% 和 11.5%。政府采购优于消费补贴的主要原因有两方面：其一，新能源汽车产业发展初期技术不稳定，制造商需要承担较大的创新投资风险，在新能源汽车私人需求相对短缺的情况下，政府采购为新能源汽车确保了一定规模的市场需求，为制造商的研发创新提供了可观的市场驱动力。其二，新能源汽车产业发展初期市场推广相对滞后，大部分消费者仍对新能源汽车持观望态度。政府采购政策通过各级政府及公共机构推广和应用新能源汽车，引导产业的市场需求，政府的绿色采购和率先使用新能源汽车，为新能源汽车产业和大众消费者树立了信心。这种示范引导作用在初期对于消费者购买愿望的激励相比消费补贴的直接资金补贴效果更好，制造商也将获得更高的市场需求的预期。

第二，新能源汽车消费促进政策效果在不控制内生性情况下可能被过低估计，消费补贴（购置税减免和购置补贴）被过低估计的概率大于政府采购。从表 5-22 可知，政府采购匹配前后的 ATT 值分别为 0.155 和 0.164，匹配前后相差值为 0.09，消费补贴中的购置税减免和购置补贴匹配后的 ATT 值均大于匹配前，前后差值分别为 0.105 和 0.115。表明如果没有控制政策扶持效果中的内生性问题，政府采购、消费补贴（购置税减免和购置补贴）政策作用效果将会被过低估计。在新能源汽车消费促进政策效果被低估的情况下，将有可能导致政府的相关促进政策的精准实施或过早退出。

2. 政府采购和消费补贴的作用机制及差异分析

从倾向得分匹配分析可知，政府采购和消费补贴政策对新能源汽车制造商的生产均具有明显的促进作用。基于模型设定，本书进一步考察政府采购和消费补贴政策对于制造商资金和人力资本投入的影响。在模型①中加入政府采购和消费补贴两项政策分别与资金投入、人力资本投入的交叉项（Pro_fun、Pro_sta、Pt_fun、Pt_sta、ps_fun、ps_sta）。为便于与前文分析结果进行对比，采用最近邻匹配成功的样本进行回归，结果见表5-24所示。

表5-24　　　政策促进新能源汽车制造商产量增加的作用机制

组别	pro_fun	pro_sta	pt_fun	pt_sta	ps_fun	ps_sta	_cons
①	0.387*	3.984**					0.320
	(1.67)	(2.35)					(1.46)
②			0.241	4.584**			0.324**
			(0.97)	(2.11)			(2.56)
③					0.271	2.145**	0.244
					(0.03)	(2.18)	(1.06)

注：*$p < 0.1$；**$p < 0.05$；***$p < 0.01$，分别表示在10%、5%、1%的水平上显著。

从表5-24可以看出，政府采购政策通过促进新能源汽车制造商资金、人力资本两项要素来提高制造商的生产水平，相关结果均显著，而消费补贴政策主要是通过促进制造商的人力资本要素提高制造商的生产水平。政府采购政策的实施使得生产资本对生产水平的边际生产率平均提高38.7%，人力资本投入对生产水平的边际生产率平均提高394.8%；购置补贴和购置税减免政策的实施使得人力资本投入对生产水平的边际生产率分别提高458.4%、214.5%。这说明政府的政策扶持不仅有助于新能源汽车制造商解决资金投入不足的问题，同时还提高了其对自有生产资金的使用效率。此外，政府采购和消费补贴政策还通过人力资本要素促进新能源汽车制造商扩大生产规模。因此，人力资本投入相较于资金资本投入对制造商提高生产水平的边际生产率提高的效果更为显著。

第五节　管理启示与政策建议

根据实证研究结果，分别从新能源汽车制造商战略决策优化和营商环境优化两个方面提出管理启示和政策建议，如图5-5所示。

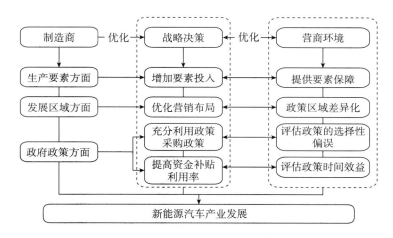

图5-5　主要管理启示与政策建议

一　制造商战略决策优化的启示与建议

（一）新能源汽车制造商应把握政策扶持所带来的发展契机，持续改进资金，人力资本和产权性质等方面的生产要素，努力提高经营绩效，将企业做大做强

目前由于政策扶持存在选择偏差，小型制造商受到的政策扶持比例较低，并且，从产权性质来看，民营企业和合资企业的受惠比例远低于国有企业。新能源汽车消费促进政策效果与制造商自身的生产资金投入和人力资本储备密切相关，二者呈现相互促进的关系，因此制造商自身的生产资金和人力资本要素投入和培养是制造商能否获得政

府扶持的关键因素。新能源汽车是人才、技术和资金密集型新兴产业，目前大多数汽车制造商还处于从传统汽车制造向新能源汽车制造的转型阶段，面临着资金不足和人才匮乏等瓶颈性问题。新能源汽车制造商应积极从资本和人力两个角度，提高要素投入以获得更多的政府扶持。

第一，人力要素方面：加大人才引进和培养政策，推进人才建设体系。新能源汽车是人才、技术和资金密集型新兴产业，人才缺失是各类企业普遍存在的问题。重视人才的引进和培养对于新能源汽车制造商的发展至关重要，通过人才的引进和培养来保障制造商的技术创新能力，提高核心竞争力。人才引进方面，新能源汽车制造商可以积极与当地的人才市场建立协助关系，广纳贤才；有针对性地以校企合作的方式建立实训基地，加强新能源汽车专业人才的培养，制订详细的人才培养方案，努力培养出高素质的复合型人才；通过完善的福利制度，设立专项基金、特殊的奖励机制等多种方式积极引进海内外高端技术人才。人才培养方面：应重视完善企业的考核和激励制度，重视研发人员的培养和锁定；尝试让各个岗位人才参与公司运营，提升员工的参与感和归属感；针对新能源汽车产业人才建立特殊的薪酬制度，提高员工的工作积极性；组织企业之间的交流与学习，加强企业之间的互动，通过学习交流和比较提高员工的创新意识和创新能力。

第二，资金要素方面：探索融资方式，加大研发投入。新能源汽车技术是决定未来新能源汽车产业发展的核心因素，而新能源汽车的技术创新需要高昂的研发成本投入，投资规模大，技术门槛高，且获利周期长，因此对于新能源汽车研发多数制造商面临融资约束问题。在此情况下，新能源汽车制造商应积极探索新的融资方式，如引入机构投资者或风投，寻求股票市场的帮助，合理布局自由资金，降低股利发放，资产证券化或众投等。在获得资金的情况下，有效利用研发资金投入，重视核心技术的突破。新能源汽车作为传统汽车的升级与转型，制造商的创新投入是影响产业升级的关键性因素之一。新能源汽车制造商应针对核心技术加大研发投入，寻求企业之间的技术交流与合作，尽快突破技术瓶颈；选择差异化的资金分配方式，使投入的资金能得到最大化的利用；设立技术创新基金，保证技术研发投入，免去技术人员的后顾之忧。

（二）新能源汽车制造商应充分考虑区域差异性，优化产业布局，将中等消费能力城市及车辆承载压力较低的城市作为未来扩展新能源汽车市场的拓展区域

产业集群有益于资源共享和加速资源传播，但在新能源汽车的销售方面则应放眼整个中国市场，充分了解各地新能源汽车消费促进政策差异如土地优惠、税收优惠、市场准入等方面，积极拓展销售版图。目前我国新能源汽车的主要消费地区主要是居民消费能力较强和交通承载压力较高的地区，这是因为居民消费能力较高的地区，政府补贴力度大，同时不限行不限牌的政策极大地促进了消费需求。但由于政府财政资源和城市交通承载能力有限，补贴退坡，新能源汽车指标供不应求等问题，新能源汽车在高居民消费能力和高交通承载压力城市的竞争力大大降低。而在中等消费能力城市及车辆承载压力较低的城市，新能源汽车的发展空间广阔。居民消费能力和交通承载压力决定了城市的新能源汽车的发展现状和发展前景。因此中等消费能力城市及车辆承载压力较低的城市在未来是新能源汽车发展的核心区域。

（三）积极把握政府采购政策所带来的长期稳定市场需求，提供高质量的售前售后服务

政府采购作为目标性很强的政策工具，显示了政府的偏好或理

性，与研发补贴等供给面的政策相比，政府采购的主要优势是事先确定采用一种新产品，然后由制造商通过最有效的技术来生产实现，可以为制造商提供了一个稳定和可预期的市场，并降低了创新结果的不确定性和风险。同时，政府采购引入了公开竞争机制，具有较高研发创新水平的制造商凭借高质量、高性能的产品可以赢得政府支持，能有效激励制造商加大研发创新投入，强化创新激励导向。因此充分把握政府采购政策所带来的长期稳定市场需求对于新能源汽车制造商长期稳定发展具有重要意义。针对政府采购产品，新能源汽车制造商应结合自身优势，提供高质量的产品从而保障政府采购的稳定性。另外，应根据采购用车在实际使用中的情况，提供优质的售后服务，并根据反馈意见进行产品的优化与升级。

（四）合理利用政府财政补贴，提升补贴效率

消费补贴主要在于消费端的购置补贴和购置税减免，只能带来现金流量上面的增加，无法提升新能源汽车制造商的研发能力，因此无法从根本上提升制造商的盈利能力。而前期高强度的补贴力度，使制造商产生了政策依赖性，导致骗补事件的发生。因此，制造商应建立正确的生产经营目标，明确技术创新对于企业长期发展的重要性，杜绝骗补行为。将资金用于核心技术和关键零部件技术的研发，摆脱政策依赖性，提升自身的核心竞争力。

制造商战略决策优化的管理启示如图 5-6 所示。

二 制造商营商环境优化的启示与建议

（一）在补贴"退坡"的背景下，政府可以通过多要素保障，如土地，资金，人力等，来优化新能源汽车制造商的发展环境

新能源汽车消费促进政策应与制造商的融资创新和人才培养密切挂钩，新能源汽车消费促进政策效果与制造商自身的生产资金投入和

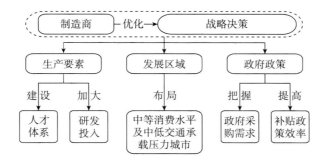

图5－6　制造商战略决策优化的管理启示

人力资本储备密切相关，二者呈现相互促进的关系，因此政府可以从融资创新和人才培养两个环节出发，通过政策引导带动全社会的多方参与和多渠道投入，建立长期稳定的新能源汽车发展资金来源和人才储备，保证新能源汽车产业具有稳定的资金来源，为制造商提供稳定的融资渠道；通过提供住房补贴，创业基金、安置配偶子女等方式吸引国内外人才；制定激励政策，加强企业与高校之间的合作，拓宽双方的人才流动渠道，促进新能源汽车科技成功转化；提供留学经费，选派重点企业重点人才出国交流学习，推动企业先进技术的突破；在省（区、市）内建立新能源汽车产业协会，以政府为中心，搭建平台，加快企业、高校、投资机构之间的信息流通，促进新能源汽车产业的发展。同时加大对土地等资源要素的重视，如：对新能源产业化项目的用地计划和土地供应予以优先保障，切实保障新能源产业化项目的用地需求；对建设新能源汽车基础设施的企业或社会资本给予一次性奖励；同时，引导新能源汽车制造商产业集群，发挥产业集群优势。

（二）政府在制定新能源消费促进政策时，应充分考虑区域差异性，为制造商优化产业环境

新能源消费促进政策在不同需求市场效果不一，而各级政府的财

政资源有限，为充分发挥政府资源的激励效果，应根据区域差异，调整政策的着力点。低消费能力及低车辆承载压力城市应以购买环节政策为主，通过直接降低固定成本的方式提高消费者对新能源汽车的接受度；中消费能力及中车辆承载压力城市可以根据自身情况调整政策重点，财政资源紧张的城市政策重点可以由购买环节向使用环节转移，新能源汽车推广压力大的城市，则可以继续延续购买环节对新能源汽车的高补贴，以提高消费者的购买欲望；高消费能力及高车辆承载压力城市则由于新能源汽车推广空间的有限应降低对购买环节的补贴力度，注重培育新能源汽车市场内生动力，完善新能源汽车使用环节配套设施及服务，保障新能源汽车市场的稳步发展。同时，在国家补贴整体退坡的趋势下，需要进一步规范新能源汽车市场，减少地方保护和地方性补贴。

中等消费能力城市及车辆承载压力较低的城市，政府应制定更积极的新能源汽车消费促进政策。优化路权优先、基础设施、购置补贴、购置税减免均能达到显著的激励效果。例如，将更多资金投入充电设施建设行业，并减少对相关产业的税收，加大优惠力度，优化税收优惠结构，对研发过程进行全阶段扶持，根据制造商研发产出，包括专利申请量、新产品种类及销售收入、被认证的知识产权数量等，制定不同的税收优惠政策，对新产品开发进行有针对性的全阶段的扶持等。

（三）突出政府采购政策对于制造商的积极作用，继续加大政府采购政策的实施力度，强化政府对自主创新的激励导向作用

政府采购为新能源汽车制造商创造乐观的市场预期并形成示范引导效应，相较于补贴类政策能更有效降低生产风险、激励制造商研发创新，有效弥补现阶段新能源汽车私人消费相对不足的缺陷，从而刺

激制造商提高市场需求预期及增加产品研发创新投入。但目前的政府采购仍存在地方隐性门槛，企业采购意愿低，导向性过强等问题，大大降低了政府采购政策的有效性。因此完善和加强政策采购政策，充分发挥政策的市场效应，对于新能源汽车制造商大有裨益。首先，以公共机构为着力点，从局部板块细化灵活采购。针对公共机构应选择车辆数目多，使用率高，使用路径固定的机构，如校园，景区，公交车，公务车等，政策推广力度较小，可行性较高。对于自愿换用新能源汽车的机构，政府可以给予经营者一定的奖励，对于换车难度大，成本高的机构，如公共交通，公务车等，则可由政府统一配置。其次，加强政府采购在基础设施建设上的作用，突出完善配套设施建设。重视关键网络节点的基础设施建设，尽快市场化招标建设，若难度较大，政府则可以考虑加大补贴力度等方式提高基础设施建设的盈利率。最后，杜绝地方保护主义，弱化采购导向。政府采购政策的实施过程中常出现地方保护现象，阻碍了要素流通，不利于发挥政策的市场效益。因此政府建立健全完善的政府采购制定，公开各级政府部分的政府采购情况，并做到全程监控，杜绝地方保护的发生。此外，由于目前的政府采购政策对采购成品进行了细致的标准，给制造商有的放矢的投机取巧创造了机会即制造商根据采购目录进行有目的性技术创新，极大的缩小了技术创新的多样性，限制了新能源汽车产业的多方面发展，因此在保障政府采购政策可行性的情况下，应弱化采购目录对于技术创新的直接导向。

（四）新能源汽车消费促进政策的制定与实施需要充分考虑时间效应及制造商属性，合理利用政府资源

对新能源汽车消费促进政策的进行正确评价，及时调整政策细则，能充分发挥政策对于制造商的积极作用。新能源汽车产业发展已

进入技术与商业化示范阶段，消费者的购买积极性逐渐升高，消费偏好发生变化，制造商的研发投入积极性逐渐升高，市场上新能源汽车的种类不断增多。在此背景下，政策效果随时间及市场微观主体的变动而变动，政府应密切关注政策的时候效果并做出相应的调整。

新能源汽车消费促进政策的实施效果在没有考虑时间趋势的情况下可能被过高估计，因此政府在制定政策时应适当提高政策力度以弥补政策效果随时间的增长而降低；消费者不再单纯的重视购买环节的相关优惠政策，进而考虑是否能在使用阶段获得更多的便利，使得使用环节政策实施整体效果优于购买环节政策，购买环节政策实施效果逐年减弱，使用环节政策实施效果逐年增强。因此政府在制定政策时应充分考虑市场内生动力的存在，适当减少财政补贴政策力度，加强和完善使用环节政策，如：完善基础设施建设优惠补贴政策，增加路权优先的政策方案并及时出台政策细则，公共停车场停车费减免，过路过桥费减免等。

目前政策扶持存在选择偏差，小型制造商受到的政策扶持比例较低，并且，从产权性质来看，民营企业和合资企业的受惠比例远低于国有企业，制造商自身的资金、人力资本、上市状态、产权性质等均是影响政策实施效果的重要因素。因此，政策在制定政策时应更多地关注具有生产潜力的非国有制造商，通过调整政府扶持门槛或者有针对性进行政府采购，使更多有潜力的民营和合资新能源汽车制造商获得政府扶持。

第六章　新能源汽车目标用户政策感知与政策的互动：领先用户与跟随用户分析视角

第一节　新能源汽车目标用户政策感知与政策互动理论分析

一　新能源汽车目标用户及特征

（一）主要目标用户：领先和跟随用户

根据 Roger（1995）的创新扩散理论，新兴产品的消费群体可以划分为领先采用者、早期采用者、中期采用者、后期采用者和滞后采用者，在新兴产品产业发展的不同阶段消费群体的构成比例不一，如图 6-1 所示。

领先和早期采用者属于领先用户，他们乐于接受新兴产品，善于利用新兴产品表现身份和个性，呈现凸显自我的消费特征，以中上等收入人群和年轻人居多。中期和后期采用者则属于跟随用户，他们对于新兴产品持谨慎的态度，在新兴产品获得良好的市场反馈并拥有一定的消费群体之后才愿意跟随购买，呈现跟随大众的消费特征。滞后采用者通常以成熟产品作为主要的购买对象，只有当新兴产品成为传统产品时才愿意采用。

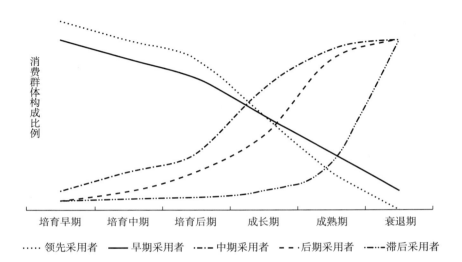

消费群体构成比例

培育早期　　培育中期　　培育后期　　成长期　　成熟期　　衰退期

······ 领先采用者　──── 早期采用者　─·─ 中期采用者　─ ─ 后期采用者　─··─ 滞后采用者

图 6-1　新能源汽车消费群体构成比例

新能源汽车作为一种典型的新兴技术产品，现阶段的目标用户主要是领先和跟随两类用户。熊勇清（2018）研究表明，年龄 25—40 岁、本科以上学历、管理人员及技术人员是新能源汽车市场的目标客户，许研（2015）针对新能源汽车目标客户的最新一项调查表明，新能源汽车消费群体中本科及以上学历用户占 57%，年龄 20—40 岁的用户占 76%，教师、IT 行业的用户占 52.4%，这些消费群体的共同的特性就是敢于接受新鲜事物。贝恩公司（2009）在对新能源汽车的研究中识别了四类细分客户，高端消费者、绿色先行者、价格敏感者、观望跟风者，并统计了欧洲、美国、日本、韩国四国的客户组成比例。欧洲和美国市场的高端消费者和绿色先行者总占比为 78%，价格敏感者和观望跟风者占比为 22%；日本和韩国市场的高端消费者和绿色先行者总占比为 75%，价格敏感者和观望跟风者占比为 25%（Erdem，2010）。沈玲（2013）认为新能源汽车未来的主流消费人群是有社会责任感、有较强经济实力的并注重环保的高档人士；高素质高学历、社会适应能力强的年轻人；个性很强、追逐潮流的时尚达人；环保信念坚定，从生活细节处奉行绿色消费，而不是从表面化的做作；乐于尝试新科技，并热衷于多元化的沟通。佘金凤（2014）在其研究中指出高学历、高收入、男性消费群体、政府职员及私营业主对新能源汽车购买决策的作用中调节作用比较明显。

根据这些相关研究，新能源汽车培育期目标用户的分布情况及其特征见表 6 - 1 所示。

表 6 - 1　　新能源汽车培育期目标用户的分布情况及其特征

目标用户类型		领先用户		跟随用户		滞后消费者（非目标用户）
		领先采用者	早期采用者	中期采用者	后期采用者	
分布比例		高	高	中	中低	低（极少）
目标用户特征	新技术态度	热衷	愿意	谨慎	迟疑	很难
	购买力	高购买力		有限购买力		购买力弱
	心理特征	凸显自我		跟随大众		思想保守
	学历	高学历		中等学历		中等以下学历
	环保态度	积极支持环保		具备一定环保意识		环保意识有限

领先用户是新能源汽车培育期的首批目标用户，在新能源汽车消费中发挥着引领示范的作用，跟随用户（中期和后期采用者）虽然对于新技术持有谨慎迟疑的态度，但伴随着领先用户的率先进入和新能源汽车消费群体的扩大，跟随用户将逐步进入，跟随用户属于新能源汽车培育期的潜在目标用户。新能源汽车产业的发展应准确把握这两类不同类型消费群体的购买心理和消费特征，以实现新能源汽车产业

的健康持续的发展。

（二）领先和跟随用户的消费心理及行为特征

1. 领先用户消费心理及行为特征

领先用户的购买决策并不都由产品的价格和性能等本质属性单一决定，更多的是由产品带来的象征性来决定，领先用户从一种商品中获得的效用通常依赖于与同等收入水平群体的比较和个体所处的社会地位，寻求地位的消费者更倾向购买受社会关注度高和引人注目的产品，这是领先用户在购买决策过程中所普遍表现出来的一种虚荣效应（Snob effect），并较多地在新兴产品或奢侈品消费购买中出现。中上等收入水平消费者愿意也能够购买具有创新含量的新兴产品，比起新兴产品价格，他们更关注新兴产品性能、质量、外观等特殊属性，尤其是能给他们带来凸显自我的属性。新能源汽车作为一种新兴的产品，其生产和推广需要高度关注领先用户的消费心理行为，相当一部分新能源汽车消费者是出于表现其社会地位及个性品位，要不然就会购买具有同样实用功能的传统燃油汽车（Iwata，2016）。领先用户的购买行为和由此产生的口碑传播能够显著地加强同类收入水平消费群体购买同样产品的行为，其他中上等水平消费者也将模仿购买新能源汽车。

2. 跟随用户的消费心理及行为特征

在领先用户的示范引领下，同时伴随着新能源汽车市场影响的扩大，普通大众跟随用户将逐步进入并尝试消费新兴产品，跟随用户对新兴产品的价格很敏感，人际关系和社会地位很容易影响到其购买决策，他们总是希望与参照组消费者的购买行为保持一致，表现出比较明显的从众效应（Bandwagon effect）。一种新兴产品占据市场的市场份额越大，普通大众跟随用户的从众效应越强。在新能源汽车产品投放市场的初期，以领先用户为主，从众效应对于普通大众跟随用户的消费购买决策影响作用较弱，一旦新能源汽车的领先用户数量超过临界容量，且新能源汽车属于跟随用户的货币支付能力的范围内的消费品，从众效应对跟随用户购买决策的影响作用变大，将使得越来越多的跟随用户模仿并选择购买新能源汽车。一种产品在被广大中上等收入水平的消费者接受后，该产品将进一步扩散到中下等收入群体，中下等收入群体不仅会逐渐模仿中上等收入水平消费者的消费偏好而且还会效仿同等收入群体的消费行为，将使市场获得爆发式增长，这是新能源汽车市场推广的重点方向。

据统计，2012—2016 年新能源汽车消费群体增长及"领先"和"跟随"两类用户构成情况如图 6-2 所示。

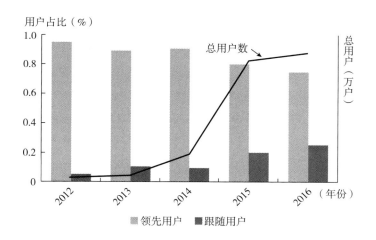

图 6-2　新能源汽车两类目标用户占比变化趋势（2012—2016 年）

数据来源：根据 2012—2016 年新能源汽车行业研究报告等整理。

二　新能源汽车目标用户政策感知的理论分析

大量研究表明，由于新能源汽车市场不成熟以及领先用户与跟随用户的特征及其需求的差异性等原因，新能源汽车较难通过市场机制实现快速推广（张海斌，2015），政策激励是推动新能源汽车"市场峡谷"跨越的重要手段。Langbroek（2016）的研究表明政策激励能对新能源汽车市场产生积极的推动作用；Green 等（2014）从新技术产品扩散视角出发，认为新能源汽车产业的发展需要产业政策的强大支持与刺激；Wang（2017）等从消费者剩余视角出发，认为新能源汽车产业正处于生命周期早期，购置补贴、税收减免和充电设施建设等产业政策可以增加消费者剩余并提高购买意愿；熊勇清等（2016）则指出，政策支持是促进新能源汽车消费市场等商业化条件成熟的重要手段。供给侧和需求侧应是政府推广新能源汽车的两个政策着力点，供给侧政策主要是通过公共资源投入及优化配置，着力改善新能源汽车消费市场供给体系的质量和效率，为新能源汽车消费市场商业化条件的成熟提供驱动力，包括新能源汽车消费和使用基础设施（充电桩等）建设、新能源汽车市场的金融支持、新能源汽车市场的示范组织、新能源汽车消费与交易的规范监督等方面。需求侧政策通过终端消费群体引导激励，着力于激发新能源汽车消费的积极性和购买能力，为新能源汽车消费市场商业化条件的成熟提供拉动力，包括针对消费者的购置补贴和税收减免、新能源汽车行驶的优先权、新能源汽车的政府采购等方面。新能源汽车产业供需双侧政策需要充分把握领先型与跟随型两类目标用户的特征及其需求的差异性，充分发挥供需双侧政策在由领先型目标用户所主导的早期市场过渡到跟随型目标用户所主导的普及市场过程中的"跳板"作用。

新能源汽车供需双侧政策实施的有效性与目标用户政策感知的满意度密切相关，要提高新能源汽车供需双侧政策的精准性，就必须谋求新能源汽车供需双侧政策与目标用户政策感知满意度的契合共鸣。

然而，关于新技术产品推广使用的相关促进政策的实施效果研究表明，政策实施效果与目标用户政策感知满意度之间的关系并不总是对称的，通常表现出一种非对称效应（Mittal，1998）。虽然目标用户对于某些新技术促进的政策并不满意，如果对于其中部分政策高度满意时，也会给出总体满意度较高的评价；如果某些关键性政策得不到目标用户较高程度的认可，则会招致目标用户对整体政策的不满（张春晖，2014）。忽视这种非对称效应，将会严重影响到政策实施的总体效果。Matzler 等（2002）学者根据这种非对称效应提出了消费者满意的三因素理论，将产品或服务属性分为基本性因素、兴奋性因素和表现性因素三类，较好地体现了属性绩效与用户总体满意度之间的对称与非对称关系。据此，可以将新能源汽车供需双侧政策在领先型与跟随型两类目标用户政策感知满意度形成过程中的影响因素分为基本性政策因素、兴奋性政策因素和表现性政策因素三类，准确把握领先型与跟随型两类目标用户关于供需双侧政策感知满意度的差异，是提高供需双侧政策实施精准性并跨越新能源汽车"市场峡谷"的关键。

构建新能源汽车供需双侧政策与目标用户政策感知满意度的关系模型如图 6－3 所示。

三　新能源汽车目标用户政策互动的理论分析

新能源汽车产业目前是我国重点培育的一种新兴产业，政府非常关注新能源汽车市场的开拓和推广，新能源汽车供需双侧政策中，政府提供直接补贴是我国最常见、目标用户最为受益的政策做法。我国政府施行了全方面发展新能源汽车产业的补贴政策，包括税收减免、购车补贴、研发补贴等，以达到政策与新能源汽车市场双赢的局面，政府致力于通过使用补贴以及税费减免等手段可以显著提升新能源汽车使用的便利性，降低使用成本。Diamond（2009）的研究表明，包

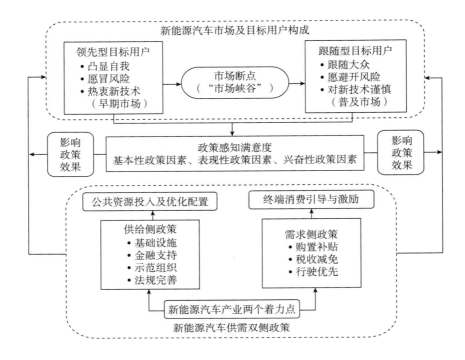

图 6 - 3　新能源汽车供需双侧政策与政策感知满意度的关系模型

括政府补贴在内的政策包括财税政策、政府干预货币政策在内的政府干预，这些政策为企业提供前期支付，促进了新能源汽车的生产，并有效地将新能源汽车的潜在市场需求转化为现实需要。Li（2016）的研究表明，税收减免政策对消费者的消费行为有正向促进作用，可以明显看到丰田新普锐斯能源车型的新能源汽车销售量的增长。如果减少补贴强度，其销售量也将同时减少。

　　根据已有研究的总结，政府的补贴激励政策的主要形式有研发补贴、购置补贴、税收补贴。购置补贴指的是购置新能源汽车，政府给予的资金补贴；研发补贴指的是为支持新能源汽车的研发创新，政府给予的资金补贴；税收减免指的是对新能源汽车免征购置税、车船税等。从对三者补贴的概述来看，购置补贴和税收减免对消费者发挥的作用具有一致性，即降低消费者购买新能源汽车的资金成本，所以在本书研究中，不对购置补贴和税收减免两类政策进行单独分析，将购置补贴和税收减免统一归纳为消费补贴，重点研究消费补贴政策与新能源汽车目标用户的互动过程。

（一）补贴政策对目标用户消费行为激励的影响

1. 政府研发补贴政策与目标用户消费激励

政府研发补贴能迅速促进领先用户消费新能源汽车，对跟随用户新能源汽车的消费促进存在一定的滞后期。给新产品开发和科研创新方面的研发补贴直接降低了新产品创新的成本和面临的风险，提高新产品创新的回报率，增加新产品产值，新能源汽车作为一种新兴产品，政府依托相关科研项目向新能源汽车制造商提供研发补贴，从而为新能源汽车消费者市场持续提供创新型产品，进而激发了新能源汽车领先用户的购买激情。

Rogers（2015）的创新扩散理论表明跟随用户接受技术创新产品存在滞后期，是新产品发展成熟期的主要目标用户，用户占比可达到68%。研发补贴助推领先用户市场发展后，对于跟随用户的消费具有很好的示范引导效应，当新能源汽车市场规模达到一定规模时，跟随用户将模仿领先用户消费行为进入新能源汽车市场，此外，研发补贴能持续不断的推动产品的技术创新，减少购置成本，降低了跟随用户消费门槛。

2. 政府消费补贴政策与目标用户消费激励

消费补贴对跟随用户的促进作用强于对领先用户的促进作用。中国汽车消费市场的发展存在很多问题，比如消费者对节能环保技术的了解甚少，消费群体消费层次低等。购买和使用新能源汽车的成本太高，消费者对新能源汽车的认可度不高，超出普通消费群体的心理预期和可承受限度。政府可以通过给消费者提供补贴等手段，以提高消费者的使用便利性，降低使用成本。跟随用户的购买力有限，以中、低层收入水平为代表的跟随用户比以中、高层收入水平为代表的领先用户对产品售价的降低更敏感，消费补贴能直接降低新能源汽车的资金成本，增强新能源汽车相比于传统汽油车的价格竞争优势，能在更大程度上促进跟随用户的消费意愿和购买效用。

（二）目标用户消费行为对补贴激励政策的影响

从新能源汽车目标用户对政府补贴激励政策敏感度角度分析，新能源汽车补贴政策对两类用户消费行为的影响作用机制存在差异性，两类用户消费行为对政府补贴政策的反馈同样存在差异性。领先用户的市场反馈更大程度上影响研发补贴力度的调整，跟随用户的市场反馈对消费补贴力度调整的影响更大。研发补贴主要是通过促进新产品的研发来提高新能源汽车市场的供给质量，通过刺激领先用户需求进而引导跟随用户消费，领先用户对研发补贴的实施效果更敏感，领先用户市场的反馈对研发补贴调整的影响更大。消费补贴主要是用来降低消费者购买新能源汽车的消费门槛，从而达到提高市场需求规模的目的，领先用户普遍而言属于中高收入消费群体，对新兴产品的高售价不敏感，政府调整消费补贴力度的大小对领先用户的消费行为影响较小，而跟随用户普遍而言属于中低收入消费群体，对产品的售价敏感度高，跟随用户受政府消费补贴力度调整的影响较大，故跟随用户的市场反馈对消费补贴的影响也更大。

新能源汽车目标用户消费行为与政府补贴行为的关系如图6-4所示。

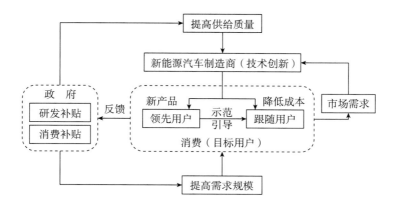

图6-4　新能源汽车领先和跟随用户消费行为与政府补贴行为关系的理论模型

第二节　新能源汽车目标用户政策
感知的实证与分析

一　数据来源与研究方法

（一）数据收集与样本结构

1. 问卷设计与调查实施

考虑到目标用户关于供需双侧政策感知的相关数据无法从统计数据库获取，本书采用调查问卷的方式收集数据，通过网络调查与现场调查两种方式发放问卷。问卷首先进行了小范围的预调查，在预调查的基础上修改完善并形成了正式调查问卷，问卷由"政策释义"和"测量题项"两部分构成。

问卷"政策释义"部分对新能源汽车供需双侧政策进行了具体描述，以确保调查对象能够准确理解各项政策的具体含义。借鉴熊勇清等（2016）关于新能源汽车供需双侧政策的划分方法，供给侧的政策强调改善新能源汽车消费市场供给体系的质量和效率，包括基础设施

（充电桩等）建设、金融支持、示范组织、法规完善等方面。需求侧的政策强调终端消费群体的购买积极性和消费能力的引导激励，包括针对目标用户的购置补贴和税收减免、行驶优先权等方面。

问卷的"测量题项"部分借鉴熊勇清等（2017）关于新能源汽车供需双侧政策"热点"高频特征词的筛选与统计方法，针对新能源汽车供需双侧的相关细分政策设计了若干测量题项。测量题项在经过预调查后进行了优化调整，并对相关语句措辞进行了修饰。正式调查问卷共包括7大部分共21个测量题项（见表6－2）。

表6－2　　　　　新能源汽车目标用户政策感知满意度测量量表

类型	政策细分	高频特征词	测量题项 （1. 完全不满意→5. 完全满意）
供给侧	基础设施	充电桩、充换电站、配套设施	①鼓励充电桩建设；②鼓励充换电站建设；③鼓励私人与公共可充电停车位建设
	金融支持	技术、研发、支持、动力电池、创新	①金融支持全新新能源汽车车型设计开发；②金融支持动力电池等关键零部件研发；③金融支持技术创新及产业化进程
	示范组织	示范、推广、应用	①城市或区域推广应用示范；②公交、出租、环卫等公共领域用车示范；③政府采购及公务用车示范
	法规完善	规范、条件、标准、公告、规划、补助标准	①调整财政补贴方案，设置补贴上限；②提高企业准入门槛，强化质量安全要求；③完善监督管理机制，严防骗补事件发生
需求侧	购置补贴	财政补贴、补助资金、补贴、价格	①购车直接补助；②按规定车型补助；③补助标准逐年调整
	税收减免	免购置税、购车税	①免征车辆购置税；②免征车船税；③免税车型目录分批次动态调整
	行驶优先	注册登记、行驶证、上牌、通行、服务	①不限行（行驶上路优先）；②不限牌（牌照发放优先）；③不限购（公务购车优先）

"测量题项"部分由"新能源汽车的政策感知满意度调查"和"新能源汽车政策目标用户总体满意度调查"相关测量题项构成，均采用李克特5点式测量方法，以1代表完全不满意，5代表完全满意。考虑到样本数据规模较大时，多测项总体满意度的测量质量不但不会提升，甚至有可能降低（Labarbera，1983），故采用单一题项对目标用户总体满意度进行测量。

2. 样本甄别与样本结构

本书需要将调查对象甄别为领先型和跟随型两类特征的目标用户，已有研究一般是根据调查对象的是否已经购买（使用）、收入水平、职业、学历层次等因素来区分领先型和跟随型两类消费者（宋艳，2017），但是相关研究表明，领先用户与跟随用户两类消费者的差异与经济收入或者社会地位等因素并不显著相关，更多的是源于消费者心理和行为特征方面的差异（熊勇清，2017）。据此，本书参考Moore（1991）等对"市场峡谷"中两类消费者心理与行为差异特征的描述，按照行为识别与性格测试量表的设计方法，在问卷中专门设计了领先型与跟随型两类目标用户的甄别题项。甄别题项借鉴Kim等（2008）的均值切分法，甄别题目分为选项A和B（分别赋值"1"和"0"）（见表6-3）。

表6-3　　　　领先型与跟随型两类目标用户的甄别题项

测量题项	题项解释与选择（选择一项最符合自身实际的解释）	
	A（赋值"1"）	B（赋值"0"）
（1）对于事物的判断，属于：	直觉型	分析型
（2）对于事物的变化，属于：	支持彻底变革	支持逐步演变
（3）对于新鲜事物，属于：	喜爱新发明	喜爱旧事物
（4）在团队角色中，属于：	领导者	普通大众

续表

测量题项	题项解释与选择（选择一项最符合自身实际的解释）	
	A（赋值"1"）	B（赋值"0"）
（5）在进行决策时，属于：	根据自己的意志	参考他人的意见
（6）面对风险时，属于：	愿冒风险	愿避开风险
（7）面对工作生活，属于：	为将来的机会而鼓舞	被现实问题所驱使
（8）面对未来，属于：	寻求一切可以寻找到的	追求能够达到的

注：参照 Kim 等（2008）的均值切分法，领先型目标用户分值大于或等于 5 分，跟随型目标用户分值小于 5 分。

实际回收调查问卷 856 份，其中有效调查问卷 773 份（占 90.3%），调查问卷的样本结构见表 6 – 4（Ⅰ），领先用户与跟随用户的甄别结果见表 6 – 4（Ⅱ）所示。

表 6 – 4　　　　　　　样本构成及目标用户类型甄别结果

项目	内容	（Ⅰ）样本购成		（Ⅱ）用户类型甄别结果	
		人数	占比（%）	领先用户	跟随用户
性别	男	366	47.35	154	212
	女	407	52.65	132	275
年龄（岁）	18—25	223	28.85	56	167
	26—36	312	40.36	142	170
	36—45	172	22.25	67	105
	46—55	59	7.63	20	39
	56 以上	7	0.95	1	6
教育水平	高中及以下	33	4.27	10	23
	专科	106	13.71	35	71
	本科	492	63.65	192	300
	研究生及以上	142	18.37	49	93
月收入水平（千元）	≤3	146	18.89	23	123
	3—5	185	23.93	60	125
	5—8	214	27.68	84	130
	8—10	144	18.63	72	72
	> 10	84	10.87	47	37

3. 问卷数据的信度与效度

调查问卷数据总体 Cronbach's α 值为 0.967，KMO 值为 0.952，Barlett 球体检验显著（Chi – Square = 8101.842，df = 210，P = 0.000），表明测量题项之间具有较高的内在一致性，数据适合进行因子分析。随机抽取样本数据并分为两组，分别进行探索性和验证性因子分析。

采用 SPSS 23.0 对政策属性绩效题项进行探索性因子分析，删除旋转后因子载荷小于 0.5 或同时在多个因子上载荷大于 0.4 的因子。因子分析表明，21 个题项因子载荷介于 0.530—0.843，均大于 0.5 且小于 0.95，在主成分分析法中，累计方差解释率达到 72.437%，高于 60% 标准，因子可以接受。进一步采用 AMOS 22.0 进行验证性因子分析，估计参数不存在负的误差方差，潜变量与其测项间的因子载荷均介于 0.5—0.95，未出现较大标准误，表明模型基本适配情况良好。整体适配度上，绝对适配指标 GFI = 0.932、AGFI = 0.906，均大于 0.9；RMR = 0.023、RMSEA = 0.046，均小于 0.05。增值适配度指标 NFI = 0.948、RFI = 0.935、IFI = 0.976、TLI（NNFI）= 0.970、CFI = 0.976，均大于 0.9。简约适配度指标 PGFI = 0.678、PNFI = 0.759、PCFI = 0.781，均大于 0.5；AIC 与 CAIC 理论模型值都小于独立模型值，且都同时小于饱和模型值（431.876 < 462.000 < 5949.644）、（743.930 < 1606.199 < 6053.662），表明模型整体适配情况良好。内在结构适配度上，所有测项因子载荷水平介于 0.781—0.895，均大于 0.5 且小于 0.95；7 个潜变量组合信度介于 0.853—0.892，均大于 0.7；其因子平均提取方差值 AVE 介于 0.659—0.735，均大于 0.5，表明模型内在适配情况良好。同时，7 个潜变量 AVE 平方根均大于各潜变量间的相关系数，表明测量模型具有良好的区别效

度。因此，模型达到了良好的适配标准，可以接受，调查数据的探索性因子与验证性因子分析结果见表6-5所示。

表6-5　　　　调查数据的探索性因子与验证性因子分析结果

类型	属性维度	测量题项	探索性因子载荷	验证性因子载荷	Cronbach'α系数	KMO	组合信度	AVE
供给侧	基础设施（Q1）	9.1	0.607	0.895	0.914	0.746	0.892	0.735
		9.2	0.598	0.869				
		9.3	0.665	0.805				
	金融支持（Q2）	10.1	0.818	0.865	0.939	0.770	0.878	0.706
		10.2	0.835	0.846				
		10.3	0.837	0.808				
	示范组织（Q3）	11.1	0.552	0.815	0.901	0.755	0.865	0.682
		11.2	0.538	0.814				
		11.3	0.538	0.848				
	法规完善（Q4）	12.1	0.545	0.789	0.917	0.757	0.866	0.683
		12.2	0.530	0.856				
		12.3	0.543	0.832				
需求侧	购置补贴（Q5）	13.1	0.821	0.870	0.939	0.764	0.873	0.696
		13.2	0.843	0.822				
		13.3	0.817	0.810				
	税收减免（Q6）	14.1	0.790	0.837	0.919	0.758	0.853	0.659
		14.2	0.791	0.817				
		14.3	0.778	0.781				
	行驶优先（Q7）	15.1	0.627	0.860	0.901	0.736	0.865	0.682
		15.2	0.632	0.829				
		15.3	0.548	0.784				

（二）分析步骤与方法选择

借鉴 Matzler（2002）的满意3因素理论以及 Caber（2013）关于消费者的产品或服务属性认知差异分析方法，主要步骤及分析方法如下。

1. 新能源汽车供需双侧政策目标用户感知满意度类型的甄别判断

针对新能源汽车供需双侧政策与目标用户政策感知满意度之间的非对称关系进行检验判断，奖惩对比分析（Penalty－reward contrast analysis，PRCA）是甄别非对称关系的常用方法，该方法的实质是虚拟变量回归，其原理是：以单个政策目标用户感知满意度得分作为政策绩效水平指标，揭示各政策在较高和较低满意度水平下对目标用户总体满意度的影响方式是否不同。为了检验新能源汽车供需双侧政策与目标用户政策感知满意度之间的非对称关系，首先对目标用户感知的各政策满意度的得分进行虚拟变量编码，借鉴 Padula（2005）等学者的研究，用第一个虚拟变量来测量在较高满意度水平下政策属性对目标用户总体满意度的影响，将 66.66% 分位点以上的得分编码为"1"，其他编码为"0"；用第二个虚拟变量来测量在较低满意度水平下政策属性对目标用户总体满意度的影响，将 33.33% 分位点以下得分编码为"1"，其他编码为"0"。然后以编码后的虚拟变量作为自变量，以目标用户总体满意度作为因变量，构建含有多个虚拟变量的回归模型，其中代表较高满意度水平的虚拟变量回归系数命名为奖励指标（Reward indices，RI），代表较低满意度水平的虚拟变量回归系数命名为惩罚指标（Penalty indices，PI）。以奖励指标除以惩罚指标的绝对值计算影响比率 IR（Impact ratio）（Matzler，2007），甄别判断供需双侧政策中各细分政策与目标用户总体满意度间对称或不对称的关系。

2. 新能源汽车供需双侧政策目标用户感知满意度水平的分析

PRCA 甄别了各细分政策与目标用户总体满意度之间是否存在的非对称关系，而各细分政策在两类目标用户中的优先级及需要改进的迫切程度还需要借助非对称影响绩效分析（Asymmetric impact – performance analysis，AIPA）方法（Caber，2013），其中非对称影响指标 IA（Impact asymmetry）是该方法的核心。IA 指标量化了政策的属性绩效，通过划分属性因素的类别，比较各属性因素政策促成目标用户满意或不满意的程度差别来衡量政策对目标用户的影响效用。

根据满意的三因素理论与 IA 指标，新能源汽车供需双侧政策的属性可以分为基本性政策因素、兴奋性政策因素和表现性政策因素三类，基本性政策因素是指未满足目标用户需求时会导致不满意，但即便这些政策能够充分满足需求，也不会过多引起目标用户的满意，以负向非对称的方式影响目标用户满意度；兴奋性政策因素是指在新能源汽车政策满足目标用户需求时会赢得满意，但即便这些政策不能够充分满足目标用户需求，也不容易招致目标用户的不满，以正向非对称的方式影响目标用户满意度；表现性政策因素则是指在新能源汽车政策满足目标用户需求时会赢得满意，在不能满足时会导致目标用户不满，与目标用户满意度呈线性和对称的关系（Mikulic，2008）。因此，本书应用 AIPA 对新能源汽车供需双侧政策的属性类别进行划分，分析新能源汽车供需双侧政策对于两类目标用户的激励性及其差异性，确定各细分政策属性的优先级与瓶颈性政策，为进一步优化和完善新能源汽车供需双侧政策提供依据。新能源汽车供需双侧政策目标用户感知满意度水平分析的技术路线如图 6 – 5 所示。

二 数据处理与结果分析

（一）新能源汽车供需双侧政策目标用户满意度的类型甄别判断

PRCA 对新能源汽车供需双侧政策目标用户感知满意度的类型进行判别，构建含有多个虚拟变量的回归模型如下：

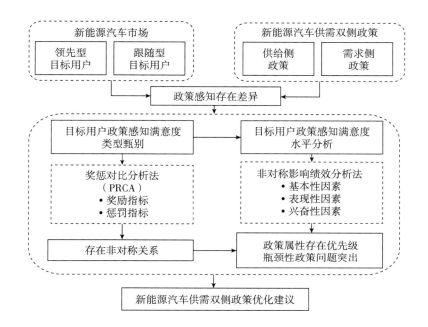

图 6－5　新能源汽车供需双侧政策目标用户感知满意度水平分析的技术路线

$$OCS = \beta_0 + \sum_{i=1}^{n} (\beta_{ri} x_{ri} + \beta_{pi} x_{pi}) \qquad (6-1)$$

式中，OCS 为目标用户总体满意度，β_0 为常数项，x_{ri} 为第 i 个政策属性的较高满意度水平虚拟变量，x_{pi} 为第 i 个政策属性的较低满意度水平虚拟变量；β_{ri} 和 β_{pi} 分别代表第 i 个政策属性在较高较低满意度水平下对目标用户总体满意度的影响，即 β_{ri} 为第 i 个政策属性的奖励指标，β_{pi} 为惩罚指标；i 为供需双侧政策，本书将供需双侧政策细分为基础设施（Q1）、金融支持（Q2）、示范组织（Q3）、法规完善（Q4）、购置补贴（Q5）、税收减免（Q6）和行驶优先（Q7），故 i 的值域为 1—7。标准化回归系数在虚拟变量回归中无法得到明确合理的解释，反而会构成理论阐释偏误或管理启示曲解等风险，故应以非标准化回归系数分析虚拟变量回归结果（Mikulic，2012）。使用两组虚拟变量作为自变量，与目标用户总体感知满意度（OCS）作为因变量进行多元回归分析，对于各细分政策，将得到奖励与惩罚两个回归系数。以奖励指标除以惩罚指标的绝对值计算影响比率标准值 IR，Matzler（2007）认为 IR 值介于 0.8—1.2 存在对称关系，大于 1.2 或小于 0.8 则表现出非对称关系，依据这一标准，结果见表 6 – 6 所示。

表 6 – 6　　　　　新能源汽车供需双侧政策的目标用户感知
满意度类别甄别判断结果

类型	属性维度	领先用户[①]				跟随用户[②]			
		奖励系标	惩罚系标	IR	满意度类别	奖励系标	惩罚系标	IR	满意度类别
供给侧	基础设施（Q1）	0.162^{ns}	-0.384^*	0.422	非对称	0.278^{**}	-0.230^{ns}	1.209	非对称
	金融支持（Q2）	0.048^{ns}	-0.429^*	0.112	非对称	0.103^{ns}	-0.422^{**}	1.315	非对称
	示范组织（Q3）	0.214^*	-0.209^{ns}	1.024	对称	0.226^{**}	-0.026^{ns}	8.692	非对称
	法规完善（Q3）	0.071^{ns}	-0.614^{***}	0.116	非对称	0.017^{ns}	-0.347^*	0.049	非对称
需求侧	购置补贴（Q5）	0.220^*	-0.063^{ns}	3.492	非对称	0.211^{***}	-0.385^{**}	0.548	非对称
	税收减免（Q6）	0.264^*	-0.370^{ns}	0.713	非对称	0.196^{ns}	-0.292^*	0.671	非对称
	行驶优先（Q7）	0.232^{**}	-0.125^{ns}	1.856	非对称	0.173^{**}	-0.016^{ns}	10.813	非对称

注：① $*p<0.1$，$**p<0.05$，$***p<0.01$，ns = 不显著，F = 17.546，Adj. R^2 = 0.448；②. $*p<0.1$，$**p<0.05$，$***p<0.01$，ns = 不显著，F = 35.660，Adj. R2 = 0.500。

甄别判断结果表明：

1. 新能源汽车供需双侧政策与目标用户政策感知总体满意度之间存在着非对称的关系

表 6 – 6 相关数据显示，在领先用户的政策感知中，除示范组织政策外，新能源汽车供需双侧中的其他政策与目标用户总体满意度间均表现出非对称的关系；在跟随用户的政策感知中，新能源汽车供需双侧中的所有政策均表现出非对称的关系。由此可以证实，新能源汽

车供需双侧政策与目标用户感知总体满意度之间的确存在非对称的关系。

2. 要提高新能源汽车供需双侧政策实施的精准性，就必须准确把握影响目标用户政策感知总体满意度的关键性政策

由于新能源汽车供需双侧政策与目标用户感知总体满意度之间表现为非对称的关系，即虽然新能源汽车目标用户对于供需双侧政策中某些政策并不满意，但如果目标用户对于供需双侧政策中的部分政策高度满意时，也将在总体上表现出较高的满意度；同时，如果某些关键性政策的目标用户目标用户感知满意度较低，则将招致目标用户对于供需双侧政策整体的不满。显然，新能源汽车供需双侧政策实施过程中，必须以影响目标用户政策感知总体满意度的关键性政策作为实施重点，同时充分考虑到领先型与跟随型目标用户政策感知满意度的差异性。

（二）新能源汽车供需双侧政策目标用户感知满意度的水平分析

应用非对称影响绩效分析方法（AIPA），进一步探究影响目标用户政策感知总体满意度的关键性政策。首先计算供需双侧各政策对目标用户政策感知总体满意度（OCS）的非对称指数 IA：

$$IA = \beta_{ri}(\beta_{ri} + |\beta_{pi}|) - |\beta_{pi}| / (\beta_{ri} + |\beta_{pi}|) \qquad (6-2)$$

式中，β_{ri} 和 β_{pi} 分别为第 i 个属性的奖励指标和惩罚指标，IA_i 是对第 i 个政策属性产生满意的潜力和产生不满意潜力的比较，是对政策属性与总体满意度间非对称效应程度的量化。IA 指数是划分属性类别的有效指标，IA 值介于 $-0.1—0.1$ 的属性为表现性政策因素，高于 0.1 的属性为兴奋性政策因素，低于 0.1 的属性为基本型政策因素（Caber，2013）。以各政策目标用户感知满意度得分系数作为政策绩效水平指标为横轴，以影响非对称指数 IA 为纵轴，构成二维矩阵，

分别绘制领先型与跟随型两类目标用户目标用户非对称影响绩效分析图。在二维矩阵图中，以经过 IA 值 - 0.1 和 0.1 两点绘制水平辅助线，用以各政策属性的 3 因素类别划分；以经过满意度得分总平均点（4.035、3.825）做垂直辅助线，用以凸显各政策的满意度水平高低；同时，识别处于基本性政策因素与低满意度水平区域具有突出问题的"瓶颈性"政策，进行非对称影响绩效分析，分析结果见表 6 - 7 和图 6 - 6 所示。

表 6 - 7　　　　　新能源汽车供需双侧政策目标用户感知

满意度水平分析结果

类型	属性维度	领先用户			跟随用户		
		感知满意度水平	IA 指标	因素类别	感知满意度水平	IA 指标	因素类别
供给侧	基础设施（Q1）	3.938	- 0.407	基本性	3.918	0.095	表现性
	金融支持（Q2）	4.022	- 0.799	基本性	3.832	- 0.608	基本性
	示范组织（Q3）	4.080	0.012	表现性	3.809	0.794	兴奋性
	法规完善（Q4）	4.131	- 0.793	基本性	3.897	- 0.907	基本性
需求侧	购置补贴（Q5）	4.020	0.555	兴奋性	3.766	- 0.292	基本性
	税收减免（Q6）	4.124	- 0.166	基本性	3.802	- 0.198	基本性
	行驶优先（Q7）	3.936	0.300	兴奋性	3.749	0.831	兴奋性

从表 6 - 7 可知，领先用户与跟随用户采用 IA 指数作为依据对因素类别划分的结果与表 6 - 6 中采用 IR 指数作为依据划分的对称关系结果基本一致，表明数据分析的可行性。

1. 供需双侧政策与领先用户政策感知的满意度水平

图 6 - 6（a）显示，对于领先目标用户而言，供给侧的示范组织、法规完善政策与需求侧的税收减免政策位于高满意度水平区域，供给侧的基础设施、金融支持政策与需求侧的购置补贴、行驶优先政

策位于低满意度水平区域。供需双侧政策感知满意度水平整体相差不大，包含了基本性、表现性与兴奋性三种政策因素类型。

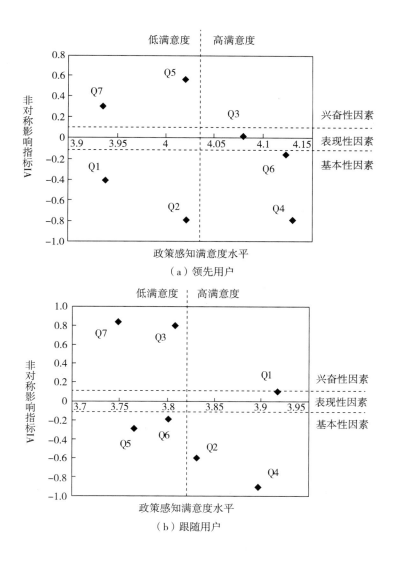

图6-6　领先用户与跟随用户政策感知满意度水平的差异分析

领先用户关于供给侧政策的感知中，基础设施与金融支持两项政策位于基本性政策因素——低满意度水平空间区域，政策感知满意度均低于平均水平，属于问题突出且最应得到改进的瓶颈性政策。基本性政策因素能显著拉低用户的总体满意度水平，这类政策如果得不到充分满足，将会导致领先型目标用户的强烈不满，但即便这些政策能够充分满足，也不会过多增进领先用户的满意度水平。领先用户对当前新能源汽车的基础设施建设与技术水平普遍不满意，新能源汽车可供选择较少，续航里程较短，充电换电不便等问题极大地阻碍了新能源汽车早期市场的持续增长，当下关于领先用户的政策激励重点应聚焦在充电桩等基础设施建设与加大技术创新上来，为目标用户提供多样化的选择与服务，减少用户的后顾之忧。示范组织与法规完善政策位于高满意度水平区域，表明领先用户对于目前示范组织与法规完善两项政策认可度相对较高。其中，示范组织政策属于表现性政策因素，该政策因素以线性对称的方式影响着用户的满意度；法规完善政策属于基本性政策因素，该政策因素以负向非对称的方式影响着用户的满意度，继续加大新能源汽车的应用推广示范力度，完善相关法律法规，代表着政策进一步优化的重点方向，该两项政策的满意度水平应继续保持在一定水平之上。

领先用户关于需求侧政策的感知中，购置补贴与行驶优先两项政策属于兴奋性政策因素，但目前政策感知满意度都低于平均水平，这些政策因素能在较大程度上提升领先用户的总体满意度，转换直接补贴方式，分区域地增加新能源汽车的行驶特权，在兴奋性政策因素上满足领先用户的需求十分必要。税收减免政策属于基本性政策因素，其政策感知满意度高于平均水平且贴近表现性政策因素区域，表明领先用户对于目前实施的税收减免等政策基本认可，继续保持政策的实施强度以寻求实现基本性政策因素向表现性因素的转变。

2. 供需双侧政策与跟随用户政策感知的满意度水平

图 6-6（b）显示，对于跟随型目标用户而言，供给侧政策中除示范组织政策外整体位于高满意度水平区域，需求侧政策则整体位于低满意度水平区域。同样，供需双侧政策中包含了基本性、表现性与兴奋性三种政策因素类型。

跟随用户关于供给侧政策的感知中，除示范组织政策外，感知满意度得分均高于平均水平，没有任何一项政策位于基本性政策因素——低满意度水平空间区域，跟随用户对于供给侧政策认可度较高。其中，金融支持和法规完善两项政策属于基本性政策因素，基础设施属于表现性政策因素，对于跟随用户而言，未来政策需要在保持用户的高满意度感知水平下，努力促进基本性政策因素与表现性政策因素向兴奋性政策因素的转变。示范组织政策属于兴奋性政策因素，但其感知满意度得分低于平均水平，表明跟随用户对于目前示范组织政策还缺乏认可，未来应加大新能源汽车对于目标用户尤其是跟随用户的宣传与示范力度，以促使目标用户对新能源汽车充分了解，扩大市场影响力。

跟随用户关于需求侧的政策感知中，感知满意度得分均低于平均水平，其中购置补贴与税收减免两项政策位于基本性政策因素——低满意度水平空间区域，属于问题突出且最应得到改进的瓶颈性政策。跟随用户由于自身综合实力等原因更倾向于政策的直接刺激，购车直接补贴与税收直接减免在影响跟随用户购买新能源汽车的因素中占有绝大比重，在补贴逐年退坡的风口，未来需要逐步制订出可以替代购置补贴政策的方案，同时继续延长免征新能源汽车购置税、车船税等年限，以防止跟随用户满意度与购买意愿的继续下滑，影响新能源汽车向大众普及化市场的扩散。与领先用户相似，行驶优先政策同属于兴奋性政策因素，但其感知满意度得分远低于平均水平，跟随用户对该政策同样存在强烈不满，行驶优先政策在两类目标用户及市场培育的过程中都需要重点关注。

3. 领先用户与跟随用户政策感知满意度水平的比较

两类用户政策感知满意度水平如图 6 – 7 所示，新能源汽车跟随型目标用户政策感知满意度水平相较于领先用户普遍偏低，行驶优先政策则在两类目标用户政策感知中满意度水平最低。

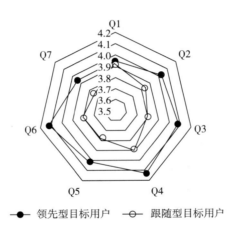

图 6 – 7　"领先" 用户与 "跟随" 用户政策感知满意度水平的比较

跟随用户政策感知满意度水平整体低于领先用户相应政策感知满意度水平，且多位于平均水平之下。表明目前新能源汽车部分政策还不能被大众化市场的跟随用户所接受，跟随用户由于受自身经济条件约束等原因影响，需要更多的政策倾斜，新能源汽车消费促进政策要充分考虑跟随用户群体的实际需求，加速推进新能源汽车大众化普及市场的建设。领先用户与跟随用户关于基础设施的政策感知满意度水平相差不大，行驶优先政策感知满意度水平则在两类目标用户中均为最低。表明两类用户对于新能源汽车基础设施建设的需求基本相同，充电换电不便仍然是阻碍新能源汽车市场发展最大难题之一。同时，应该鼓励更多的城市给予新能源汽车上路行驶的优先权利，以吸引更多消费者的购买和使用。

第三节　新能源汽车目标用户政策
互动的实验模拟及分析

一　实验模拟目的与方法选择

（一）实验模拟目的

我国新能源汽车消费群体对新能源汽车的认识比较理性和准确，认知度也较高。但是消费者对新能源汽车仍有一定的顾虑存在，比如担忧产品安全性和技术性能等，而且消费者参考的最重要的因素还包括新能源汽车价格。因此，消费者能否获得政府补贴的激励政策以及补贴的力度大小是新能源汽车市场化的重要推动抓手。为了观察新能源汽车在市场化的过程中，新能源汽车领先和跟随两类用户消费行为与政策的相互影响关系，本书选取与目标用户最为相关的政府补贴政策，拟构建两类目标用户的消费行为与政府补贴行为的互动模型，通过观察其统计特征，分析两类目标用户的购买行为与政府两类补贴激励政策的相互影响，为现阶段新能源汽车的市场培育提供决策参考。

（二）模拟方法选择

在研究政府补贴和新能源汽车目标用户的互动行为时，着重研究政府的两类补贴激励政策与两类目标用户的购买行为的相互影响。根据消费者决策理论，采用消费者购买决策的效用阈值方式，当消费者的购买行为带来的效用大于某一效用值时，消费者将选择购买，否则购买意愿为零。

政府的补贴行为是能够单独决策的具有学习能力的主体，历史采取的补贴策略以及该策略所带来的实施效果都是政府能够自主学习到的，再加上对未来的期望都是政府调整补贴策略时考虑的重要因素。为了能精准刻画政府在补贴决策过程中所体现出的学习性，本书尝试引用经验魅力权重学习模型（Experience - weighted attraction learning model，EWA）来开展研究，将 EWA 模型的学习算法应用到动态调整补贴模式下，以最大化促进新能源汽车目标用户的消费行为，为政府合理调整补贴力度提供理论依据。政府与目标用户组成一个互动系统，这个系统中的主体具有很强异质性和适应性。

本书在研究政府补贴和新能源汽车目标用户的互动行为时，采用随机效用模型和经验魅力权重学习模型构建可控制、可重复运行的互动实验模型，模拟政府和新能源汽车目标用户的相互作用，通过分析重要参数变化对政府补贴行为和目标用户消费行为的影响，为新能源汽车产业的发展提供政策启示。

二　模拟设计及变量设置

（一）模拟实验构成

模拟分析政府补贴激励政策与领先和跟随两类目标用户之间的互动影响。实验一：设置两组对比试验，设定研发补贴力度 v 为 2.5 的静态补贴模式和研发补贴力度 v 取值阈为（0，5）动态补贴模式，其他实验模型参数及取值范围见表 4 - 1 所示，将经验魅力权重学习模型用于实验模拟中，重点分析动态和静态研发补贴模式下两类目标用户的消费行为与政府研发补贴行为。实验二：设置两组对比实验，设消费补贴力度值 r 取 0.25 的静态补贴模式实验和消费补贴力度 r 取值域为（0，0.5）的动态补贴模式实验，其他参数设置见表 6 - 8 所示，重点考察不同的消费补贴模式下，政府消费补贴行为与两类用户的消费行为；实验主体（政府补贴政策和消费者）之间的交互流程设计如图 6-8 所示。

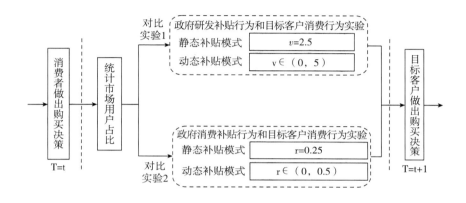

图 6-8　实验主体交互流程

（二）变量设置

在 Repast J 平台上利用开源软件 Eclipse 3 和 Matlab 的 Java 编程，开展 1000 轮次模拟，并对所得实验模拟结果进行统计分析，表 6-8 是本实验模型参数的设置情况。

（三）主要模型设计

目标用户消费的模拟。在本书构建的模型中，目标用户是新能源汽车的购买主体，消费者的决策行为体现为个人效用值最大。假定消费者的购买偏好是相互依赖的。在本次实验模拟中，构建随机效用模型 $u_{it} = \hat{u}_i + \varepsilon_{it}$，式中，$\hat{u}_i$ 为无政府补贴时消费者购买新能源汽车的"感知效用"，ε_{it} 为存在政府补贴时消费者购买新能源汽车的"效用增量"，第 t 周期消费者 i 购买新能源汽车获得的总效用为 u_{it}，当消费者效用阈值 $\bar{u}$ 低于总效用 u_{it} 时，新能源汽车将被消费者选择购买。

表6-8　　　　　　　　　　　实验模型参数及取值范围

参数类型	实验主体	模拟参数			
		参数	参数解释	取值	分布性质
固定参数	目标客户（领先用户）	χ	标量	2	常量
		n_u	实验人数	1000	常量
		$\overline{u}_u$	效用阈值	10—20	随机分布
		$\hat{u}_u$	感知效用	5—10	随机分布
		α_i	研发倾向度	0.3—0.5	随机分布
		κ	虚荣弹性	0—0.25	随机分布
	目标客户（跟随用户）	n_l	实验人数	1000	常量
		$\overline{u}_l$	效用阈值	5—10	随机分布
		$\hat{u}_l$	感知效用	0—5	随机分布
		ζ	研发倾向度	0—0.5	随机分布
		α_i	从众弹性	0—0.3	随机分布
	政府	θ	价格系数	0.01	常量
		η	设定市场目标用户占比系数	0.03	常量
动态参数	目标客户	实验一		实验二	
		动态补贴模式	静态补贴模式	动态补贴模式	静态补贴模式
		$v\epsilon\,(0,\,5)$、$\tau=0.02$	$v=2.5$	$r\epsilon\,(0,\,0.5)$、$\tau=0.01$	$r=0.25$
		$r=0$	$v=0$		

设 t 周期"领先"用户新能源汽车购买的总效用为 $u_{it}=\hat{u}_i+\chi\dfrac{x_t^{\omega}f_t^{\omega}}{[(1-r)P_t]^{0.5-\alpha_i}l_t^k}$，$r$ 为政府的消费补贴力度，领先用户的虚荣弹性指标为 k，研发的倾向度为 a_i，l_t 为购买新能源汽车的领先用户数。跟随用户新能源汽车购买的总效用为 $u_{it}=\hat{u}_i+\chi\dfrac{x_t^{\alpha_i}f_t^{\omega}n_t^{\zeta}}{[(1-r)P_t]^{0.5-\alpha_1}}$。

跟随用户的从众效应为 n_t，从众弹性指标为 ζ，跟随用户是通过市场份额来感知从众效应的，新能源汽车所占据的市场份额越大，其从众效应越强，即 $n_t=m_{t-1}$。

政府补贴政策的模拟。设政府 t 周期新能源汽车推广目标为新能源汽车用户占比 $\hat{q}_t = \eta q_{t-1}$。实验一：政府 t 周期向制造商提供的研发补贴额为 g_t，$g_{t+1} = \begin{cases} v\ (q_t - \hat{q}_t) & q_t > \overline{q}_t \\ 0 & q_t \leqslant \overline{q}_t \end{cases}$，研发补贴力度 v 为 t 周期购买新能源汽车的用户占比 q_t 高于政府制定的市场推广目标购买用户占比 $\hat{q}_t$ 时，每增加单位用户占比政府应提供的研发补贴力度。政府提供的对制造商的补贴等最终都会通过消费者的购买惠及消费者，研发补贴一方面用于提高新能源汽车的综合性能为 $x_{t+1} = x_t g_t^{\iota}$，式中，$\iota$ 为研发弹性，另一方面用于降低新能源汽车价格 $p_{t+1} = (1 - \theta)\ p_t$，增加消费者的购买效用。实验二：政府根据对市场的预期以及市场反馈动态调整消费补贴力度。政府将 t 周期制定的市场推广目标用户占比 $\hat{q}_t$ 与 t 周期购买新能源汽车的用户占比 q_t 的数值大小进行比较，进而决定 r 在 $t+1$ 周期的数值，提高、降低或保持不变。

本实验研究将经验魅力权重法学习模型（EWA 学习模型）引入政府的决策过程中。

记策略 s 在第 t 周期对政府的魅力值为 $A_m^s\ (t)$，m 为政府，则

$$A_m^s\ (t) = \frac{N(t-1)\varphi A_m^s(t-1) + [\partial + (1-\partial)I(s)]U_m^s(t)}{N(t)},\ N(t) =$$

$\rho N(t-1) + 1$

式中，φ 为历史魅力值的折现因子，$N(t)$ 为第 t 个周期的过去经验权重，∂ 为没有采纳策略时的收益权重，若获得的收益权重的数值越大，表示政府越希望采取该策略并推广之，$I(s)$ 为示性函数，示性函数只有两种取值，要么取 1 要么取 0，0 表示政府不采用该策略 s，1 表示政府采用该策略，$U_m^s(t)$ 为政府采纳策略 s 后的效用值，本书采用实

验前后两个周期的总销售量的差值衡量，即 $U_m^s(t) = Q(t) - Q(t-1)$，ρ 为过去经验的折现因子。如果政府采用某一政策取得的魅力值越大，政策就越倾向于采取该策略。若 $I(s) = 1$，即策略 s 在第 t 个周期被采用，则有 $A_m^s(t) = \dfrac{N(t-1)\varphi A_m^s(t-1) + U_m^s(t)}{N(t)}$；若 $I(s) = 0$，即策略 s 在第 t 个周期未被采用，则有 $A_m^s(t) = \dfrac{N(t-1)\varphi A_m^s(t-1) + \partial U_m^s(t)}{N(t)}$。

设政府在每一实验周期可选择三种策略，即补贴力度 v（或 r）可以取三个数值，$s \in \{1, 2, 3\}$，$s = 1$，表示 v（或 r）将提高 τ；$s = 2$，表示 v（或 r）不变，$s = 3$，表示将 v（或 r）降低 τ。在经验魅力权重学习模型中，随机性是政府选择策略时会具有的一种特性，本书采用 Logit 反映函数将策略魅力值转化为策略被选择的的概率，用以表示政府下一周期采用该策略的概率，$Pr^s(t+1) = \dfrac{\exp[\lambda \cdot A_m^s(t)]}{\sum_{s=1}^{3} \exp[\lambda \cdot A_m^s(t)]}$，式中 λ 表示策略魅力值反映敏感度。

三 模拟结果与数据分析

（一）研发补贴政策与新能源汽车目标用户的消费

（1）研发补贴的动态补贴模式下，政府研发补贴政策的演化特征以及领先和跟随两类用户占比演变趋势，模拟实验结果如图 6-9 和图 6-10 所示。

政府研发补贴对于领先和跟随两类用户消费行为的影响存在显著差异，研发补贴对领先用户的影响由强变弱，对跟随用户的影响由弱变强。当研发补贴力度由 0 增加到 3 时，领先用户占比持续快速增加，而新能源汽车跟随用户市场的占有率一直不高；当研发补贴力度从 3 增加到 4.5 时，领先用户占比变化不大，而跟随用户呈现爆发式增长，如图 6-9 所示。模拟结果表明研发补贴对于新能源汽车领先用户影响迅速，但对于跟随用户的影响存在一定的滞后期，只有当研发补贴力度增至一定力度并且生产成本显著降低时，跟随用户市场才开始出现"井喷"式增长。

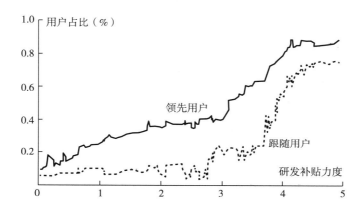

图 6 - 9　政府研发补贴行为对目标用户消费行为影响的随机过程

新能源汽车领先和跟随两类用户对于政府研发补贴行为的影响存在显著差异，研发补贴力度随领先用户占比的增加而增加但随后趋缓，随跟随用户占比的增加在保持一定时间的相对稳定后将会逐步降低直至取消。当领先用户占比从 0 增至 0.4 时，研发补贴力度也随之迅速从 0 增至 4.4，当占比继续增至 0.8 时，研发补贴力度维持在 4.4 左右徘徊。当跟随用户占比由 0 增至 0.35 时，研发补贴力度基本维持在 4.4 左右，表明这些跟随用户在领先用户进入井喷式增长阶段就进入新能源汽车市场，当跟随用户占比增至 0.35 时，研发补贴力度跳水式下降至零，如图 6 - 10 所示。模拟结果表明领先用户的增加将进一步促进政府加大研发补贴的力度，但随着跟随用户占比的增加，政府研发补贴的力度将逐步减少，说明领先用户占比的增加对研发补贴的增加影响更大，跟随用户的增加影响研发补贴的退坡行为。

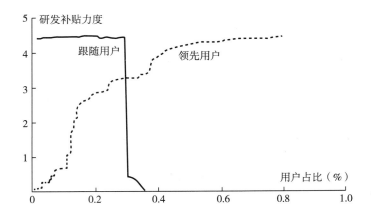

图6-10　目标用户消费行为对政府研发补贴行为影响的随机过程

（2）将政府研发补贴的动态补贴模式和静态补贴模式下的政府补贴行为和目标用户行为进行对比分析。在实验一中，实施政府研发补贴度（v=2.5）保持不变，这是一种静态的激励方式；另外，研发补贴力度区间为（0，5），是一种动态的补贴模式，对比两种补贴模式对目标用户消费行为的影响，模拟实验结果如图6-11所示。同时，将实验过程中的动态补贴模式下的研发补贴力度与静态补贴模式下的补贴力度进行对比，实验结果如图6-12所示。

新能源汽车目标用户市场研发补贴的动态补贴模式优于静态补贴模式，动态补贴模式下的用户总占比多于静态补贴模式下的用户总占比。模拟结果显示，研究发现动态补贴的优势更明显，即政府动态调整研发补贴力度，能更有效促进新能源汽车市场的推广。首先，动态补贴模式的用户总占比曲线a一直位于静态补贴模式的用户总占比曲线b上方，动态补贴模式下的最终用户总占比静态补贴模式下的用户

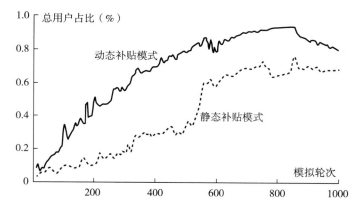

图 6 - 11　研发补贴动态补贴模式与静态补贴模式的目标用户行为的比较分析

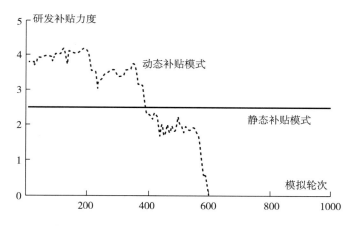

图 6 - 12　动态补贴模式与静态补贴模式下的研发补贴力度的比较分析

占比提高了近 15%，说明动态补贴模式对目标用户的激励作用更有效。其次，曲线 a 在实验的前 500 个周期的斜率大于同期曲线 b 的斜率，表明动态补贴模式能更快速拓展新能源汽车市场，如图 6 - 10 所示。政府研发补贴力度的演变过程可以分为三个阶段，先高位保持后逐步下降最终退出补贴模式。研发补贴水平在前 385 个周期均维持在2.5 以上，表明政府在新能源汽车市场的推广初期，在产业发展不够成熟时，倾向于实施较高的研发补贴力度，支持制造商提高新能源汽车技术等产品属性，从而推广新能源汽车；在第 385 个周期至第 600

个周期，政府补贴力度则明显下降，普遍维持在 2.5 以下，最终在第605 个周期，政府终止了研发补贴的投入，如图 6-12 所示。

（二）消费补贴政策与新能源汽车目标用户的消费

（1）消费补贴的动态补贴模式下，政府消费补贴政策的演化特征以及领先和跟随两类用户占比演变趋势模拟实验结果如图 6-13 和图6-14 所示。

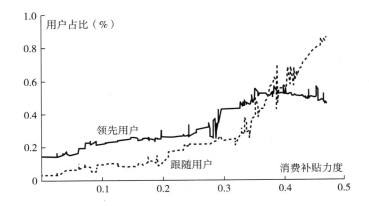

图 6-13　政府消费补贴行为对目标用户消费行为影响的随机过程

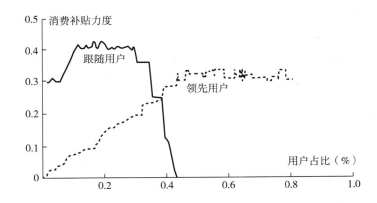

图 6-14　目标用户消费行为对政府消费补贴行为影响的随机过程

政府消费补贴将促进领先和跟随两类目标用户的增长，但是消费补贴力度的变化对于领先用户的影响不大，对于跟随用户的影响则非常明显。模拟结果显示，伴随着消费补贴的加大，领先和跟随两类目标用户都有一定数量的增长，但当消费补贴力度由 0.2 增至 0.48 时，领先用户占比的增速并不明显，跟随用户占比则有明显增长，并最终超过了领先用户占比，如图 6-12 所示。模拟结果表明新能源汽车消费补贴对于领先用户影响有限，但较大的购置补贴力度对于跟随用户的增长则有着十分明显的作用。

新能源汽车领先和跟随两类用户对于政府消费补贴行为的影响存在明显差异，政府消费补贴力度随领先用户占比的增加而增加并逐渐趋向稳定，但是随着跟随用户占比的增加而先迅速增加后降低至零。当领先用户占比从 0 增至 0.8 时，消费补贴力度从 0 增至 0.3 后保持稳定。跟随用户占比在 0—0.2 范围内的消费补贴力度维持在 0.3，表明这些跟随用户在领先用户进入井喷式增长阶段就进入新能源汽车市场，当跟随用户占比增至 0.18 时，消费补贴力度不断增加达到峰值 0.42，当跟随用户继续增至 0.35 时补贴力度稳定不变，当跟随用户占比从 0.35 增至 0.42 时，消费补贴力度分层级迅速下降，如图 6-13 所示。模拟结果表明新能源汽车发展初期领先用户的增加能在一定程度上增加消费补贴力度，但附着跟随用户不断进入市场，将进一步刺激政府消费补贴力度的增加，当达到一定规模后，政府的消费补贴力度将减少直至终止，说明跟随用户占比的变化在更大程度上影响消费补贴力度的调整。

（2）将政府消费补贴的动态补贴模式和静态补贴模式下的政府补贴行为和目标用户行为进行对比分析。在实验二中，实施政府消费补贴力度（v = 0.25）保持不变，这是一种静态的激励方式；另外，对比政府静态激励（消费补贴力度）固定和动态激励对目标用户消费行为的影响，模拟实验结果如图 6 – 15。同时，将动态补贴模式下的消费补贴力度与静态补贴模式下的补贴力度进行对比，实验结果如图 6 – 16 所示。

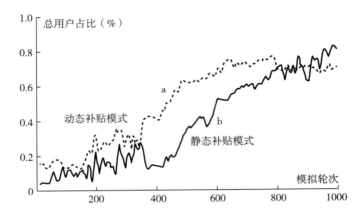

图 6 – 15　消费补贴动态补贴模式与静态补贴模式的目标用户行为的比较分析

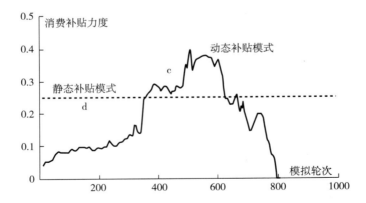

图 6 – 16　消费补贴动态补贴模式与静态补贴模式的消费补贴力度的比较分析

新能源汽车目标用户市场消费补贴的动态补贴模式只在实验中期

优于静态补贴模式，只有实验中期的动态补贴模式下的用户总占比多于静态补贴模式下的用户总占比。由图 6 – 15 可知，研究发现前 390 个实验周期，动态补贴模式与静态补贴模式引起的市场扩散程度相差不大，表明消费补贴对领先用户的促进作用不明显，动态补贴的优势只在第 390 个周期至第 800 个周期才得到明显的体现，曲线 a 明显高于曲线 b，此时曲线 c 也明显高于曲线 d，说明当跟随用户进入市场后，越加大消费补贴力度，越能迅速拓展新能源汽车市场。第 800 个周期后，动态补贴模式下的消费补贴力度为 0，且曲线 b 高于曲线 a，说明跟随用户进入市场后，继续保持原有的消费补贴力度，能促进跟随用户购买新能源汽车。

由图 6 – 16 可知，政府的动态消费补贴力度的演化过程大致可以分为四个阶段，先低位保持，然后高于静态补贴模式下的补贴力度，最终迅速降低，将至零。消费补贴力度在前 360 个周期的补贴水平均维持在 0.15 以下，即政府倾向于在市场培育期采取较低的消费补贴力度；在第 360 个周期至第 600 个周期，政府消费补贴力度先增后降，先增加至 0.25，后一直维持在 0.25 以上，表明政府倾向于在此时期最大化消费补贴力度，吸引"跟随"用户的购买；在第 600 个周期至第 800 个周期，消费补贴力度"断崖式"下降，在第 800 个实验周期时，政府终止了消费补贴的投入。

第七章 总结与展望

第一节 研究结论

本书围绕新能源汽车供需双侧政策的作用机理及效果差异性的相关问题，对新能源汽车供需双侧政策实施的差异性、新能源汽车供需双侧政策市场培育的作用机理、新能源汽车供需双侧政策消费促进与微观主体选择行为、新能源汽车目标用户政策感知及与政策补贴的互动关系等问题开展了研究，主要工作和研究结论可以归纳为几个方面。

第一，从新能源汽车需求市场培育角度出发，聚焦于政府扶持新能源汽车的供给和需求两个着力点，考虑需求市场（中观）以及消费者（微观）两个层面，对新能源汽车产业培育的供需双侧政策作用机理开展了具体研究。

（1）新能源汽车政府采购、商业运营和私人乘用三类异质性市场由于形成原因和目标消费群体的不同而表现出不同的发展潜力，并呈现出交替发展的态势。新能源汽车市场发展潜力由强到弱依次为私人乘用市场、商业运营市场和政府采购市场。

（2）新能源汽车供需双侧政策对于政府采购、商业运营和私人乘用三类异质性市场均有正向影响但是激励效果存在差异性，并且需求侧相比供给侧政策的作用效果更为显著。供需双侧政策对于政府采购市场的激励效果差异不大；需求侧相比供给侧政策对于商业运营市场的激励效果更为显著；供给侧政策相比需求侧对于私人乘用市场的激励效果更为显著。

（3）政策利好以及配套补贴是新能源汽车消费者最大的消费动机，在新能源汽车商业化条件还没有完全形成的现阶段，供需双侧政策对于潜在消费者的接受态度有着关键性影响。以潜在消费者对于供需双侧政策的感知作为研究切入点，不仅有助于了解新能源汽车消费市场的政策实施效果，还能从潜在消费者偏好中找寻供需双侧政策的制定及优化方向。

（4）新能源汽车产业供需双侧政策不仅为新能源汽车消费带来了经济性（如降低购买成本），也带来了便利性（如提高充电效率）。我国新能源汽车供需双侧政策的经济性比较突出，便利性相对不足。供给侧政策比需求侧政策更能有效提高购买和使用新能源汽车的便利性，潜在消费者对于供给侧的基础设施和需求侧的优先权力两项政策感知最高。

第二，从新能源汽车供需双侧政策实施效果评价角度出发，构建了政策取向与政策意愿双维度评估分析框架，对我国新能源汽车产业培育与发展的政策及其差异性进行了分析评估。

（1）政策支持是促进新能源汽车消费市场等商业化条件成熟的重要手段，在有限的公共财政资源约束下，如何平衡财政补贴在基础设施建设和价格补贴上的权重，最大限度地发挥公共财政资源在激活新能源汽车需求中的点睛效果，这是地方政府在选择和应用新能源汽车需求培育政策时面临的困惑。探寻我国新能源汽车市场培育的政策取向，必须要考虑到我国经济发展程度的区域差异性。

（2）供给侧和需求侧是政府推广新能源汽车的两个政策着力点，供给侧政策着力于改善新能源汽车消费市场供给体系的质量和效率，为需求市场持续发展提供驱动力量，需求侧政策着力于激发新能源汽车消费的积极性和购买能力，为需求市场持续发展提供拉动力量。

（3）供给侧和需求侧政策在不同居民收入水平区域试点城市中的实施效果存在差异。中央和地方政府在部署新能源汽车市场培育政策安排时，要充分考虑到我国区域经济发展的不平衡性，不同收入水平区域试点城市在供给侧和需求侧政策取向方面应因地制宜，各有侧重点。

（4）新能源汽车市场培育涉及政府、制造商和消费者等重要行为主体，新能源汽车政府、制造商和消费者对于新能源汽车培育与发展的相关政策意愿的差异是新能源汽车推广进展缓慢的重要原因之一，统筹考虑新能源汽车培育与发展政策制定者（政府）和政策实施对象（制造商、消费者）的政策意愿，现阶段新能源汽车市场培育要以基础设施、购置补贴，金融扶持和税收减免作为政策重点。

第三，从新能源汽车微观主体视角出发，从市场需求和产品供给两个视角，针对新能源汽车供需双侧政策与微观主体选择行为的关系开展研究。

（1）新能源汽车消费促进政策实施效果可能被错误估计。一是在不控制内生性情况下有可能被过低估计。从消费补贴政策的制造商的特征回归结果来看，制造商能否获得政策扶持存在内生性。制造商自身的资金、人力资本、上市状态、产权性质是影响制造商能否获得消费补贴的关键因素，忽略该内生性将导致对政策效果的低估。二是在不考虑时间趋势的情况下可能被过高估计，购置环节政策实施效果逐年减弱，使用环节政策实施效果逐年增强。

（2）新能源汽车消费促进政策实施效果具有区域差异性。新能源汽车购置环节政策实施效果与城市居民消费能力呈反比，与城市交通承载压力呈正比，使用环节政策的实施效果与城市消费能力和城市交通承载压力都呈正比。新能源汽车消费促进政策应以中等消费能力城市及车辆承载压力较低的城市作为重点区域。

（3）新能源汽车消费促进政策效果与制造商的资金资本和人力资本储备呈现正相关关系。新能源汽车制造商应通过加大要素投入，布局销售区域，把握政策机遇三个方面优化战略决策。新能源汽车制造商应把握政策扶持所带来的发展契机，持续改进资金，人力资本和产权性质等方面的生产要素，努力提高经营绩效，将企业做大做强；在制订销售计划时，应充分考虑区域差异性，优化产业布局，将中等消费能力城市及车辆承载压力较低的城市作为未来扩展新能源汽车市场的重点区域；同时，积极把握政府采购政策所带来的长期稳定市场需求，提供高质量的售前售后服务，合理利用消费补贴，提升补贴效率。

（4）政府可以通过多要素保障，区域政策差异化和提高政策扶持效率三个方面来优化制造商营商环境。政府应提高对新能源汽车土地、资金、人力等多要素的保障力度；在制定新能源消费促进政策细则时，充分考虑时间效应及制造商属性，定制差异化消费促进政策，低消费能力及低车辆承载压力城市加大政策实施力度，中消费能力及中车辆承载压力城市根据自身情况调整政策重点，高消费能力及高车辆承载压力城市则降低政策实施力度；同时，提高政府扶持政策的有效性，充分发挥政策的市场效应。

第四，从新能源汽车目标用户视角出发，将新能源汽车目标用户分为领先用户与跟随用户，针对新能源汽车目标用户对于政策的感知满意度及其消费行为与政策互动关系开展了分析。

（1）新能源汽车作为一种典型的新兴产品，现阶段的目标用户群体总体上都属于领先用户，领先用户在购买决策过程中普遍表现出虚荣效应，对于新能源汽车的消费有着示范与引导作用。伴随着领先用户的率先进入和新能源汽车市场的扩大，跟随用户将逐步进入，跟随用户在购买决策过程中普遍表现出从众效应，是新能源汽车培育期的潜在目标用户。

（2）新能源汽车供需双侧政策的精准性与领先用户与跟随用户的政策感知满意度密切相关，要提高新能源汽车供需双侧政策的精准性，就必须谋求新能源汽车供需双侧政策与目标用户政策感知满意度的契合共鸣。新能源汽车供需双侧政策与目标用户政策感知总体满意度之间存在着非对称的关系，新能源汽车供需双侧政策实施过程中，必须以影响目标用户政策感知总体满意度的关键性政策作为重点方向，同时充分考虑到领先用户与跟随用户政策感知满意度的差异性。

（3）领先用户关于新能源汽车供需双侧政策感知满意度水平中，供给侧的基础设施政策与金融支持政策瓶颈效应突出。跟随用户关于新能源汽车供需双侧政策感知满意度水平整体低于领先型目标用户，且需求侧政策的感知满意度水平较供给侧整体偏低，其中需求侧中的购置补贴政策与税收减免政策瓶颈效应突出。现阶段政策应在供需双侧政策并重的基础上，突出以基础设施与金融支持为重点的供给侧政策，同时重点调整以购置补贴为重点的需求侧政策大力推进大众化、规模化市场的形成，以成功实现"市场峡谷"的跨越。

（4）研发补贴和消费补贴是促进新能源汽车产业发展的有效手段，研发补贴对于新能源汽车领先用户影响迅速，但对于跟随用户的影响存在一定的滞后期，只有当研发补贴力度增至一定力度并且生产成本显著降低时，跟随用户市场才开始出现井喷式增长。消费补贴对于领先用户影响十分有限，领先用户的增长并没有随着消费补贴的增加而出现大幅度增长。较低的消费补贴对于跟随用户影响也十分有限，只有当消费补贴达到一定幅度时，跟随用户才会出现快速增长。

（5）领先和跟随两类用户的消费对于研发补贴和消费补贴政策的影响程度存在差异。领先用户的不断增加能促使政府研发补贴力度达到峰值，而跟随用户的不断增加能促使政府购置补贴力度达到峰值。当跟随用户开始井喷式增长时，政府选择终止所有补贴激励政策。政府应当根据领先用户占比增速判断研发补贴力度的大小，根据跟随用户占比增速判断购置补贴力度大小，综合领先和跟随两类用户占比增速判断是否继续实施补贴政策。

第二节　研究展望

中国新能源汽车产业的发展既有新产品技术扩散的普遍性规律，也有其本身的特殊性。如何促进新能源汽车供需双侧政策与产业的协调同步发展，国内外可以直接借鉴与套用的经验与成果并不多，对于新能源汽车供需双侧政策的作用机理及其效果差异尚有大量的问题有待于进一步深入的研究。

（1）新能源汽车供需双侧政策本身及其作用的量化研究。本书从新能源汽车供需双侧政策实施的区域差异性、市场差异性、微观主体差异性、目标用户差异性等维度进行了初步研究，有必要对新能源汽车供需双侧政策本身及其作用进行更深入精准的量化研究，并进行实证。

（2）新能源汽车市场需求培育与微观主体激励的深入研究。本书从供需双侧政策的需求市场和消费者两个着力点剖析了新能源汽车产业政策对于新能源汽车市场需求培育的作用机理，从市场需求和产品供给两个视角研究了新能源汽车供需双侧政策消费促进与微观主体选择行为的关系。但受限于新能源汽车产业尚处于市场化早期，各细分市场与微观主体的边界较为模糊，如何充分发挥新能源汽车供需双侧政策对于市场需求培育以及微观主体激励的作用，需要进一步研究。

（3）新能源汽车目标用户及其消费行为的影响因素的深入研究。本书针对新能源汽车用户的类型、消费行为、政策认知反应与感知及与政策互动关系开展了研究，但实际上同时影响用户消费行为的因素很多，新能源汽车供需双侧政策与用户特征、需求的契合共鸣，有待进一步研究。

参考文献

白重恩、杜颖娟、陶志刚、仝月婷:《地方保护主义及产业地区集中度的决定因素和变动趋势》《经济研究》2004 年第 4 期。

白恩来、赵玉林:《战略性新兴产业发展的政策支持机制研究》,《科学学研究》2018 年第 3 期。

白恩来、赵玉林:《产业政策的宏观有效性与微观异质性实证分析》,《科研管理》2018 年第 9 期。

白雪洁、孟辉:《新兴产业、政策支持与激励约束缺失——以新能源汽车产业为例》,《经济学家》2018 年第 1 期。

蔡庆丰、田霖:《产业政策与企业跨行业并购:市场导还是政策套利》,《中国工业经济》2019 年第 1 期。

曹霞、邢泽宇、张路蓬:《政府规制下新能源汽车产业发展的演化博弈分析》,《管理评论》2018 年第 9 期。

陈劲、龚焱、雍灏:《技术创新信息源新探:领先用户研究》,《中国软科学》2001 年第 1 期。

陈劲、黄淑芳:《企业技术创新体系演化研究》,《管理工程学报》2014 年第 4 期。

陈劲、阳银娟：《协同创新的理论基础与内涵》，《科学学研究》2012年第2期。

陈麟瓒、王保林：《能源汽车"需求侧"创新政策有效性的评估——基于全寿命周期成本理论》，《科学学与科学技术管理》2015年第11期。

陈衍泰、张露嘉、汪沁、欧忠辉：《基于二阶段的新能源汽车产业支持政策评价》，《科研管理》2013第12期。

陈阵、孙若瀛：《"反倾销、反补贴"对中国企业绩效的影响：由造纸业与橡胶业观察》，《改革》2013年第7期。

程永宏：《基尼系数组群分解新方法研究：从城乡二亚组到多亚组》，《经济研究》2008年第8期。

储德银、杨姗、宋根苗：《财政补贴、税收优惠与战略性新兴产业创新投入》，《财贸研究》2016年第5期。

崔海燕、杭斌：《收入差距，习惯形成与城镇居民消费行为》，《管理工程学报》2014年第3期。

邓悦、詹添丞：《地方财政支出与区域经济发展关系的实证分析——以地市级城市面板数据为例》，《江西财经大学学报》2013年第3期。

丁芸、张天华：《促进新能源汽车产业发展的财税政策效应研究》，《税务研究》2014年第9期。

段玉婉、陈锡康、杨翠红：《汇率变动对中国物价的传递效应——从成本角度分析》，《管理评论》2012年第9期。

范进、赵定涛、郭韬：《基于消费者视角的碳排放权交易机制研究》，《中国软科学》2012年第6期。

范晓春、王晰巍、王维：《新能源汽车产业技术链形成演进中的知识权利研究》，《情报科学》2012 年第 3 期。

冯根福、温军：《中国上市公司治理与企业技术创新关系的实证分析》，《中国工业经济》2008 年第 7 期。

冯相昭、蔡博峰：《中国道路交通系统的碳减排政策综述》，《中国人口·资源与环境》2012 年第 8 期。

付明卫、叶静怡、孟俣希、雷震：《国产化率保护对自主创新的影响——来自中国风电制造业的证据》，《经济研究》2015 年第 2 期。

高鹏、毕达宇、娄策群：《信息内容服务产业链利益冲突与利益平衡》，《情报杂志》2014 年第 2 期。

耿强、江飞涛、傅坦：《政策性补贴、产能过剩与中国的经济波动——引入产能利用率 RBC 模型的实证检验》，《中国工业经济》2011 年第 5 期。

桂黄宝：《政府采购促进技术创新政策效果空间计量评估》，《科研管理》2017 年第 9 期。

郭本海、陆文茜、王涵、乔元东、李文鹣：《基于关键技术链的新能源汽车产业政策分解及政策效力测度》，《中国人口·资源与环境》2019 年第 8 期。

郭晓丹、何文韬、肖兴志：《战略性新兴产业的政府补贴，额外行为与研发活动变动》，《宏观经济研究》2011 年第 11 期。

郭雯、陶凯、李振国：《政策组合对领先市场形成的影响分析——以新能源汽车产业为例》，《科研管理》2018 年第 12 期。

郭旭、孙晓华、徐冉：《论产业技术政策的创新效应——需求拉动，还是供给推动?》，《科学学研究》2017 年第 10 期。

何郁冰、陈劲：《技术多元化研究现状探析与整合框架构建》，《外国经济与管理》2012 年第 1 期。

胡卫国、方海峰：《汽车产业发展政策分析：产业组织理论的视角》，《科学学与科学技术管理》2007 年第 2 期。

黄佳琳、秦凤鸣：《中国货币政策效果的区域非对称性研究——来自混合截面全局向量自回归模型的证据》，《金融研究》2017 年第 12 期。

黄群慧：《论中国工业的供给侧结构性改革》，《中国工业经济》2016 年第 9 期。

黄先海、宋学印、诸竹君：《中国产业政策的最优实施空间界定——补贴效应、竞争兼容与过剩破解》，《中国工业经济》2015 年第 4 期。

霍国庆、姜威：《我国新能源汽车产业链与其纵向整合的特点研究》，《现代管理科学》2016 年第 9 期。

贾利军：《从占有式生存到体验式生存——心理营销范式解读》，《经济管理》2011 年第 9 期。

简泽、谭利萍、吕大国、符通：《市场竞争的创造性、破坏性与技术升级》，《中国工业经济》2017 年第 5 期。

江飞涛、曹建海：《市场失灵还是体制扭曲——重复建设形成机理研究中的争论、缺陷与新进展》，《中国工业经济》2009 年第 1 期。

姜江、韩祺：《新能源汽车产业的技术创新与市场培育》，《改革》2011 年第 7 期。

蒋灵多、陆毅：《最低工资标准能否抑制新僵尸企业的形成》，《中国工业经济》2017 年第 11 期。

蒋俐俐、杨亚平：《新能源汽车产业化的制度安排及有效性分析——基于制度创新的视角》，《科技进步与对策》2012 年第 12 期。

柯水发、王亚、陈奕钢、刘爱玉：《北京市交通运输业碳排放及减排情景分析》，《中国人口·资源与环境》2015 年第 6 期。

金碚：《供给侧政策功能研究——从产业政策看政府如何有效发挥作用》，《经济管理》2017 年第 7 期。

劳可夫：《消费者创新性对绿色消费行为的影响机制研究》，《南开管理评论》2013 年第 4 期。

李国栋、罗瑞琦、谷永芬：《政府推广政策与新能源汽车需求：来自上海的证据》，《中国工业经济》2019 年第 4 期。

李俊生、姚东旻：《互联网搜索服务的性质与其市场供给方式初探——基于新市场财政学的分析》，《管理世界》2016 年第 8 期。

李奎、陈丽佳：《基于创新双螺旋模型的战略性新兴产业促进政策体系研究》，《中国软科学》2013 年第 12 期。

李珺、战建华：《中国新能源汽车产业的政策变迁与政策工具选择》，《中国人口·资源与环境》2017 年第 10 期。

李苏秀、刘颖琦、王静宇、张雷：《基于市场表现的中国新能源汽车产业发展政策剖析》，《中国人口·资源与环境》2016 年第 9 期。

李玺、胡志刚、胡周君、阎朝坤：《基于截止时间满意度的网格工作流调度算法》，《计算机研究与发展》2011 年第 5 期。

李晓华、吕铁：《战略性新兴产业的特征与政策导向研究》，《宏观经济研究》2010 年第 9 期。

李玉梅、刘雪娇、杨立卓：《外商投资企业撤资：动因与影响机理——基于东部沿海 10 个城市问卷调查的实证分析》，《管理世界》2016 年第 4 期。

李政军：《公共产品的性质与研究重心》，《江苏社会科学》2011 年第 5 期。

梁辉：《信息社会进程中农民工的人际传播网络与城市融入》，《中国人口·资源与环境》2013 年第 1 期。

林毅夫：《"潮涌现象"与产能过剩的形成机制》，《经济研究》2010 年第 10 期。

林毅夫：《产业政策与我国经济的发展：新结构经济学的视角》，《复旦学报》（社会科学版）2017 年第 2 期。

林洲钰、林汉川、邓兴华：《所得税改革与中国企业技术创新》，《中国工业经济》2013 年第 3 期。

柳卸林：《我国产业创新的成就与挑战》，《中国软科学》2002 年第 12 期。

柳卸林、高伟、吕萍等：《从光伏产业看中国战略性新兴产业的发展模式》，《科学学与科学技术管理》2012 年第 1 期。

刘华军、何礼伟、杨骞：《中国人口老龄化的空间非均衡及分布动态演进：1989—2011》，《人口研究》2014 年第 2 期。

刘建民、王蓓、吴金光：《基于区域效应的财政政策效果研究——以中国的省际面板数据为例：1981—2010》，《经济学动态》2012 年第 9 期。

刘兰剑、赵志华：《财政补贴退出后的多主体创新网络运行机制仿真：以新能源汽车为例》，《科研管理》2016 年第 8 期。

刘颖琦、王静宇、Ari Kokko：《电动汽车示范运营的政策与商业模式创新：全球经验及中国实践》，《中国软科学》2014 年第 12 期。

刘志彪：《经济发展新常态下产业政策功能的转型》，《南京社会科学》2015 年第 3 期。

刘宗巍、刘斐齐、王悦等：《CAFC、NEV 双积分与碳配额法规综合研究与组合政策思考》，《汽车工程学报》2017 年第 1 期。

卢超、尤建新、戎珂等：《新能源汽车产业政策的国际比较研究》，《科研管理》2014 年第 12 期。

鲁传一、曾令秋：《垃圾填埋气回收发电的经济性和激励政策研究》，《中国软科学》2005 年第 6 期。

鲁晓东、连玉君：《中国工业企业全要素生产率估计：1999—2007》，《经济学（季刊)》2012 年第 2 期。

陆国庆、王舟、张春宇：《中国战略性新兴产业政府创新补贴的绩效研究》，《经济研究》2014 年第 7 期。

吕冰洋：《从市场扭曲看政府扩张：基于财政的视角》，《中国社会科学》2014 年第 12 期。

马亮、仲伟俊、梅姝娥：《"供给侧改革"背景下的新能源汽车产业补贴政策创新研究》，《系统工程理论与实践》2017 年第 9 期。

毛捷、汪德华、白重恩：《民族地区转移支付、公共支出差异与经济发展差距》，《经济研究》2011 年第 12 期。

马少超、范英：《基于时间序列协整的中国新能源汽车政策评估》，《中国人口·资源与环境》2018 年第 4 期。

倪玉平、徐毅、范鲁文·巴斯：《中国历史时期经济总量估值研究——以 GDP 的测算为中心》，《中国社会科学》2015 年第 5 期。

聂新伟：《我国新能源汽车消费补贴政策的演变及效果评析》，《中国物价》2019 年第 3 期。

潘新睿：《基于知识图谱的我国证券法研究现状分析》，《管理评论》2012 年第 11 期。

裴育：《政府采购的资源配置效应分析》，《财政研究》2002 年第 8 期。

邱均平、邹菲：《关于内容分析法的研究》，《中国图书馆学报》2004

年第 2 期。

饶晓辉、刘方：《政府生产性支出与中国的实际经济波动》，《经济研究》2014 年第 11 期。

邵慰、李怀：《中国汽车产业自主创新机制研究》，《财经问题研究》2013 年第 4 期。

石秀、景睿、郑刚、侯光明：《基于专利数据的中国新能源汽车技术创新的区域分布特征分析》，《工业技术经济》2018 年第 8 期。

佘金凤、李美霞、刘建香：《消费者纯电动汽车购买决策影响因素实证研究》，《工业工程与管理》2014 年第 2 期。

沈素素：《论现代传播媒介对消费文化异化的影响——基于生态环境保护视角的分析》，《生产力研究》2012 年第 10 期。

沈春苗、郑江淮：《宽厚的政府采购、挑剔的消费者需求与技能偏向性技术进步》，《经济评论》2016 年第 3 期。

沈玲：《新能源汽车市场环境分析及目标客户营销策略》，《上海汽车》2013 年第 5 期。

沈祥兴、李东旻：《关于对应分析法对中国媒体网站评价的研究》，《中国软科学》2005 年第 1 期。

苏婧、李思瑞、杨震宁：《"歧路亡羊"：政府采购、股票投资者关注与高技术企业创新——基于 A 股软件企业的实证研究》，《科学学与科学技术管理》2017 年第 5 期。

苏明：《鼓励和促进我国节能事业的财税政策研究》，《财政研究》2005 年第 2 期。

舒锐：《产业政策一定有效吗？——基于工业数据的实证分析》，《产业经济研究》2013 年第 3 期。

宋艳、黄梦璇、刘峰、蒋冲雨：《新兴技术产品早期市场用户采用意向实证研究》，《科学学研究》2012 年第 10 期。

宋艳、刘峰、黄梦璇、刘忠杰：《市场结构和产品价格对新兴技术"峡谷"形成的影响研究——基于创新生态系统视角及行为实验方法》，《研究与发展管理》2017 年第 3 期。

眭纪刚、陈芳等：《新兴产业技术与制度的协同演化》，《科学学研究》2016 年第 2 期。

孙百才、刘云鹏：《中国地区间与性别间的教育公平测度：2002—2012 年——基于人口受教育年限的基尼系数分析》，《清华大学教育研究》2014 年第 3 期。

孙虹乔：《农村基础设施建设与消费需求的增长——基于 1978—2009 年经验数据的实证》，《消费经济》2011 年第 5 期。

孙林：《基于混合 CGE 模型的乘用车节能减排政策分析》，《中国人口·资源与环境》2012 年第 7 期。

孙晓华、李明珊、刘小玲等：《新技术冲击、产业演化与公共政策选择——以新能源车为例》，《系统管理学报》2015 年第 3 期。

孙晓华、王昀、刘小玲：《范式转换、异质性与新兴产业演化》，《管理科学学报》2016 年第 8 期。

孙晓华、王林：《式转换，新兴产业演化与市场生态位培育——以新能源汽车为例》，《经济学家》2014 年第 5 期。

陶新宇、靳涛、杨伊婧：《"东亚模式"的启迪与中国经济增长"结构之谜"的揭示》，《经济研究》2017 年第 11 期。

童泽林、王新刚、李丹妮、周玲、周南：《消费者对品牌慈善地域不一致行为的负面评价及其扭转机制》，《管理世界》2016 年第 1 期。

汪锋、李善军：《机动车限牌的社会福利影响和最优配额研究》，《管理科学学报》2016 年第 12 期。

王建明、王俊豪：《公众低碳消费模式的影响因素模型与政府管制政策——基于扎根理论的一个探索性研究》，《管理世界》2011 年第 4 期。

王连军、张宝东：《高校学生消费差异分析——基于基尼系数分解理论的实证研究》，《统计与信息论坛》2007 年第 2 期。

汪立鑫、李洪晨、王顺利：《自然资源约束、质量信息成本与食品原料行业的市场失灵》，《世界经济》2012 年第 4 期。

王敏、方荣贵、银路：《基于产业生命周期的共性技术供给模式比较研究——以半导体产业为例》，《中国软科学》2013 第 9 期。

王宁、晏润林、刘亚斐：《电动汽车潜在消费者特征识别和市场接受度研究》，《中国软科学》2015 年第 10 期。

汪旭晖：《农村消费品流通渠道对农民福利的影响——基于消费品市场购买便利性与安全性视角的分析》，《农业经济问题》2010 年第 11 期。

王月辉、王青：《北京居民新能源汽车购买意向影响因素——基于 TAM 和 TPB 整合模型的研究》，《中国管理科学》2013 年第 11 期。

魏洁云、江可申、李雪冬：《中国高技术产业创新投入与产出的关联测度分析》，《数量经济技术经济研究》2014 年第 1 期。

温海珍、贾生华：《市场细分与城市住宅特征价格分析》，《浙江大学学报》（人文社会科学版）2006 年第 2 期。

伍健、田志龙、龙晓枫、熊琪：《战略性新兴产业中政府补贴对企业创新的影响》，《科学学研究》2018 年第 1 期。

肖兴志、王伊攀：《政府补贴与企业社会资本投资决策——来自战略性新兴产业的经验证据》，《中国工业经济》2014 年第 9 期。

肖兴志、谢理：《中国战略性新兴产业创新效率的实证分析》，《经济管理》2011 年第 11 期。

谢青、田志龙：《创新政策如何推动我国新能源汽车产业的发展——基于政策工具与创新价值链的政策文本分析》，《科学学与科学技术管理》2015 年第 6 期。

熊勇清、陈曼琳：《新能源汽车需求市场培育的政策取向：供给侧抑或需求侧》，《中国人口·资源与环境》2016 年第 5 期。

熊勇清、陈曼琳：《新能源汽车产业培育的"政策意愿"及其差异性——基于政府、制造商和消费者的网络媒体信息分析》，《中国科技论坛》2017 年第 10 期。

熊勇清、范世伟、刘晓燕：《新能源汽车财政补贴与制造商研发投入强度差异——制造商战略决策层面异质性视角》，《科学学与科学技术管理》2018 年第 6 期。

熊勇清、黄健柏：《光伏产业困境摆脱与市场的协同培育》，《改革》2013 年第 12 期。

熊勇清、黄恬恬、李小龙：《新能源汽车消费促进政策实施效果的区域差异性——"购买"和"使用"环节政策比较视角》，《中国人口·资源与环境》2019 年第 5 期。

熊勇清、黄恬恬、苏燕妮：《新能源汽车消费促进政策对制造商激励效果的差异性——"政府采购"与"消费补贴"比较视角》，《科学学与科学技术管理》2018 年第 2 期。

熊勇清、李小龙：《新能源汽车产业供需双侧政策对潜在消费者的影响》，《中国人口·资源与环境》2018 年第 6 期。

熊勇清、李小龙：《新能源汽车供需双侧政策在异质性市场作用的差异》，《科学学研究》2019 年第 4 期。

熊勇清、秦书锋：《新能源汽车供需双侧政策的目标用户感知满意度差异分析》，《管理学报》2018 年第 6 期。

肖利平：《公司治理如何影响企业研发投入？来自中国战略性新兴产业的经验考察》，《产业经济研究》2016 年第 1 期。

徐国虎、许芳：《新能源汽车购买决策的影响因素研究》，《中国人口·资源与环境》2010 年第 11 期。

徐进亮、袁婷婷、常亮：《北京市政府绿色采购促进科技成果转化的实证》，《中国人口·资源与环境》2014 年第 11 期。

许和连、邓玉萍：《外商直接投资导致了中国的环境污染吗？——基于中国省际面板数据的空间计量研究》，《管理世界》2012 年第 2 期。

许研、陶晓波：《纪雪洪．新能源汽车市场导入期的网络效应及策略选择》，《工业技术经济》2015 年第 3 期。

薛澜、蒋凌飞：《纯电动乘用车选择性产业政策成效分析——对产业政策制定与执行的启示》，《中国科技论坛》2017 年第 10 期。

薛奕曦、邵鲁宁、尤建新等：《面向新能源汽车的社会——技术域分析及其转型推动研究》，《中国软科学》2013 年第 3 期。

杨慧军、杨建君：《股权集中度、经理人激励与技术创新选择》，《科研管理》2015 年第 3 期。

杨智峰、陈霜华、吴化斌：《挤入还是挤出：中国公共投资支出对居民消费的影响》，《中南财经政法大学学报》2013 年第 6 期。

姚晶晶、鞠冬、张建君：《企业是否会近墨者黑：企业规模、政府重要性与企业政治行为》，《管理世界》2015 年第 7 期。

叶志强、赵炎：《独立董事、制度环境与研发投入》，《管理学报》

2017 年第 7 期。

余东华、吕逸楠：《政府不当干预与战略性新兴产业产能过剩——以中国光伏产业为例》，《中国工业经济》2015 年第 10 期。

俞立平、章美娇、王作功：《中国地区高技术产业政策评估及影响因素研究》，《科学学研究》2018 年第 1 期。

袁长峰、王万雷、陈燕：《产品定制设计中基于情绪反应的客户感性需求获取与转化方法》，《管理工程学报》2017 年第 1 期。

袁建国、后青松、程晨：《企业政治资源的诅咒效应——基于政治关联与企业技术创新的考察》，《管理世界》2015 年第 1 期。

臧树伟、陈红花：《创新能力如何助力本土品牌厂商"换道超车"?》，《科学学研究》2019 年第 2 期。

赵骅、郑吉川：《不同新能源汽车补贴政策对市场稳定性的影响》，《中国管理科学》2019 年第 9 期。

湛泳、王恬：《中国经济转型背景的包容性创新》，《改革》2015 年第 11 期。

张春晖、白凯、马耀峰、庄莹：《主题景区属性绩效对游客满意度的非对称影响——以 4 家历史文化型主题景区为例》，《旅游学刊》2014 年第 9 期。

张国胜：《技术变革、范式转换与战略性新兴产业发展：一个演化经济学视角的研究》，《产业经济研究》2012 年第 6 期。

张洪、张燕：《基于加权 TOPSIS 法的旅游资源区际竞争力比较研究》，《长江流域资源与环境》2010 年第 5 期。

张海斌、盛昭瀚、孟庆峰：《新能源汽车市场开拓的政府补贴机制研究》，《管理科学》2015 年第 6 期。

张露、郭晴：《低碳农产品消费行为：影响因素与组间差异》，《中国人口·资源与环境》2014 年第 12 期。

张杰、陈志远、杨连星等：《中国创新补贴政策的绩效评估：理论与证据》，《经济研究》2015 年第 10 期。

张敏：《时间压力下项目创新行为实验研究——基于面子的调节作用》，《科学学研究》2013 年第 3 期。

张同斌、高铁梅：《财税政策激励、高新技术产业发展与产业结构调整》，《经济研究》2012 年第 5 期。

张永安、周怡园：《新能源汽车补贴政策工具挖掘及量化评价》，《中国人口·资源与环境》2017 年第 10 期。

张伟、付强：《转型经济条件下的垄断结构、垄断行为与竞争政策设计——反垄断与规制经济学学术研讨会观点综述》，《中国工业经济》2013 年第 9 期。

张勇、蒲勇健、史乐峰：《电动汽车充电基础设施建设与政府策略分析》，《中国软科学》2014 年第 6 期。

张政、赵飞：《中美新能源汽车发展战略比较研究——基于目标导向差异的研究视角》，《科学学研究》2014 年第 4 期。

甄子健等：《新能源汽车发展战略研究》，科学出版社 2016 年版。

郑吉川、赵骅、李志国：《双积分政策下新能源汽车产业研发补贴研究》，《科研管理》2019 年第 2 期。

郑世林、刘和旺：《中国政府推动高技术产业化投资效果的实证研究》，《数量经济技术经济研究》2013 年第 7 期。

周亚虹、蒲余路、陈诗一等：《政府扶持与新型产业发展——以新能源为例》，《经济研究》2015 年第 6 期。

Alain Yee – Loong Chong, Keng – Boon Ooi, Binshan Lin, Hai Jun Bao, "An Empirical Analysis of the Determinants of 3G Adoption in China",

Computers in Human Behavior, Vol. 28, No. 2, March 2012.

Alessandra Catozzella, Marco Vivarelli, "The Possible Adverse Impact of Innovation Subsidies: Some Evidence from Italy", *International Entrepreneurship & Management Journal*, Vol. 12, No. 2, June 2016.

Alfredo Marvão Pereira, Jorge Miguel Andraz, "Public Investment in Transportation Infrastructures and Industry Performance in Portugal", *Review of Development Economics*, Vol. 9, No. 2, April 2010.

Alfredo Pereira, Oriol Roca Sagales, "Public Capital Formation and Regional Development in Spain", *Review of Development Economics*, Vol. 3, No. 3, January 2003.

Ali Tarhini, Kate Hone, Xiaohui Liu, "Examining the Moderating Effect of Individual – level Cultural Values on Users' Acceptance of E – learning in Developing Countries: a Structural Equation Modeling of an Extended Technology Acceptance Model", *Interactive Learning Environments*, Vol. 34, January 2016.

Anco Hoen, Mark J. Koetseb, "A Choice Experiment on Alternative Fuel Vehicle Preferences of Private Car Owners in the Netherlands", *Transportation Research Part A*, Vol. 61, No. 61, March 2014.

Anjali Awasthi, S. S. Chauhan, S. K. Goyal, "A Multi – criteria Decision Making Approach for Location Planning for Urban Distribution Centers under Uncertainty", *Mathematical and Computer Modelling*, Vol. 53, No. 1, January 2011.

Anurag K. Srivastava, Bharath Annabathina, Sukumar Kamalasadan, "The Challenges and Policy Options for Integrating Plug – in Hybrid Electric Vehicle Into the Electric Grid", *Electricity Journal*, Vol. 23, No.

3, 2010.

Arjan Heyma, Peter Zwaneveld, Wim Korver, "The Determination of Success Factors in European Demonstration Projects for New Propulsion Systems and Transport Concepts", *Transportation Research Part D Transport & Environment*, Vol. 6, No. 1, January 2001.

Assun López Polo, Reinhard Haas, "An International Overview of Promotion Policies for Grid – Connected Photovoltaic Systems", *Progress in Photovoltaics: Research and Applications*, Vol. 22, No. 2, July 2012.

Barry Barton, Peter Schütte, "Electric Vehicle Law and Policy: A Comparative Analysis", *Journal of Energy & Natural Resources Law*, Vol. 35, No. 2, September 2017.

Ben Lane, Stephen Potter, "The Adoption of Cleaner Vehicles in the UK: Exploring the Consumer Attitude – action Gap", *Journal of Cleaner Production*, Vol. 15, November 2007.

Benjamin Montmartin, Marcos Herrera, "Internal and External Effects of R&D Subsidies and Fiscal Incentives: Empirical Evidence Using Spatial Dynamic Panel Models", *Research Policy*, Vol. 44, No. 5, June 2015.

Bilgehan Yildiz, Murat Ustaoglu, Ahmet Incekara, "Investigating Turkey's EV Technology Adoption Level: How Would Turkey Cross the Chasm Through Policies?", *Review of Contemporary Business Research*, Vol. 3, No. 1, March 2014.

Birgit Aschhoff, Wolfgang Sofka, "Innovation on Demand—Can Public Procurement Drive Market Success of Innovations?", *Research Policy*, Vol. 38, No. 8, October 2009.

Brendon M. Weager, G. R. Bishop, A. C. Black, "Development of Recyclable Self – reinforced Polypropylene Parts for Automotive Applications", *International journal of vehicle design*, Vol. 44, No. 3, May 2007.

Brian C. Murray, Maureen L. Cropper, Francisco C. de la Chesnaye, "How Effective Are US Renewable Energy Subsidies in Cutting Greenhouse Gases?", *The American Economic Review*, Vol. 104, No. 5, May 2014.

Brian D. Taylor, Eric A. Morris, "Public Transportation Objectives and Rider Demographics: Are Transit's Priorities Poor Public Policy?", *Transportation*, Vol. 42, No. 2, March 2015.

Camilo Dagum, "A New Approach to the Decomposition of the Gini Income Inequality Ratio" *Empirical Economics*, No. 22, March 1997.

Carlos A. Rodriguez, *Trade Policy and Economic Welfare*: *Corden W. M.*, Oxford: Clarendon Press, 1974, p. 423.

Caspar G. Chorusa, Mark J. Koetse, Anco Hoen, "Consumer Preferences for Alternative Fuel Vehicles: Comparing a Utility Maximization and a Regret Minimization Model", *Energy Policy*, Vol. 61, No. 61, October 2013.

Chi – Yo Huang, Joseph Z. Shyu, Gwo – Hshiung Tzeng, "Reconfiguring the Innovation Policy Portfolios for Taiwan's SIP Mall Industry", *Technovation*, Vol. 27, No. 12, December 2007.

Cristina Bernini, Guido Pellegrini, "How are Growth and Productivity in Private Firms Affected by Public Subsidy? Evidence from a Regional Policy", *Regional Science & Urban Economics*, Vol. 41, No. 3,

May 2011.

Cumhur Erdem, ismail Şentürk, Türker Şimşek, "Identifying the Factors Affecting the Willingness to Pay Forfuel – efficient Vehicles in Turkey: A Case of Hybrids", *Energy Policy*, Vol. 38, No. 6, June 2010.

Daniel Hoechle, "Robust Standard Errors for Panel Regressions with Cross – sectional Dependence", *Stata Journal*, Vol. 7, No. 3, September 2007.

David Diamond, "The Impact of Government Incentives for Hybrid – electric Vehicles: Evidence from US States", *Energy Policy*, Vol. 37, No. 3, March 2009.

David L. Greene, Sangsoo Park, Changzheng Liu, "Public Policy and the Transition to Electric Drive Vehicles in the U. S. : The Role of the Zero Emission Vehicles Mandates", *Energy Strategy Reviews*, Vol. 5, December 2014.

Dimitris Potoglou, Pavlos S. Kanaroglou, "Household Demand and Willingness to Pay for Clean Vehicles", *Transportation Research Part D Transport & Environment*, *Vol.* 12, No. 4, June 2007.

Erik L. Olson, "It's Not Easy Being Green: The Effects of Attribute Trade Offs on Green Product Preference and Choice", *Journal of the Academy of Marketing Science*, Vol. 41, No. 2, May 2012.

Erin H. Green, Steven J. Skerlos, James J. Winebrake, "Increasing Electric Vehicle Policy Efficiency and Effectiveness by Reducing Mainstream Market Bias", *Energy Policy*, Vol. 65, No. 3, February 2014.

Florent Querini, Enrico Benetto, "Agent – based Modelling for Assessing

Hybrid and Electric Cars Deployment Policies in Luxembourg and Lorraine", *Transportation Research Part A Policy & Practice*, Vol. 70, December 2014.

Frank R. Lichtenberg, "The Private R and D Investment Response to Federal Design and Technical Competitions", *The American Economic Review*, Vol. 78, No. 3, June 1988.

Fred D. Davis, Richard P. Bagozzi, Paul R. Warshaw, "User Acceptance of Computer Technology: a Comparison of Two Theoretical Models", *Management Science*, Vol. 35, No. 8, August 1989.

GA Moore, *Crossing the Chasm: Marketing and selling high – tech products to mainstream customers*, New York: Harperbusiness Essentials, 1991.

Gang Xu, Tomio Miwa, Takayuki Morikawa, Toshiyuki Yamamoto, "Vehicle Purchasing Behaviors Comparison in Two – stage Choice Perspective Before and After Eco – car Promotion Policy in Japan", *Transportation Research Part D Transport & Environment*, Vol. 34, January 2015.

Georgios Karras, "Government Spending and Private Consumption: Some International Evidence", *Journal of Money, Credit and Banking*, Vol. 26, No. 1, February 1994.

Gilbert E. Metcalf, "Investment in Energy Infrastructure and the Tax Code", *Tax Policy and the Economy*, Vol. 24, No. 1, September 2010.

Giovanna Padula, Bruno Busacca, "The Asymmetric Impact of Price – attribute Performance on Overall Price Evaluation", *International Jour-*

nal of Service Industry Management, Vol. 16, No. 1, February 2005.

Gourville J. T. , "Eager Sellers and Stony Buyers: Understanding the Psychology of New – product Adoption", *Harvard business review*, Vol. 84, No. 6, June 2006.

GW Imbens, "The Role of the Propensity Score in Estimating Dose – response Functions", *Biometrika*, Vol. 87, No. 3, September 2000.

HaeEun Helen Chun, Michael Giebelhausen, "Reversing the Green Backlash in Services: Credible Competitors Help Large Companies Go Green", *Journal of Service Management*, Vol. 23, No. 3, June 2012.

Hakkyun Kim, Deborah Roedder John, "Consumer Response to Brand Extensions: Construal Level as a Moderator of the Importance of Perceived Fit", *Journal of Consumer Psychology*, Vol. 18, No. 2, March 2008.

Han Hao, Xunmin Ou, Jiuyu Du, Hewu Wang, Minggao Ouyang, "China's Electric Vehicle Subsidy Scheme: Rationale and Impacts", *Energy Policy*, Vol. 73, October 2014.

Huaping Sun, Yong Geng, Lingxiang Hu, "Measuring China's New Energy Vehicle Patents: A Social Network Analysis Approach", *Energy*, Vol. 153, 2018.

Hui – Kuan Tseng, Jy S. Wu, Xiaoshuai Liu, "Affordability of Electric Vehicles for a Sustainable Transport System: An Economic and Environmental Analysis", *Energy Policy*, Vol. 61, No. 10, October 2013.

Iana Vassileva, Javier Campillo, "Adoption Barriers for Electric Vehicles: Experiences from Early Adopters in Sweden", *Energy*, Vol. 120,

February 2017.

Isabelle Szmigin, Marylyn Carrigan, Morven G. McEachern, "The Conscious Consumer: Taking a Flexible Approach to Ethical Behaviour", *International Journal of Consumer Studies*, Vol. 33, No. 2, March 2009.

Jacques Silber, "Factor Components, Population Subgroups and the Computation of the Gini Index of Inequality", *The Review of Economics and Statistics*, Vol. 71, No. 1, February 1989.

Jake Whitehead, Joel P. Franklin, Simon Washington, "The Impact of a Congestion Pricing Exemption on the Demand for New Energy Efficient Vehicles in Stockholm", *Transportation Research Part A*, Vol. 70, No. 70, December 2014.

Jakob Edler, JillianYeow, "Connecting Demand and Supply: The Role of Intermediation in Public Procurement of Innovation", *Research Policy*, Vol. 45, No. 2, March 2016.

James D. Westaby, "Behavioral Reasoning Theory: Identifying New Linkages Underlying Intentions and Behavior", *Organizational Behavior & Human Decision Processes*, Vol. 98, No. 2, November 2005.

James Heckman, Hidehiko Ichimura, Jeffrey Smith, Petra Todd, "Characterizing Selection Bias Using Experimental Data", *Econometrica*, Vol. 66, No. 5, August 1998.

Jarno Hoekman, Koen Frenken, Frank van Oort, "The Geography of Collaborative Knowledge Production in Europe", *Annals of Regional Science*, Vol. 43, No. 3, September 2009.

Javier Bilbao – Ubillos, "The Costs of Urban Congestion: Estimation of

Welfare Losses Arising from Congestion on Cross – town Link Roads", *Urban Transport of China*, Vol. 42, No. 8, October 2008.

Jenny Palm, Fredrik Backman, "Public Procurement of Electric Vehicles as a Way to Support a Market: Examples from Sweden", *International Journal of Electric & Hybrid Vehicles*, Vol. 9, No. 3, April 2017.

Jenny Riesz, Claire Sotiriadis, Daisy Ambach, "Quantifying the Costs of a Rapid Transition to Electric Vehicles", *Applied Energy*, *Vol.* 180, October 2016.

Jérôme Massian, "Cost – Benefit Analysis of Policies for the Development of Electric Vehicles in Germany: Methods and Results", *Transport Policy*, Vol. 38, February 2015.

Joram H. M. Langbroek, Joel P. Franklin, Yusak O. Susilo, "The Effect of Policy Incentives on Electric Vehicle Adoption", *Energy Policy*, Vol. 94, No. 1, July 2016.

Jordi Perdiguero, Juan Luis Jiménez, "Sell or Not Sell Biodiesel: Local Competition and Government Measures", *Renewable & Sustainable Energy Reviews*, Vol. 15, No. 3, April 2011.

Jörg Matthes, Anke Wonneberger, "Consumers' Green Involvement and the Persuasive Effects of Emotional Versus Functional Ads", *Journal of Business Research*, Vol. 67, No. 9, September 2014.

Joseph S. Krupa, Donna M. Rizzo, Margaret J. Eppstein, "Analysis of a Consumer Survey on Plug – in Hybrid Electric Vehicles", *Transportation Research Part A Policy&Practice*, Vol. 64, No. 2, June 2014.

Josip Mikulić, Darko Prebežac, "Prioritizing Improvement of Service Attributes Using Impact Range – performance Analysis and Impact – asymmetry Analysis", *Managing Service Quality*, Vol. 18, No. 6, November 2008.

Josip Mikulić, Darko Prebežac, "Using Dummy Regression to Explore Asymmetric Effects in Tourist Satisfaction: A Cautionary Note", *Tourism Management*, Vol. 33, No. 3, June 2012.

Kazuyuki Iwata, Shigeru Matsumoto, "Use of Hybrid Vehicles in Japan: An analysis of Used Car Market Data", *Transportation Research Part D: Transport and Environment*, Vol. 46, July 2016.

Kristin Ystmark Bjerkan, Tom E. Nørbech, Marianne Elvsaas Nordtømme, "Incentives for Promoting Battery Electric Vehicle (BEV) Adoption in Norway", *Transportation Research Part D*, Vol. 43, March 2016.

Kurt Matzler, "Assessing Asymmetric Effects in the Formation of Employee Satisfaction", *Tourism Management*, Vol. 28, No. 4, August 2007.

Kurt Matzler, Elmar Sauerwein, "The Factor Structure of Customer Satisfaction: An Empirical Test of the Importance Grid and the Penalty – reward – contrast Analysis", *International Journal of Service Industry Management*, Vol. 13, No. 4, October 2002.

Lei Zhang, Quande Qin, "China's New Energy Vehicle Policies: Evolution, Comparison and Recommendation", *Transportation Research Part A: Policy and Practice*, Vol. 110, April 2018.

Liam Rourke, Terry Anderson, D. Randy Garrison, Walter Archer. "Methodological Issues in the Content Analysis of Computer Conference Transcripts", *International journal of artificial intelligence in education*, Vol. 12, December 2007.

Lukas Drude, Luiz Carlos Pereira Junior, Ricardo Rüther, "Photovoltaics

（PV）and Electric Vehicle – to – grid（V2G）Strategies for Peak Demand Reduction in Urban Regions in Brazil in a Smart Grid Environment", *Renewable Energy*, Vol. 68, No. 4, August 2014.

Manoranjan Mohanty, "New Renewable Energy Sources, Green Energy Development and Climate Change", *Management of Environmental Quality*, Vol. 23, No. 3, April 2012.

Marcello Contestabile, Mohammed Alajaji, Bader Almubarak, "Will Current Electric Vehicle Policy Lead to Cost – effective Electrification of Passenger Car Transport?", *Energy Policy*, Vol. 110, November 2017.

Marco Caliendo, Sabine Kopeinig, "Some Practical Guidance for the Implementation of Propensity Score Matching", *Journal of Economic Surveys*, Vol. 22, No. 1, January 2008.

Mark Ferguson, Moataz Mohamed, Christopher D. Higgins, Elnaz Abotalebi, Pavlos Kanaroglou, "How Open are Canadian Households to Electric Vehicles? A National Latent Class Choice Analysis with Willingness – to – pay and Metropolitan Characterization", *Transportation Research Part D Transport and Environment*, Vol. 58, January 2018.

Martina Wikström, Lisa Hansson, Per Alvfors, "An End Has a Start—Investigating the Usage of Electric Vehicles in Commercial Fleets", *Energy Procedia*, Vol. 75, August 2015.

Matthias Almus, Dirk Czarnitzki, "The Effects of Public R&D Subsidies on Firms' Innovation Activities", *Journal of Business and Economic Statistics*, Vol. 21, No. 2, January 2003.

Mehdi Noori, Stephanie Gardner, Omer Tatari, "Electric Vehicle Cost,

Emissions, and Water Footprint in the United States: Development of a Regional Optimization Model", *Energy*, Vol. 89, September 2015.

Meltem Caber, Tahir Albayrak, Eleanor T. Loiacono "The Classification of Extranet Attributes in Terms of Their Asymmetric Influences on Overall User Satisfaction: an Introduction to Asymmetric Impact – performance Analysis", *Journal of Travel Research*, Vol. 52, No. 1, July 2013.

Michael K. Hidrue, George R. Parsons, Willett Kempton, Meryl P. Gardner, "Willingness to Pay for Electric Vehicles and Their Attributes", *Resource & Energy Economics*, Vol. 33, No. 3, September 2011.

Michael P. Schlaile, Katharina Klein, Wolfgang Böck, "From Bounded Morality to Consumer Social Responsibility: A Transdisciplinary Approach to Socially Responsible Consumption and its Obstacles", *Journal of Business Ethics*, Vol. 149, March 2016.

Michela Catenacci, Giulia Fiorese, Elena Verdolini, Valentina Bosetti, "Going Electric: Expert Survey on the Future of Battery Technologies for Electric Vehicles", *Energy Policy*, Vol. 61, October 2013.

Miriam Fischlein, Timothy M. Smith, "Revisiting Renewable Portfolio Standard Effectiveness: Policy Design and Outcome Specification Matter", *Policy Sciences*, Vol. 46, No. 3, September 2013.

Mirko Draca, Stephen Machin, John Van Reenen, "Minimum Wages and Firm Profitability", *American Economic Journal Applied Economics*, Vol. 3, No. 1, January 2011.

M. Rogers, *The Diffusion of Innovations: Diffusion of innovations*, New York: Free Press, 1995.

Nadia Adnan, Shahrina Mohammad Nordin, Imran Rahman, Mohammad

Hadi Amini, "A Market Modeling Review Study on Predicting Malaysian Consumer Behavior towards Widespread Adoption of PHEV/EV", *Environmental Science & Pollution Research*, Vol. 24, No. 22, August 2017.

Ning Wang, Linhao Tang, Huizhong Pan, "Effectiveness of Policy Incentives on Electric Vehicle Acceptance in China: A Discrete Choice Analysis", *Transportation Research Part A*, Vol. 105, November 2017.

Ona Egbue, Suzanna Long, "Barriers to Widespread Adoption of Electric Vehicles: An Analysis of Consumer Attitudes and Perceptions", *Energy Policy*, Vol. 48, September 2012, .

Pascal Poudenx, Walter Merida, "Energy Demand and Greenhouse Gas Emissions from Urban Passenger Transportation Versus Availability of Renewable Energy: The Example of the Canadian Lower Fraser Valley", *Energy*, Vol. 32, No. 1, January 2007.

Paul A. David, Bronwyn H. Hall, Andrew A. Toole, "Is Public R&D a Complement or Substitute for Private R&D? A Review of the Econometric Evidence", *Research Policy*, Vol. 29, No. 4, April 2000.

Paul L. Joskow, "Comparing the Costs of Intermittent and Dispatchable Electricity Generating Technologies", *American Economic Review*, Vol. 101, No. 3, May 2010.

Paul R. Rosenbaum, Donald B. Rubin, "The Central Role of the Propensity Score in Observational Studies for Causal Effects", *Biometrika*, Vol. 70, No. 1, 1983.

Philippe Aghion, Jing Cai, Mathias Dewatripont, Luosha Du, Ann Harrison, Patrick Legros, "Industrial Policy and Competition", *Social Sci-*

ence Electronic Publishing, Vol. 7, No. 4, October 2015.

Pietro Tundo, Paul Anastas, David StC. Black, Joseph Breen, Terrence J. Collins, Sofia Memoli, Junshi Miyamoto, Martyn Polyakoff, William Tumas, "Synthetic Pathways and Processes in Green Chemistry. Introductory Overview", *Pure & Applied Chemistry*, Vol. 72, No. 7, Ianuary 2009.

Princely Ifinedo, "The Moderating Effects of Demographic and Individual Characteristics on Nurses' Acceptance of Information Systems: A Canadian Study", *International Journal of Medical Informatics*, Vol. 87, March 2016.

Priscilla A. LaBarbera, David Mazursky, "A Longitudinal Assessment of Consumer Satisfaction/ Dissatisfaction: The Dynamic Aspect of the Cognitive Process", *Journal of Marketing Research*, Vol. 20, No. 4, November 1983.

Ritsuko Ozaki, Katerina Sevastyanova, "Going Hybrid: An Analysis of Consumer Purchase Motivations", *Energy Policy*, Vol. 39, No. 5, May 2011.

Rob Aalbers, Elinevan der Heijden, Jan Potters, Daan van Soest, Herman-Vollebergh, "Technology Adoption Subsidies: An Experiment with Managers", *Energy Economics*, Vol. 31, No. 3, May 2009.

Robert A. Mundell, "A Theory of Optimum Currency Areas", *American Economic Review*, Vol. 51, No. 4, September 1961.

Rothwell Roy. "Reindustrialization and Technology: Towards a National Policy Framework", *Science and Public Policy*, Vol. 12, No. 3, 1985.

Sabina Hodžić, "Research and Development and Tax Incentives", *South East European Journal of Economics & Business*, Vol. 7, No. 2, November 2012.

Sanya Carley, Rachel M. Krause, Bradley W. Lane, John D. Grahama, "Intent to Purchase a Plug – in Electric Vehicle: A Survey of Early Impressions in Large US Cites", *Transportation Research Part D Transport & Environment*, Vol. 18, No. 1, January 2013.

Sarah Lubik, Sirirat Lim, Ken Platts, Tim Minshall, "Market – pull and Technology – push in Manufacturing Start – ups in Emerging Industries", *Journal of Manufacturing Technology Management*, 2012, Vol. 24 No. 1, January 2013.

Scott Hardman, Amrit Chandan, Eric Shiu, Robert Steinberger – Wilckens, "Consumer Attitudes to Fuel Cell Vehicles Post Trial in the United Kingdom", *International Journal of Hydrogen Energy*, Vol. 41, No. 15, April 2016.

Shanjun Li, Matthew E. Kahn, Jerry Nickelsburg, "Public Transit Bus Procurement: The Role of Energy Prices, Regulation and Federal Subsidies", *Social Science Electronic Publishing*, Vol. 87, May 2015.

Shih – Chang Hung, "The Co – evolution of Technologies and Institutions: A Comparison of Taiwanese Hard Disk Drive and Liquid Crystal Display Industries", *R&D Management*, Vol. 32, No. 3, June 2002.

Stephen M. Skippon, Neale Kinnear, Louise Lloyd, "How Experience of Use Influences Mass – market Drivers' Willingness to Consider a Battery Electric Vehicle: A Randomised Controlled Trial", *Transportation Research Part A Policy & Practice*, Vol. 92, October 2016.

Sumeet Gulati, Carol McAusland, James M. Sallee, "TaxIincidence with Endogenous Quality and Costly Bargaining: Theory and Evidence from Hybrid Vehicle Subsidies", *Journal of Public Economics*, Vol. 155, November 2017.

Thomas Scherngell, Yuanjia Hu. "Collaborative Knowledge Production in China: Regional Evidence from a Gravity Model Approach", *Regional Studies*, Vol. 45, No. 6, July 2010.

Todd Green, Julie Tinson, John Peloza, "Giving the Gift of Goodness: An Exploration of Socially Responsible Gift – giving", *Journal of Business Ethics*, Vol. 134, No. 1, March 2016.

Tommy H. Clausen, "Do Subsidies Have Positive Impacts on R&D and Innovation Activities at the Firm Level?", *Structural Change & Economic Dynamics*, Vol. 20, No. 4, December 2009.

Tor Jakob Klette and Jarle Møen, *R&D Investment Responses to R&D Subsidies: A Theoretical Analysis and a Micro – econometric Study*, Oslo: University of Olso, 2011.

V. Gass, J. Schmidt, E. Schmid, "Analysis of Alternative Policy Instruments to Promote Electric Vehicles in Austria", *Renewable Energy*, Vol. 61, No. 1, January 2014.

Vikas Mittal, William T. Ross, Jr., Patrick M. Baldasare, "The Asymmetric Impact of Negative and Positive Attribute – level Performance on Overall Satisfaction and Repurchase Intentions", *Journal of Marketing*, Vol. 62, No. 1, January 1998.

Viswanath Venkatesh, Fred D. Davis, "A Model of the Antecedents of Perceived Ease of Use: Development and Test", *Decision Sciences*, Vol.

27, No. 3, September 1996.

Viswanath Venkatesh, Michael G. Morris, "Why Don't Men Ever Stop to Ask for Directions? Gender, Social Influence, and their Role in Technology Acceptance and Usage Behavior", *Mis Quarterly*, Vol. 24, No. 1, March 2000.

Wenbo Li, Ruyin Long, Hong Chen, "Consumers' Evaluation of National New Energy Vehicle Policy in China: an Analysis Based on a Four Paradigm Model", *Energy Policy*, Vol. 99, December 2016.

William Sierzchula, Sjoerd Bakker, Kees Maat, Bert van Wee, "The Influence of Financial Incentives and Other Socio – economic Factors on Electric Vehicle Adoption", *Energy Policy*, Vol. 68, No. 5, May 2014.

Xiang Zhang, "Reference – Dependent Electric Vehicle Production Strategy Considering Subsidies and Consumer Trade – offs", *Energy Policy*, Vol. 67, No. 2, April 2014.

Xunmin Ou, Qian Zhang, Xu Zhang, Xiliang Zhang, "China' New Energy Passenger Vehicle Development Scenario Analysis Based on Life Time Cost Modeling", *Low Carbon Economy*, Vol. 04, No. 2, April 2013.

Yeong Gug Kim, Eunju Woo, "Consumer Acceptance of a Quick Response (QR) Code for the Food Traceability System: Application of an Extended Technology Acceptance Model (TAM)", *Food Research International*, Vol. 85, July 2016.

Yeong Liang Sim, Frederik Josep Putuhena, "Green Building Technology Initiatives to Achieve Construction Quality and Environmental Sustainability in the Construction Industry in Malaysia", *Management of Envi-*

ronmental Quality, Vol. 26, No. 2, March 2015.

Yixuan Wang, Xiangyun Chang, Zhigao Chen, "Impact of Subsidy Policies on Recycling and Re – manufacturing Using System Dynamics Methodology: a Case of Auto Parts in China", *Journal of Cleaner Production*, Vol. 74, No. 7, July 2014.

Yong Zhang, Yifeng Yu, Bai Zou, "Analyzing Public Awareness and Acceptance of Alternative Fuel Vehicles in China: The Case of EV", *Energy Policy*, Vol. 39, No. 11, 2011.

Yongqing Xiong, Xiaohan Yang, "Government Subsidies for the Chinese Photovoltaic Industry", *Energy Policy*, Vol. 99, No. 1, December 2016.

Yoshino, Nakano. "Regional Allocation of Public Investment Into the Metropolitan Region", *Economic Analysis of Tokyo Monopolar System*, 1994.

Zeinab Rezvani, Johan Jansson, Jan Bodin, "Advances in Consumer Electric Vehicle Adoption Research: A Review and Research Agenda", *Transportation Research Part D*, Vol. 34, No. 34, January 2015.

后　记

　　最近 10 年来，我和我的研究团队一直专注于新兴产业培育与发展的相关问题研究，我们的研究兴趣主要聚焦于三个问题：战略性新兴产业与传统产业的关系、战略性新兴产业国际市场与国内市场的关系、新能源汽车供给侧与需求侧政策的关系，先后获得了三项国家自然科学基金的资助。第一个问题的研究是源于 2008—2009 年我在美国硅谷（Silicon Valley）做访问学者期间，硅谷地区新兴产业的兴起和成功引起了我极大的研究兴趣。2009 年 10 月回国后，适逢我国正式确立了大力发展战略性新兴产业的重大战略部署。我注意到了我国发展战略性新兴产业有着与发达国家不一样的背景，面临着传统产业的调整改造和新兴产业培育发展"双峰逼近"的双重任务。为此，我们以"战略性新兴产业与传统产业耦合互动及促进机制研究"为题，申报并获得了国家自然科学基金的资助（项目号：71173243），针对这一问题持续开展了近 4 年的研究。第二个问题的研究是源于 2014 年前后的光伏产业危机。2014 年前后，一度被认为是我国最有国际市场竞争力的新兴产业——光伏产业，在美国和欧盟启动"双反"调查之后，90% 以上的光伏企业濒临停产，由此暴露出了我国新兴产业培育过程中过度依赖国际市场的弊端。为此，我们以"战略性新兴产业国内市场培育与国际市场地位构建的互动融合机理与对策研究"为题，申报并获得了国家自然科学基金的资助（项目号：71473276），该问题的研究也持续了近 4 年的时间。

本书是我们针对第三个问题（新能源汽车供给侧与需求侧政策的关系）研究的阶段性成果。我们关于该问题的研究是源于 2017 年前后新能源汽车产业的谋补骗补乱象。2017 年前后，国家相关部门曝光并查处了多家恶意骗补的新能源汽车企业，由此也引发了人们对于我国新能源汽车产业政策的质疑。为此，我们在多年从事新兴产业研究的基础上，将研究目光转向了新兴产业的重要板块——新能源汽车产业，以"新能源汽车产业供需双侧政策的多维度匹配性分析及动态转换研究"为题，申报并获得了国家自然科学基金的资助（项目号：71874208）。本课题的研究由我领衔，同时我指导多名研究生以这一问题开展研究并完成毕业论文，本书便是在我们前期的这些研究基础上形成的。研究团队重要成员有：陈曼琳、苏燕妮、何舒萍、李小龙、黄恬恬、秦书锋等，本书主要学术思想除源自我本人的研究和思考之外，也离不开这些团队成员的重要贡献，秦书锋（博士生）在资料整理方面也付出了大量劳动。同时，我们也引用、借鉴了国内外学者大量的研究成果。本书同时也获得了"中南大学哲学社会科学学术成果文库"的经费资助。

我国新能源汽车产业的培育与发展所面临的政治、经济和社会环境十分复杂，新能源汽车产业的培育也涉及政府、制造商和消费者等多层次的行为主体。如本书在序言所述，我国新能源汽车供需双侧政策的实施必须高度关注"三种差异性"（阶段差异性、区域差异性、诉求差异性），本书仅仅是针对其中的部分问题开展了探索，我们将针对新能源汽车供需双侧的其他问题开展进一步研究，以期为促进我国新能源汽车产业的发展贡献绵薄之力。

2020 年 6 月于洋湖湿地